CB058120

SÉRIE TEORIA E PRÁTICA DAS ARTES VISUAIS

Artes integradas
Ândrea Sulzbach

inter saberes

Rua Clara Vendramin, 58 · Mossunguê · CEP 81200-170 · Curitiba · PR · Brasil
Fone: (41) 2106-4170 · www.intersaberes.com · editora@intersaberes.com

Conselho editorial
Dr. Alexandre Coutinho Pagliarini
Dr.ª Elena Godoy
Dr. Neri dos Santos
Dr. Ulf Gregor Baranow

Editora-chefe
Lindsay Azambuja

Gerente editorial
Ariadne Nunes Wenger

Assistente editorial
Daniela Viroli Pereira Pinto

Capa
Cynthia Burmester do Amaral
Laís Galvão dos Santos (*design*)
Excellent backgrounds/Shutterstock (imagem)

Projeto gráfico
Conduta Design (*design*)
Caracolla/Shutterstock (imagem)

Iconografia
Palavra Arteira

Dados Internacionais de Catalogação na Publicação (CIP)
(Câmara Brasileira do Livro, SP, Brasil)

Sulzbach, Ândrea
   Artes integradas/Ândrea Sulzbach. Curitiba: InterSaberes, 2017. (Série Teoria e Prática das Artes Visuais)

  Bibliografia.
  ISBN 978-85-5972-400-4

  1. Artes 2. Artes visuais I. Título II. Série.

17-03956   CDD-700

Índices para catálogo sistemático:
1. Artes 700

1ª edição, 2017.

Foi feito o depósito legal.

Informamos que é de inteira responsabilidade das autoras a emissão de conceitos.

Nenhuma parte desta publicação poderá ser reproduzida por qualquer meio ou forma sem a prévia autorização da Editora InterSaberes.

A violação dos direitos autorais é crime estabelecido na Lei n. 9.610/1998 e punido pelo art. 184 do Código Penal.

Sumário

Apresentação 11
Organização didático-pedagógica 13
Introdução 17

1 Dança e corporeidade: a ocupação do corpo no tempo e no espaço **19**
   1.1 Panorama histórico da dança ocidental 21
   1.2 Elementos e composição da dança 37
   1.3 Gêneros da dança 45

2 Teatro e encenação **61**
   2.1 O teatro no ocidente 63
   2.2 A representação teatral 73
   2.3 O espaço cênico e o espaço diegético 83

3 Música **101**
   3.1 Panorama histórico da música 103
   3.2 Idade Média e a música sacra 112
   3.3 O Renascimento e a música moderna 117
   3.4 Música contemporânea e a indústria cultural 129
   3.5 Propriedades do som 133
   3.6 Elementos da música 140

4 Uma introdução à arte contemporânea **147**
   4.1 Breve panorama da história da arte 149
   4.2 Arte medieval 155
   4.3 Renascimento 159
   4.4 Realismo 161
   4.5 Impressionismo 161
   4.6 Vanguardas europeias 162

 4.7 A transição do modernismo para o pós-modernismo … 165
 4.8 *Land art*: o meio ambiente como suporte da arte … 173
 4.9 O cenário brasileiro contemporâneo dentro das artes híbridas … 176

5 Arte performática e a intertextualidade … 187
 5.1 Dialogismo e intertextualidade … 189
 5.2 *Performance* e imagem … 198

6 A intertextualidade na arte e sua prática … 217
 6.1 A intertextualidade da encenação entre diferentes linguagens … 220
 6.2 Arte como apropriação do espaço e sua aplicação no ambiente educativo … 228

Considerações finais … 245
Referências … 247
Bibliografia comentada … 253
Respostas … 257
Sobre a autora … 259

A elaboração de um livro requer muita dedicação e estudo, mas esse processo nunca é construído isoladamente: são várias as mãos e circunstâncias que auxiliam nesse processo que compõem sua lapidação.

Por isso, gostaria de agradecer a Alceo Biazawa por sua consultoria na concepção do Capítulo 3, seu grande conhecimento sobre música enriqueceu muito essa obra. Também agradeço a minha mãe Ivani, cujos exemplo e dedicação aos estudos foram uma referência para mim. Os livros sempre estiveram presentes em nossa casa, e antes de sermos escritores precisamos ser leitores. Devo a ela muitas das conquistas alcançadas por conta dessa prática.

Dedico esta obra, com carinho, a minha irmã Andressa Sulzbach. A vida nos moldou de formas diversas, mas com as mesmas marcas.

Apresentação

Na contemporaneidade, o ensino da arte está inserido em um contexto de mudanças que sucessivamente o impulsionam para uma expansão no entendimento das linguagens artísticas. É válido ressaltarmos que diversos meios contribuíram para esse novo cenário, mas que os principais são os fatores tecnológicos, culturais e políticos.

A arte pós-moderna se expande para outras áreas, tanto no que se refere a seus conceitos, que abarcam questões políticas, sociais e econômicas, quanto no que se refere a fatores como formação e estrutura, ou seja, sua expressão artística. As novas linguagens artísticas surgidas, decorrentes desses fatores, proporcionaram uma recorrente intertextualidade nas artes. Dessa forma, limites antes bem pontuais entre as linguagens, como pintura e escultura, foram diluídos no pós-modernismo. Expressões artísticas conceituais como *land art, arte ambiental, dança-teatro, arte performática, instalação* e *happening* são os principais exemplos que surgiram desse processo.

Em consequência das mudanças mencionadas, o ambiente educacional sofreu, também, alterações em sua metodologia e em seu conteúdo. Além disso, a tecnologia, ou arte e tecnologia, é outro elemento que surgiu nesse âmbito como agregador de mudanças, tanto estéticas quanto comportamentais.

É válido ressaltar, ainda, que a arquitetura e a relação do indivíduo com o espaço – físico ou virtual – são também pontos que precisam ser discutidos no ambiente escolar, pois são meios que estabelecem aproximação com o universo do discente.

Tendo esses fatores em vista, esta obra introduz o assunto das artes com o intuito de suscitar um direcionamento nas possibilidades de diálogo entre as diferentes linguagens artísticas.

No decorrer deste texto, abordamos, por meio de estruturas individuais, quatro grandes áreas da arte:
1) dança; 2) teatro; 3) música; e 4) artes visuais.

Inicialmente, analisamos a dança, o teatro, a música e as artes visuais com base em suas nomenclaturas. Em um segundo momento, a arte é abordada com base na intertextualidade e no dialogismo, características que se aprofundaram no período da arte contemporânea; nossos estudos estarão focados, mais especificamente, na arte criada a partir da década de 1950.

No último capítulo, indicamos algumas atividades práticas que podem, a seu critério, ser aplicadas em sala de aula. É importante dizermos, então, que são apenas sugestões para indicar diversas possibilidades de abordagens na disciplina de Arte, pensando em diferentes linguagens e também na intertextualidade.

No decorrer dos capítulos, mostramos as possibilidades de intertextualidade entre essas áreas e também suas ramificações. Além disso, apresentamos sugestões e orientações de encaminhamentos metodológicos que podem, a critério do professor, ser postos em prática em sala de aula.

Esperamos que os assuntos tratados nesta obra agreguem conteúdo à sua formação profissional e contribuam para enriquecer o exercício da arte no ambiente educativo.

Organização didático-pedagógica

Esta seção tem a finalidade de apresentar os recursos de aprendizagem utilizados no decorrer da obra, de modo a evidenciar os aspectos didático-pedagógicos que nortearam o planejamento do material e o modo como o leitor pode tirar o melhor proveito dos conteúdos para seu aprendizado.

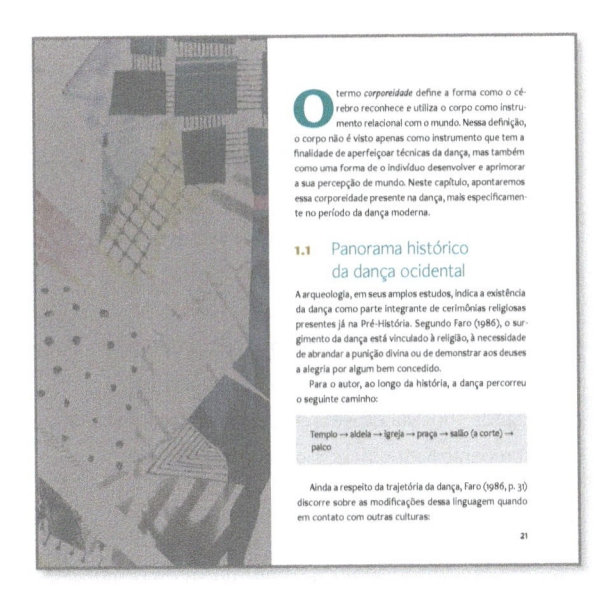

Introdução do capítulo

Logo na abertura do capítulo, você é informado a respeito dos conteúdos que nele serão abordados, bem como dos objetivos que a autora pretende alcançar.

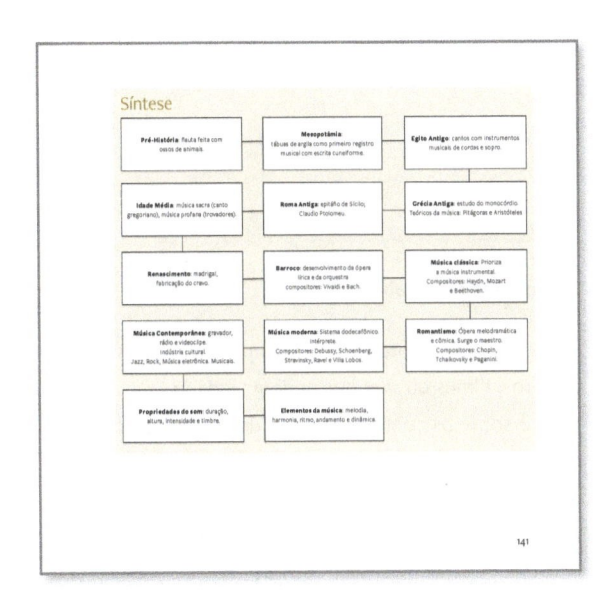

Síntese

Você conta, nesta seção, com um recurso que o instigará a fazer uma reflexão sobre os conteúdos estudados, de modo a contribuir para que as conclusões a que você chegou sejam reafirmadas ou redefinidas.

Indicações culturais

Nesta seção, a autora oferece algumas indicações de livros, filmes ou *sites* que podem ajudá-lo a refletir sobre os conteúdos estudados e permitir o aprofundamento em seu processo de aprendizagem.

Atividades de autoavaliação

Com estas questões objetivas, você tem a oportunidade de verificar o grau de assimilação dos conceitos examinados, motivando-se a progredir em seus estudos e a se preparar para outras atividades avaliativas.

Atividades de aprendizagem

Aqui você dispõe de questões cujo objetivo é levá-lo a analisar criticamente determinado assunto e a aproximar conhecimentos teóricos e práticos.

Bibliografia comentada

Nesta seção, você encontra comentários acerca de algumas obras de referência para o estudo dos temas examinados.

Introdução

A arte se assemelha a um organismo vivo, que se altera e se regenera constantemente, afetada por fatores sociais, políticos, culturais e econômicos. Por isso, é usual que o estudo de sua estrutura se norteie pela linha do tempo, objetivando uma contextualização que identifique, por exemplo, os motivos pelos quais uma obra de arte abrange determinada estética e/ou temática.

Como qualquer uma das áreas da educação, a disciplina de Arte demanda, contemporaneamente, um repensar de sua metodologia e conteúdo, pois é preciso que exista contextualização não apenas sobre a obra e seu tempo, mas, sim, que essa contextualização esteja relacionada ao universo do educando, para que ele, como sujeito, compreenda essa arte com totalidade e não apenas como elemento isolado no passado ou, quando tratamos da arte contemporânea, como elemento distante de seu espaço geográfico.

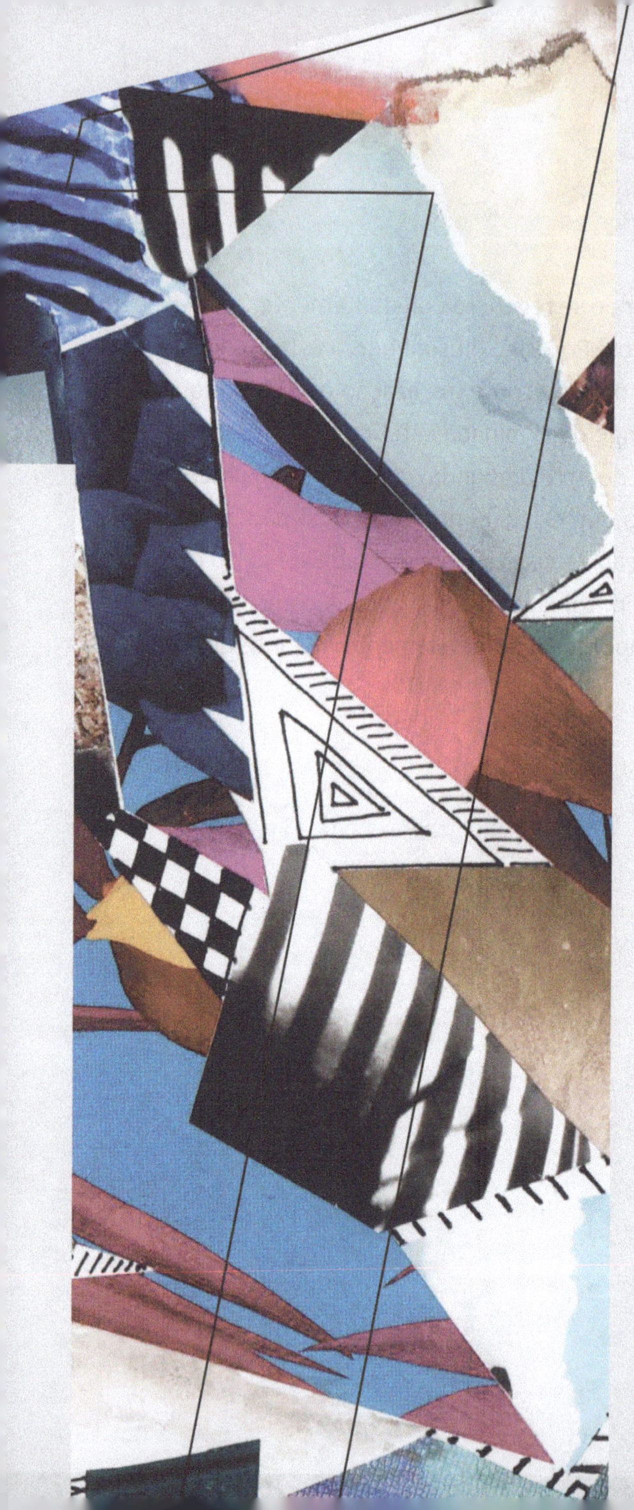

*Dança e corporeidade:
a ocupação do corpo
no tempo e no espaço*

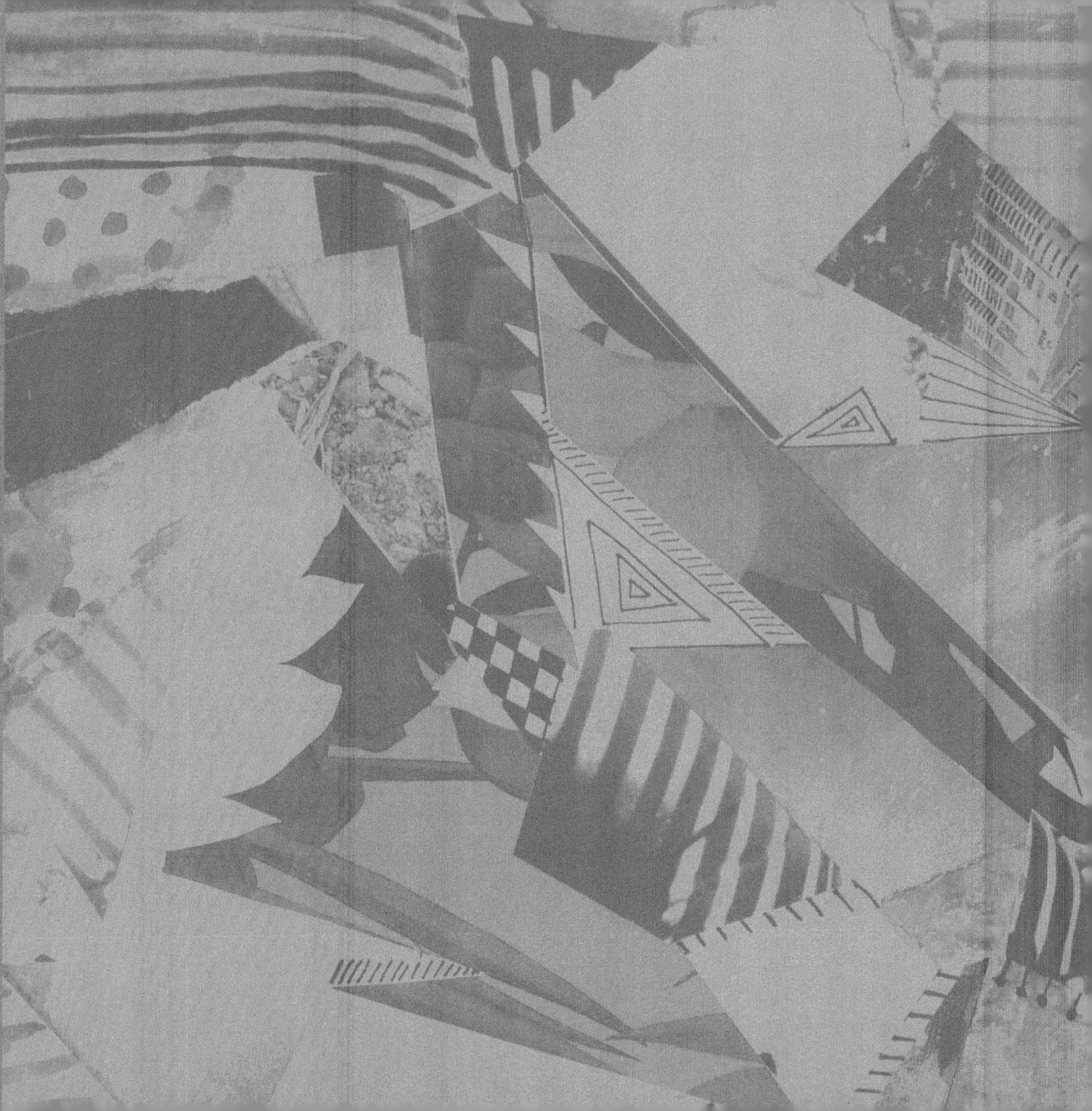

O termo *corporeidade* define a forma como o cérebro reconhece e utiliza o corpo como instrumento relacional com o mundo. Nessa definição, o corpo não é visto apenas como instrumento que tem a finalidade de aperfeiçoar técnicas da dança, mas também como uma forma de o indivíduo desenvolver e aprimorar a sua percepção de mundo. Neste capítulo, apontaremos essa corporeidade presente na dança, mais especificamente no período da dança moderna.

1.1 Panorama histórico da dança ocidental

A arqueologia, em seus amplos estudos, indica a existência da dança como parte integrante de cerimônias religiosas presentes já na Pré-História. Segundo Faro (1986), o surgimento da dança está vinculado à religião, à necessidade de abrandar a punição divina ou de demonstrar aos deuses a alegria por algum bem concedido.

Para o autor, ao longo da história, a dança percorreu o seguinte caminho:

> Templo → aldeia → igreja → praça → salão (a corte) → palco

Ainda a respeito da trajetória da dança, Faro (1986, p. 31) discorre sobre as modificações dessa linguagem quando em contato com outras culturas:

> Os especialistas em danças medievais são praticamente unânimes em apontar que as danças de salão, que floresceram entre a nobreza europeia, descendem diretamente das danças populares. Ao serem transferidas do chão de terra das aldeias para o chão de pedra dos castelos medievais, essas danças foram modificadas; abandonou-se o que nelas havia de pouco nobre, transmudando-as nos "loures", nas "alemandas" e nas "sarabandas" dançados pelas classes que se julgavam superiores.

A dança começou a ser estudada de modo sistematizado no Renascimento. Surgiu então o balé, cujos movimentos e técnicas puderam ser ensinados e repetidos por outros dançarinos. É válido ressaltar, no entanto, que o balé se estruturou na Itália e se desenvolveu efetivamente na França, numa época em que somente os homens tinham permissão para dançar. Passou, com o decorrer dos anos, a se tornar cada vez mais frequente nos salões da corte. "Em Florença, Lourenço de Médicis lança a moda dos 'trionfis' que duravam vários dias. A coreografia dos triunfos eram majestosas e os próprios nobres serviam de intérpretes" (Nanni, 1995, p. 14). Com isso, a dança se tornou parte da educação dos nobres, seguindo, ainda segundo Nanni (1995), os costumes da Grécia Antiga, onde era utilizada para auxiliar no preparo físico dos futuros guerreiros.

De acordo com Faro (1986), o germe daquilo que se converteu no balé foi trazido da Itália para a França pela rainha italiana **Catarina de Médici**. Ela importou da Itália artistas especializados na preparação de luxuosos espetáculos, que eram combinações de dança, canto e textos falados. Os temas escolhidos eram geralmente mitológicos e, neles, o rei sempre desempenhava o papel da divindade vencedora, adorada pela corte.

O *Ballet comique de la Reine* (em português, "Balé cômico da Rainha"), de **Balthasar de Beaujoyeulx** [ca. 1535-1587], apresentado no ano 1581, é considerado a primeira apresentação de balé. Com duração de quase seis horas e composto de marcações em formas geométricas, o espetáculo teve um teor profissional.

A dança se transformou em diversão da nobreza e, com o tempo, foi se tornando mais sofisticada. O balé foi, então, a primeira dança de espetáculo, e iniciou sua trajetória com Luís XIV, o Rei Sol, que fundou, no ano 1661, a **Academia Real de Dança**, a qual existe até hoje. Contudo, anterior à fundação dessa academia, o balé teve diversas fases embrionárias.

Luís XIV, ao criar sua companhia, impulsionou a dança para mais uma evolução, uma vez que ela passou a ser apresentada nos palcos dos teatros (Faro, 1986). Em 1671, **Pierre Beauchamp** (1636-1705) assumiu a direção da Academia Real de Dança e também foi nomeado compositor dos balés do Rei Luís XIV, para quem deu aulas de dança ao longo de vinte anos. Foi Beauchamp quem inventou o primeiro sistema de notação gráfica da coreografia e estruturou o balé com base em cinco posições (Figura 1.1).

Outro fator relevante nesse período (por volta do ano 1681) foi a inclusão das mulheres como bailarinas, por Jean-Baptiste Lully (1632-1687), que também assumiu a companhia de Luís XIV, em seu espetáculo O *triunfo do amor*. É interessante mencionarmos que, nesse período, os passos ainda eram baixos e sem saltos.

Figura 1.1 – As cinco posições do balé

Com o incentivo de Luís XIV, a dança deixou de ficar restrita aos salões da corte e se estendeu para os palcos dos edifícios de teatro, criando, assim, um novo gênero: a **dança de espetáculo**.

Paralelo ao desenvolvimento da dança clássica, desde a sua origem dentro das cortes, na dança dos minuetos executada pelos nobres, seguida da criação de novas bases coreográficas, como as cinco posições, piruetas e saltos, o balé passou a desenvolver uma técnica possível de ser executada por poucos.

A **dança folclórica**, por sua vez, também se expandiu, trazendo características peculiares de cada país e região onde era (e é) dançada. Nela, é retratada a evolução da humanidade desde a criação do fogo até as recentes tecnologias. "Através dos tempos, com as mudanças culturais sofridas pelas comunidades, a dança vai também acompanhando o processo evolutivo, adaptando-se, às vezes, espontaneamente como uma aquisição do próprio homem, outras vezes quase que impostas por culturas dominadoras" (Nanni, 1995, p. 75). No Brasil, a dança étnica sobreviveu em algumas regiões. Ainda hoje temos tribos indígenas que conseguiram manter suas tradições. Um exemplo de dança étnica brasileira é o toré[1], executada por várias tribos indígenas da região Nordeste do país.

Figura 1.2 – Pankararus executam a dança étnica toré

Também temos nos países da América Latina o que Faro (1986, p. 25) define como *manifestação étnica importada*, como exemplo do candomblé, no qual os escravizados africanos mantiveram o caráter religioso e que permaneceu ligado às suas origens sem se transformar em folclore.

---

1   Manifestação cultural extensiva a diferentes grupos e por eles definidos como *tradição*, *união* e *brincadeira*, é um ritual complexo, que envolve uma dança circular, em fila ou pares, acompanhada por cantos, ao som de maracás, zabumbas, gaitas e apitos, de grande importância para os indígenas. Cada grupo possui um toré próprio e singular, apresentando variações de ritmos e toadas dependendo de cada povo. O maracá – chocalho indígena geralmente feito com uma cabaça seca, sem miolo, na qual se colocam pedras ou sementes – marca o tom das pisadas e os indígenas dançam, em geral, ao ar livre e em círculos (Gaspar, 2011).

1.1.1 Do sagrado ao profano

As danças folclóricas nasceram, segundo Faro (1986), de danças religiosas que foram, pouco a pouco, liberadas na Antiguidade pelos sacerdotes e de danças oriundas de cultos realizados no interior dos templos, como as celebrações de um casamento ou de uma boa colheita. Essas danças sagradas foram gradativamente transferidas para a praça pública e,

> Ao passarem do domínio dos sacerdotes para o domínio do povo, as manifestações religiosas transformaram-se em manifestações populares. Assim, com o passar dos anos, a ligação com os deuses foi ficando cada vez mais longínqua, e danças que nasceram religiosas foram paulatinamente se transformando em folclóricas. (Faro, 1986, p. 22)

Na Idade Média, a Igreja proibiu qualquer manifestação artística que não estivesse ligada à religião; a dança então passou a ser vista como um grande pecado e sua prática, considerada profana, foi proibida pela Igreja. Apenas o teatro e a música sacros eram permitidos.

A arte sacra, que era vista como uma forma de ajudar a difundir os preceitos religiosos, inicialmente era praticada somente pelos integrantes do clero e tinha características específicas: o teatro com temática embasada em passagens da Bíblia e os cantos somente com vozes masculinas. Mais tarde, foi permitido o uso do órgão na execução da música.

Na Idade Média, então, qualquer outra temática fora da religião era extremamente proibida, mas, apesar disso, a dança não deixou de ser praticada: as danças dos camponeses em comemoração à colheita continuaram a existir, bem como as representações de teatro executadas por trupes que se apresentavam nas praças públicas dos vilarejos. Uma vez que esse tipo de arte era visto pelo clero como algo profano, pois eles acreditavam que feria os princípios da Igreja e que eram danças ligadas ao paganismo, no período medieval se estabeleceram duas vertentes dentro da arte: a **sacra** e a **profana**, tanto no que concerne à dança quanto ao teatro e à música.

Somente no Renascimento as representações com temáticas que não fossem religiosas passaram, aos poucos, a ser aceitas pela Igreja, mas sempre com muitas ressalvas.

1.1.2 Balé de corte

Com a fundação da Academia Real de Dança, foi iniciado o treinamento permanente e dirigido de bailarinos. Faro (1986) afirma que os espetáculos deixam de ser apresentados só para a corte francesa, passando o povo em geral a ter também o privilégio de prestigiar essa nova arte.

Essa iniciativa de Luís XIV, de acordo com Faro (1986), foi imitada por cortes de vários países da Europa, que criaram suas próprias companhias, levando o balé a um público cada vez maior.

Gradativo ao aumento das companhias de balé, criadas pelas cortes, ocorreu uma evolução automática das técnicas de dança, cenário e, por fim, figurino. Uma das mais importantes mudanças está relacionada ao figurino, pois, aos poucos, foi sendo permitida a presença de mulheres no corpo de baile, mas os vestidos da época eram extremamente pesados, o que dificultava os movimentos. Com o passar do tempo, foram surgindo nomes de bailarinas que fizeram a diferença ao ousarem encurtar seus vestidos, com o objetivo de desenvolverem sua técnica. Uma das primeiras que temos notícia é Marie-Anne Cupis de Camargo (1710-1770), **La Camargo**, grande bailarina da época. No ano 1721 ela ousou saltar em uma apresentação de balé e, em 1726, foi a primeira que encurtou a saia na altura dos joelhos, para facilitar sua elevação e os movimentos de bateria dos pés, que antes eram executados somente pelos homens. Sua atitude foi, é claro, considerada um escândalo.

Outro ponto de destaque em relação à técnica que o balé desenvolveu ao sair da corte foram os saltos e piruetas. Até então, os bailarinos utilizavam recursos mecânicos para serem elevados do solo e darem a impressão de estarem voando.

Duas escolas se destacaram nesse período, mesmo o balé tendo se espalhado por quase toda a Europa com o incentivo de muitas cortes: a francesa e a italiana, que dominaram o cenário da dança, mas que tinham características distintas – enquanto a escola francesa seguia um estilo fluido, os italianos desenvolveram uma forma de dança mais atlética e vigorosa, na qual a força técnica se sobrepunha à emoção (Faro, 1986).

Figura 1.3 – *Retrato da dançarina Marie-Anne de Cupis de Camargo, de Nicolas Lancret*

LANCRET, Nicolas. **Retrato da dançarina Marie-Anne de Cupis de Camargo**. 1730-1731. Óleo sobre tela: color.; 46,3 × 55 cm. Musée Des Beaux-Arts, Nantes, França.

Outro fator importante ocorrido no mundo da dança no século XVIII, mais precisamente em 1760, foi a criação da obra *Cartas sobre a dança*, de Jean-Georges Noverre (1727-1810). A obra é um manifesto sobre a dança que influenciou grande parte do balé, no qual Noverre defende uma dança espontânea, com roupas leves e rostos expressivos. Nesse período, era tradição os bailarinos usarem máscaras, vestígios do teatro grego e da *Commedia Dell'Arte*, e Noverre era totalmente contra o uso desse acessório. Em *Cartas sobre a dança*, o francês idealizou uma nova forma dessa arte, que se constitui numa obra coreográfica baseada na história dramática e que é referência ainda hoje para o balé.

Segundo Faro (1986), todos esses acontecimentos fizeram com que a dança chegasse ao século XIX com um apoio popular sem precedentes e se tornasse umas das artes mais apreciadas: o nascimento do balé romântico irá impulsionou essa arte.

1.1.2.1 Balé romântico

A época do balé romântico, de acordo com Faro (1986), é uma das mais importantes da história da dança. Iniciado nos anos 1831, o balé romântico teve apogeu com o endeusamento de bailarinas, como Marie Taglioni, Fanny Cerrito e Carlotta Grisi.

Nesse período, as bailarinas eram mostradas quase sempre como seres alados ou extraterrenos, que representavam o período do romantismo, no qual a mulher era venerada e a liberdade de criação artística era enfatizada. O homem, considerado figura principal na dança do século XVIII, passou a coadjuvante já no início do século XIX e deixou de ser o herói ou o protagonista; quando aparecia nas encenações, o propósito era geralmente enaltecer a figura feminina.

Depois de ter sido subjugada muito tempo (pela proibição de sua prática pela Igreja no período da Idade Média, depois sob o domínio da corte, que impunha que a temática deveria ser, em sua grande maioria, composta de um enaltecimento aos monarcas e, por fim, pelo classicismo, com a quase obrigação da representação dos clássicos gregos e romanos), a dança passou a um período de grande liberdade.

Após a Revolução Francesa, o poder da religião católica enfraqueceu, e isso possibilitou a abordagem de temas proibidos até então, como o ocultismo e o sobrenatural, enfatizados por meio de cenários e figurinos. Como a imagem da mulher, nesse período, era etérea, personagens como as sílfides[2] se tornaram comuns no balé romântico. "O progresso técnico permitiu que se criasse, na época, aquilo que até então só era visto nos quadros de determinados pintores: clareiras iluminadas por um luar misterioso, acampamentos de ciganos cuja iluminação provinha de fogueiras estrategicamente colocadas" (Faro, 1986, p. 58).

O sucesso da representação do sobrenatural no balé romântico ocorreu no ano 1832, com a montagem de *La Sylphide*, ambientado em uma floresta iluminada, habitada por espíritos. Esse cenário fantástico desencadeou uma verdadeira epidemia de montagens semelhantes, atingindo o ápice em 1841 com *Giselle*, obra que desenvolveu todos os elementos que estruturariam o balé romântico (Faro, 1986). Em um cenário que representa um cemitério abandonado, iluminado pelo luar que atravessa uma cerrada floresta, *Giselle* trabalha a união do coreógrafo, iluminador, compositor, libreto (roteirista) e desenhista responsável pela concepção do cenário, com um grande nível de técnica.

A cenografia, no período do balé romântico, obteve grandes mudanças. Passaram a ser utilizados praticáveis[3] e alçapões, por meio dos quais era possível fazer os bailarinos aparecerem e desaparecerem.

---

2   Seres mitológicos femininos com asas.

3   No teatro, praticável é um "elemento cenográfico tridimensional (como, p. ex., estrado, armação etc.) que permite o movimento dos atores sobre ele, criando diferentes planos no espaço cênico" (Houaiss; Villar, 2009).

Além disso, a troca de cenários frente ao público durante as mudanças de cena também deixou de acontecer, pois, em busca de uma ilusão maior, as cortinas passaram a ser baixadas e levantadas. A iluminação a gás passou a ser usada na produção dos ambientes diurnos ou noturnos.

O trabalho em conjunto desses profissionais, unidos com a evolução do figurino – a criação da malha em 1789, a inserção da sapatilha de ponta pelo coreógrafo Filipo Taglione, o aprimoramento da técnica desenvolvida por vários teóricos (principalmente com As cartas da dança, de Noverre) e, por fim, a permissão de abordar uma temática livre – resultaram em um grande espetáculo que levou a dança a um alto patamar artístico.

A ocupação do palco, no período do romantismo, também sofreu mudanças: os bailarinos começam a se movimentar em diversas direções, se afastando da formação antiga em que predominava a composição de figuras geométricas, sem grandes deslocamentos no espaço.

Passada essa grande evolução, iniciou-se o período de declínio do balé romântico, pois, com o excesso de repetição de sua fórmula, esse estilo se esgotou. De acordo com Faro (1986), após esse período, o eixo da dança se transferiu de Paris para São Petersburgo, na Rússia, país no qual o francês **Marius Petipa** (1818-1910) deu início a uma nova fase do balé que ficou conhecida como *balé clássico*.

1.1.2.2 Balé clássico

O balé clássico, estilo desenvolvido na Rússia, é uma união do estilo nobre francês com o virtuosismo italiano e tem na figura de Marius Petipa um dos seus primeiros e maiores difusores. De acordo com Faro (1986), Petipa dirigiu o Balé Imperial Russo de 1858 até 1910; nesse período, o francês criou 54 balés novos e produziu 17 balés antigos e 35 óperas, constituindo a influência máxima do que se convencionou chamar de *balé clássico*. Suas obras mais conhecidas e que são encenadas até hoje, recebendo versões inclusive no cinema, são:

- *D. Quixote* (1869)
- *O lago dos cisnes* (1875)
- *A bela adormecida* (1890)

Essas três obras tiveram a composição realizada pelo músico russo Tchaikovsky (1840-1893), um dos maiores compositores do seu tempo.

Em relação à técnica da dança, Petipa diminuiu a mímica e criou solos e duetos[4] que enfatizavam a qualidade dos bailarinos. Era extremamente exigente e chegou a proporcionar festivais de competição entre os bailarinos para incentivar o desenvolvimento de suas habilidades. O corpo de baile de *A bela adormecida* era composto, segundo Faro (1986), por 24 casais de adultos, mais 16 casais de crianças, totalizando 80 bailarinos. Sem dúvida, era um grande espetáculo, o qual é montado até hoje.

Figura 1.4 – Sapatilhas de meia ponta (A) e de ponta (B)

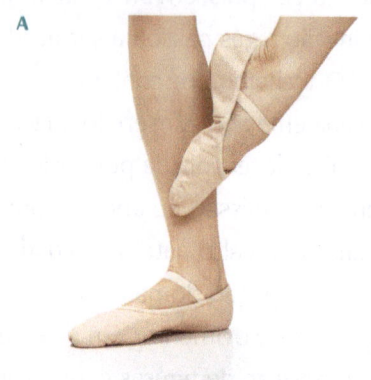

> Os figurinos eram extremamente luxuosos. A primeira bailarina (protagonista) tinha que aparecer ao fim da apresentação com o clássico *tutu*.

O figurino do balé clássico se estabeleceu com o *collant* de malha ou corpete, a meia-calça e a sapatilha; as mulheres também utilizam cabelos sempre presos em coque e a saia *tutu*.

Há dois modelos de sapatilha utilizados no balé (Figura 1.4): o primeiro é a sapatilha de meia ponta, a qual é usada pelos iniciantes do balé; já a sapatilha de ponta, dentro do balé clássico, é utilizada somente por bailarinos com certa experiência em dança, pois seu uso requer um nível técnico mais apurado.

---

4   Duetos, também chamados de *pas de deux*, são partes da dança em que somente dois bailarinos executam a coreografia. Geralmente ocorre na conclusão do espetáculo.

O *tutu* é composto por três partes: o cós, o corpete e a saia feita em camadas de tule. Como você pode ver na Figura 1.5, o *tutu* romântico se diferencia do clássico. Os balés representados hoje, mas pertencentes ao período romântico, utilizam o *tutu* formado por várias camadas de saias; no bale clássico, no entanto, a saia contém um ferro que sustenta as camadas na horizontal, em forma de prato. O *tutu* romântico deu origem ao *tutu* clássico, mas não deixou de ser usado nas apresentações de balé.

O ápice da técnica da dança clássica atual, algo almejado já no período do balé de Luís XIV e posteriormente no balé romântico, quando as mulheres eram suspensas por máquinas para passar a ideia máxima de leveza, como se a bailarina pudesse voar. Características do balé unidas a uma grande capacidade técnica.

Os saltos, como o *grand jeté* (grande salto), executado por Semionova, foram incorporados à técnica do balé pelo bailarino francês Jean Ballon (1676- 1739).

1.1.2.3 A transição do balé clássico para o balé moderno

Em 1908, o bailarino **Sergei Diaghilev** (1872-1929) estreou como empresário. Ele pretendia levar a Paris o Balé Imperial Russo para uma temporada de apresentações, mas, devido a inimizades, seu pedido foi negado. Diante disso, Diaghilev iniciou sua própria companhia e, juntamente com o coreógrafo russo **Michel Fokine** (1880-1942), criou e adaptou diversas coreografias que acabaram por fazer muito sucesso nos palcos de Paris. Com isso, diversos

Figura 1.5 – *Tutu* do balé romântico (A) e *tutu* do balé clássico (B)

bailarinos abandonaram o Balé Imperial Russo e, por 20 anos, o trabalho de Fokine e Diaghilev ocupou diversos palcos de vários países, renovando o cenário mundial da dança.

De acordo com Faro (1986), as principais contribuições de Diaghilev para a dança foram as seguintes:

- Por seu intermédio, músicos e artistas plásticos renomados, como Picasso e Stravinsky, voltaram a se interessar em compor e desenhar para o balé.
- Com suas constantes viagens, aumentou o público do balé em vários países.
- Fomentou o retorno do bailarino masculino, que desde o balé romântico estava relegado a um segundo plano. Teve como um de seus maiores destaques o bailarino russo Vaslav Nijinsky (1889-1950), que abandonou o Balé Imperial Russo e se uniu a companhia de Diaghilev.

Figura 1.6 – *A sagração da primavera* (1913), de Diaghilev e Nijinsky

Diaghilev acreditava que a dança deveria ser um trabalho feito em conjunto, entre o librettista, o compositor, o coreógrafo e o cenógrafo. Com essa linha de construção cooperativa, surgiram grandes obras do balé, com destaque para: *O pássaro de fogo* (1910) e *A sagração da primavera* (1913).

Os elementos presentes no balé *A sagração da primavera* (Figura 1.6), como os cenários e figurinos com cores vivas, a temática voltada para o folclore (iniciando com um ritual de sacrifício) e a vivacidade da música de Stravinsky, chocaram a sociedade da época.

Apesar da contribuição de Diaghlilev, o balé moderno se estruturou ainda nos moldes do balé clássico. Fokine foi o principal coreógrafo da companhia Ballets Russes, de Diaghilev, e ofereceu grande contribuição para o balé moderno. Realizou, segundo Amadei (2006), os ideais de Noverre e estabeleceu também mudanças no mundo da dança. Para Fokine, o corpo humano deveria expressar-se da cabeça aos pés e o novo balé deveria deixar de ser escravo da música ou do cenário, harmonizando-se com ambos.

Por meio da Ballets Russes, a dança se tornou acessível a outras camadas da sociedade. Muitos bailarinos oriundos dessa companhia se estabeleceram em outros países, inclusive no Brasil, onde abriram novas escolas de dança e ajudaram a disseminar o balé, tanto no que se refere à formação de novos bailarinos quanto à conquista de um novo público.

Diaghilev, de acordo com Faro (1986), acreditava que para abrir novos caminhos e criar novas linguagens não seria necessário destruir o que havia sido feito de bompelos antepassados. Para ele, para que o trabalho novo seja respeitado, deve-se começar respeitando o trabalho alheio. Por isso, mesmo buscando inovações na dança, sua companhia manteve em seu repertório obras como *Giselle* e *O lago dos cisnes*. Prova da disseminação dessa filosofia é que peças da companhia de Diaghilev são montadas ou remontadas até a atualidade, inseridas no contexto da dança moderna e até mesmo da dança contemporânea.

1.1.3 Dança moderna e dança contemporânea

Temos, na figura da norte-americana **Isadora Duncan** (1877-1927), o início da dança moderna. A contribuição da dançarina não se deve à sua técnica, mas ao que o estilo de dança por ela proposto representou. De acordo com Faro (1986), Duncan foi a primeira bailarina ocidental a dançar no palco de pés no chão e sem vestir malhas; as túnicas esvoaçantes que a dançarina utilizava provam que suas coreografias foram influenciadas pela arte grega. Ela chamava o seu trabalho de *dança livre*, visto que não seguia as escolas de danças reconhecidas.

Em 1904, Duncan abriu uma escola de dança em Berlim e, no ano seguinte, se apresentou na Rússia, onde seu estilo causou repulsa e admiração (Faro, 1986). Duncan influenciou os coreógrafos russos Michel Fokine e Sergei Diaghilev, esse último o grande impulsionador do balé moderno e também contrário às convenções impostas pela dança clássica russa. Diaghilev, contudo, atuou de uma forma diferente de

Figura 1.7 – Isadora Duncan

Bridgeman Images / Glow Images

Duncan, pois não abandonou a técnica clássica, e sim a inovou.

Dentro da dança moderna, mais especificamente em seu início, que ocorreu em meados do ano 1900, temos duas ramificações:

1. a dança como espetáculo, já presente no balé clássico;
2. a dança no ambiente educativo, na qual a principal preocupação não é a realização da coreografia, mas, sim, o desenvolvimento do indivíduo ao executar esse processo criativo.

Aqui, daremos ênfase ao estudo desse processo criativo inserido na chamada *dança-educação*, mas sem deixar de citar os principais coreógrafos de relevância no cenário mundial da dança moderna e contemporânea.

O pioneiro da dança moderna, com especial atenção para o desenvolvimento do indivíduo, foi o francês **François Delsarte** (1811-1871). Seu trabalho iniciou com um estudo de observação dos movimentos realizados pelo corpo no cotidiano. Para isso, ele ficou horas analisando como as pessoas costumam se movimentar no dia a dia e, com base nessa análise, estabeleceu duas formas principais do movimento:

1. Toda manifestação do corpo corresponde a um sentimento interior. Por exemplo, se uma pessoa está com dor de cabeça, ela tende a colocar a mão na cabeça; se está com raiva, cerrará os punhos. A base do seu estudo, chamado de *estética aplicada*, objetiva perceber "como o corpo humano se move frente ao estímulo da emoção" (Shawn, citado por Menerth Junior, 1968, p. 50).

2. O princípio da trindade: a vida, o espírito e a alma formam uma unidade. Essa tríade tem um correspondente orgânico, formado por voz, palavra e gesto.

Amadei (2006) afirma que Delsarte trabalhou a sucessão de movimentos partindo do tronco e se expandindo aos ombros, braços, mãos e dedos – trabalho oposto ao torso sempre ereto do balé clássico. Outro ponto era o valor do peso do corpo em relação à gravidade, por isso Delsarte preferia o trabalho com os bailarinos descalços.

Delsarte influenciou grandes nomes da dança moderna, como Isadora Duncan e Ted Shawn. Este, por sua vez, divulgou o método nos Estados Unidos, lugar onde uma de suas alunas, Martha Graham (1894-1991), desenvolveu a dança moderna com base nos preceitos de Delsarte.

Outro importante colaborador no estudo do movimento, de acordo com Amadei (2006), foi o suíço **Émile Jaques-Dalcroze** (1865-1950), que formulou um sistema essencialmente muscular embasado no senso rítmico. O método de Dalcroze se apoiou em alguns princípios básicos, sendo que dois deles são:

1. O desenvolvimento do sentido musical passa pelo corpo inteiro.
2. A imaginação se desenvolve por meio da união entre o pensamento e o movimento corporal.

Dalcroze teve como alunos ilustres coreógrafos e bailarinos da Europa, os quais foram de enorme contribuição para o cenário da dança ocidental, com destaque para: Mary Wigman (1886-1973), Rudolf Laban (1879-1958) e Kurt Jooss (1901-1979).

O maior teórico do movimento humano foi o húngaro **Rudolf Laban**, que em sua técnica uniu elementos de Delsarte e Dalcroze e aprofundou seus estudos que podem ser usados não apenas para a dança de qualquer estilo, mas também para o teatro, a psicologia e a educação. A partir disso, a dança perdeu a universalidade garantida pelo balé clássico ocidental e chegou à contemporaneidade.

Laban, com seu estudo do movimento, abordou o homem comum, sua identidade e suas contradições, temática muito diferente da idealizada pelo balé das cortes e contos de fadas. A dança moderna de Laban pretendia contemplar a expressividade de cada um, o estudo do corpo por meio da capacidade de cada indivíduo, indiferente de sua idade e características físicas – seus alunos eram oriundos de diversas áreas (artistas plásticos, terapeutas, bailarinos, atores, atletas) –, partindo do princípio de que a dança é possível para qualquer pessoa.

Dentro da dança de espetáculo, a pioneira da dança moderna foi Isadora Duncan, mas uma das primeiras a estruturar a técnica da dança moderna foi **Martha Graham,** no início do século XX. Esse novo estilo de dança priorizou os sentimentos do indivíduo, tentando teatralizá-los ao máximo por meio de movimentos corporais.

Graham não compartilhava das ideias de Duncan; de acordo com Bourcier (2001), em vez de encontrar gestos ou movimentos da natureza nas coreografias, a dançarina estadunidense desenvolveu um trabalho no qual o foco é a motivação do ser humano, disciplinado e concentrado. Para Graham, "o homem é a finalidade da ação coreográfica, o homem confrontado com os problemas da sociedade atual, com os grandes problemas permanentes da humanidade." (Bourcier, 2001, p. 274).

A técnica de Graham foi apoiada principalmente nos elementos de dança clássica bem elaborada, com atitudes naturais, de extensão do corpo em meio a movimentos simbólicos. Ainda de acordo com Bourcier (2001), o gesto fundamental de Graham é ao nível do torso, em que a bailarina acreditava que viver é respirar, dilatar as costelas e depois comprimi-las.

Outro importante colaborador da dança foi Merce Cunningham (1919-2009), um dos poucos bailarinos que pertenceu ao período do modernismo e participou da transição desse movimento para o pós-modernismo.

Cunningham não apenas acompanhou a evolução dentro da arte como também contribuiu na estruturação da dança, elaborou coreografias pautadas na dança moderna, na arte performática e dança contemporânea. Suas coreografias não eram concebidas com base na música; Cunningham criou composições coreográficas nas quais, durante a execução da dança, havia uma pausa na música e os bailarinos continuavam a se movimentar no silêncio.

Ele foi também um dos primeiros a dissociar a composição coreográfica de uma narrativa dramática e abriu caminho para diversos coreógrafos que o sucederam no cenário da dança contemporânea.

1.2 Elementos e composição da dança

A arte do movimento, expressão criada por Rudolf Laban, tem em sua essência as mais variadas manifestações do movimento. Seus fundamentos se apoiam na fluência (fluxo), no espaço, no peso e no tempo. As pesquisas de Laban resultaram em um conjunto de elementos básicos que foram utilizados para gerar ou descrever movimentos, bem como examinar detalhadamente as possibilidades do corpo humano ao se mover.

Abordaremos aqui os elementos da composição da dança voltados para o ambiente educacional, lembrando que os fundamentos analisados e decodificados por Laban compõem todos os tipos e estilos de dança existentes.

Laban pesquisou os princípios do movimento humano, fundando o que mais tarde chamaríamos de *Sistema Laban*, que além de propor os estudos do movimento e seus ritmos, formas e esforços nos espaços, incluía também um método bastante preciso para a notação dos movimentos, chamado de *Labanotation*.

A combinação desses itens auxiliou a definição dos elementos formais da dança: **espaço**, **tempo** e **movimento corporal**. Cada um deles se desdobra em variações que, juntas, resultam na composição da coreografia. A seguir, trataremos dos conteúdos estruturantes de cada um desses elementos formais.

1.2.1 Espaço e tempo

O **espaço** estuda a ocupação dos espaços interno e externo, público e privado, relacionando-a ao entendimento de corpo e ambiente/contexto. Dentro do espaço estudamos os níveis, as dimensões, as formas de deslocamento e as direções.

Figura 1.8 – Os conteúdos estruturantes do espaço

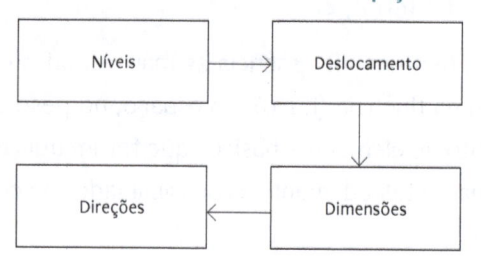

Níveis → Deslocamento → Dimensões → Direções

Figura 1.9 – Nível baixo (A), nível médio (B) e nível alto (C)

O corpo se move pelo espaço a partir de uma **direção** que precisa de um tipo de **deslocamento** para acontecer e um **nível**.

- **Níveis**: Baixo, médio e alto (Figura 1.9). São movimentos possíveis do corpo utilizando os espaços abaixo da cintura, na altura da cintura ou acima da cabeça. No nível alto, todos os movimentos são realizados de pé, como saltos e giros.
- **Dimensões**: Amplitude (ou largura), comprimento (ou altura) e profundidade. É o que Laban chama de *plano de mesa* (largura), *plano de porta* (altura) e *plano de roda* (frente/trás).
- **Deslocamento**: Transferência do bailarino de um lugar para o outro, o qual pode ocorrer de diferentes formas: saltando, andando, correndo, sendo carregado, se arrastando.

- **Direções**: O movimento pode ser feito para diversas direções no espaço: frente, trás, diagonal, esquerda, direita etc. Essas direções são determinadas pelo espaço e tipo de dança.

Figura 1.10 – Conteúdos estruturantes do tempo

Rápido → Moderado → Lento

Como podemos ver na Figura 1.10, o **tempo**, estruturado em três variações, é a velocidade com a qual são executados determinados movimentos, os quais podem ser rápidos, moderados e lentos.

- **Rápido**: Quando mantém a sua aceleração constante ou um ritmo rápido sem alterações.
- **Lento**: Quando mantém seu tempo lento ou vai reduzindo a sua velocidade constantemente até quase parar; por exemplo, uma folha sendo levada por um soprar de vento que vai se transformando em uma brisa.
- **Moderado**: É o meio termo entre o rápido e o lento; por exemplo, uma caminhada em um parque. Para a obtenção de um parâmetro mais correto do que seria o rápido ou o lento, utiliza-se a forma como andamos para classificar o mais próximo do moderado (normal).

Além das variações de tempo temos as alterações do movimento, os quais são definidos de acordo com vários elementos distintos, como kinesfera, eixo e peso. Analisaremos, no item a seguir, esses e outros fatores que fazem parte dos conteúdos que estruturam essa dinâmica.

1.2.2 Movimento corporal

Movimento corporal é o estudo do movimento do corpo em um determinado tempo e espaço.

Figura 1.11 – Conteúdos estruturantes do movimento corporal

Kinesfera → Eixo → Peso → Fluxo → Giros → Saltos → Rolamentos

- **Kinesfera**: Tudo que podemos alcançar com todas as partes do corpo. É a esfera que delimita o limite natural do espaço pessoal, no entorno do corpo. Essa esfera cerca o corpo, esteja ele em movimento ou em imobilidade, e se mantém constante em relação a ele, acompanhando-o quando este se move (Figura 1.12).
Laban utiliza a figura geométrica do **icosaedro** para trabalhar a kinesfera com seus bailarinos. A kinesfera representa o espaço vital do ser humano, de acordo com Rengel e Mommensohn (2017), e tudo que é possível alcançar com todas as partes do corpo, perto ou longe, grande ou pequeno, com movimentos rápidos ou lentos.
- **Eixo**: Fortalecimento das cadeias musculares, principalmente do centro, como eixo da movimentação, possibilitando o estudo da sustentação e equilíbrio.
Observe, na Figura 1.13, dois exemplos de alteração de eixo.

Figura 1.12 – Representação da kinesfera

Adriano Pinheiro

Figura 1.13 – Alteração do eixo

Maksim Shmeljov/Shutterstock

Fotoatelie/Shutterstock

Na figura da esquerda, o bailarino inclina seu corpo para a lateral; na figura da direita, a bailarina dobra o tronco para a frente; nos dois casos o tronco procura ficar ereto.

Veja, a seguir, outros fatores que interferem na variação do movimento corporal.

- **Peso**: Movimento que se refere às mudanças de força utilizadas pelo corpo ao movimentar-se. Passivo, ativo, leve, pesado, transferência, contrapeso e suas graduações.
    - **Peso leve**: Transmite uma sensação de leveza, ou de ausência de peso, como uma bailarina de dança clássica se movendo na ponta dos pés.
    - **Peso pesado**: Exige uma carga maior de força para ser executado; por exemplo, um soco.
- **Fluxo**: Dependendo de como executada, a fluência é contínua ou interrompida.
    - **Fluxo livre/contínuo**: Movimentação sem interrupções ou pausa; por exemplo, peixe nadando.
    - **Fluxo conduzido/controlado**: O movimento é mais controlado do que no fluxo livre, porém exige uma tensão muscular maior; por exemplo, escrever com uma caneta em um papel.
    - **Fluxo interrompido**: Ocorre uma interrupção imediata do movimento, que origina movimentos quebrados; por exemplo, escovar os dentes.
- **Giros**: Rotação do corpo no seu próprio eixo. Os giros trazem a experiência de equilíbrio estável e desequilíbrio.

Na Figura 1.14, vemos as etapas do giro e podemos perceber que, para executá-lo com eficiência, é necessário antes buscar o equilíbrio. Por conta disso, o bailarino primeiro se fixa em seu eixo central, depois gira primeiro uma

Figura 1.14 – Etapas do Giro

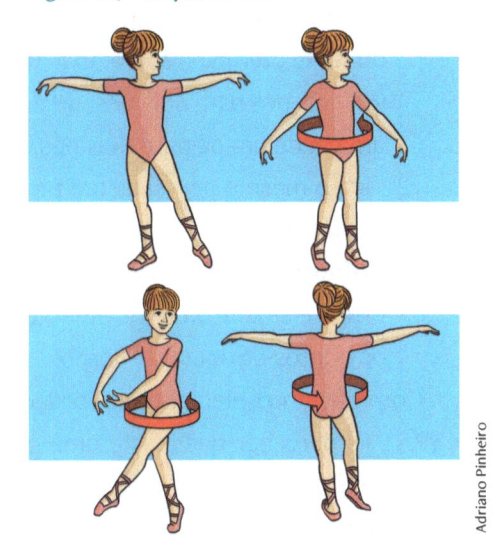

Adriano Pinheiro

perna seguida da outra. Nesse momento, os braços se fecham na frente do corpo e acompanham o giro, enquanto os olhos fixam um ponto e a cabeça gira depois do corpo e não junto com ele; no fim, o bailarino termina o movimento como o iniciou.

- **Saltos**: Movimentos que deixam o corpo temporariamente sem suporte. Utilizam eixos verticais e horizontais e ocorrem quando o corpo fica suspenso no ar, perdendo o contato com o chão ou outra base de sustentação em que o corpo se apoie. Na execução do salto, podem ser considerados os seguintes itens: peso (leve ou forte), tempo (rápido ou lento) e modo (de dois pés para dois pés, de dois pés para um pé, de um pé para dois pés, de um pé para o mesmo pé, ou de um pé para outro pé) (Paraná, 2017).
- **Rolamentos**: Feitos no chão, trabalham vários elementos do movimento, entre eles, os pontos de apoio do corpo.

Com base nos elementos abordados até aqui, é possível perceber que existe uma gama variada de elementos que regem a mecânica corporal, as quais foram estudadas e sistematizadas por Rudolf

Figura 1.15 – Exemplos de saltos

nicemonkey/Shutterstock

Reinke Fox/Shutterstock

Laban, por meio de um sistema de notação que pretende uma dança criativa e contextualizada em que o indivíduo se manifeste de acordo com as suas experiências, de forma a propiciar um autoconhecimento. No item a seguir, trazemos algumas sugestões que podem ser aplicadas com o intuito de contribuir, de forma singela, nesse processo.

1.2.3 Improvisação coreográfica

A improvisação coreográfica pode ser trabalhada de diversas formas, mas, para fins desta obra, selecionamos as três mais comuns:

1. Com base em uma ideia/tema, contar uma história com o corpo, somente com gestos e movimentos corporais.
2. Elaborar uma coreografia com base em algum sentimento, como movimentos que expressem solidão ou amor.
3. Estruturar a composição coreográfica apoiada em alguns elementos do movimento. Nesse caso, devem ser selecionados dois ou mais itens para a composição; por exemplo: nível e tempo (mover-se de forma lenta somente no nível baixo).

Muitas composições coreográficas, dentro da dança-educação, ocorrem por meio da união desses três itens citados: contar uma história, na qual existe um sentimento que predomina, partindo da seleção de alguns elementos formais e de composição.

A dança-educação se propõe a trabalhar o indivíduo de acordo com as suas possibilidades e limites. Nesse caso, a improvisação é uma das formas mais usuais para criar uma coreografia, visto que cada integrante irá desenvolver movimentos com base da sua vivência. Mesmo quando o trabalho é em grupo, cada integrante deverá se ater na criação dos movimentos a partir de si.

A dança-educação pretende o oposto da dança clássica. Nesta, são valorizados somente os integrantes que se destacam na técnica, movimentos de alto grau de complexidade e a coreografia pronta, criada por um coreógrafo, na qual os bailarinos devem alcançar uma grande similaridade na execução do gesto. Essa arte é para os profissionais que se dispõem a isso e criam verdadeiros espetáculos. A dança-educação, como também o teatro-educação, deve se focar no processo de desenvolvimento do indivíduo e não no resultado final da criação.

Alguns elementos que podem ser trabalhados isolados ou em conjunto no momento da improvisação coreográfica, além dos já explicitados no tópico anterior, são apresentados na Figura 1.16.

Figura 1.16 – Elementos norteadores para a composição da improvisação coreográfica

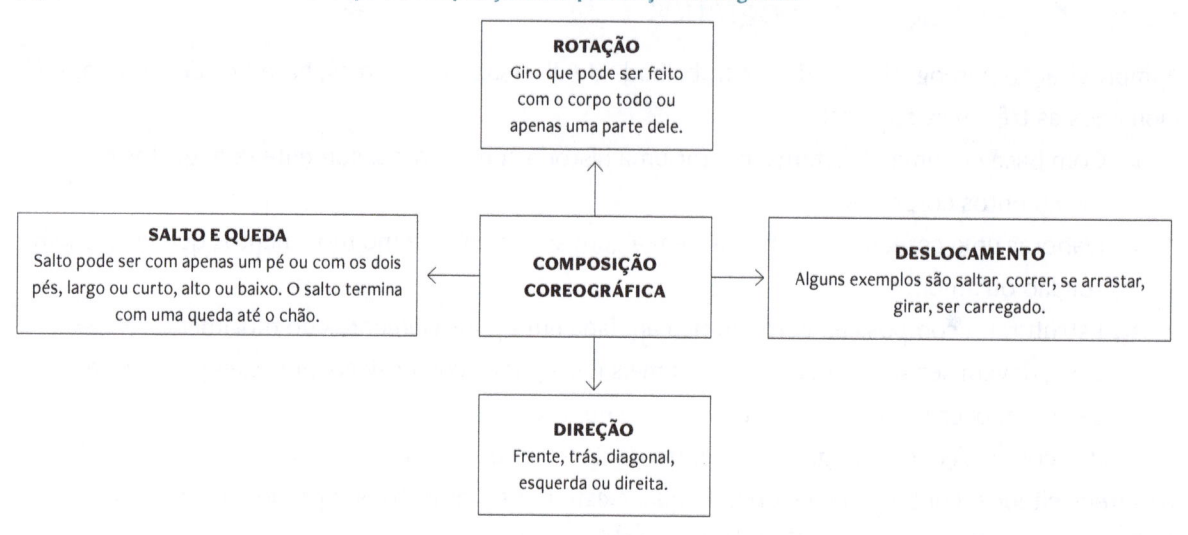

ROTAÇÃO
Giro que pode ser feito com o corpo todo ou apenas uma parte dele.

SALTO E QUEDA
Salto pode ser com apenas um pé ou com os dois pés, largo ou curto, alto ou baixo. O salto termina com uma queda até o chão.

COMPOSIÇÃO COREOGRÁFICA

DESLOCAMENTO
Alguns exemplos são saltar, correr, se arrastar, girar, ser carregado.

DIREÇÃO
Frente, trás, diagonal, esquerda ou direita.

Com base na junção desses elementos, é possível trabalhar a composição coreográfica de diversas maneiras, com ou sem música, a partir da sugestão de um tema ou sentimento. Também é possível inserir na dança objetos com os quais o indivíduo possa desenvolver uma interação ou criar uma história possível de ser dramatizada corporalmente. Por fim, é possível trabalhar em outras etapas em que, em dupla ou grupos, seja desenvolvida uma composição coreográfica. Todo o processo deve sempre ocorrer de forma gradativa e dentro do tempo de cada integrante.

1.3 Gêneros da dança

Atualmente, a dança é dividida em diversos gêneros e algumas das modalidades mais importantes são:
- dança folclórica;
- dança de salão;
- dança de espetáculo;
- dança étnica.

Há ainda outras modalidades que apresentam especificidades que as diferenciam, seja pelo caráter técnico, seja pelo caráter cultural.

A seguir, veremos dois grandes grupos pertencentes à divisão de gêneros da dança: a **dança folclórica** e a **dança de espetáculo**, que abarcam de alguma forma todos os gêneros, visto que algumas danças de salão se tornam dança de espetáculo e muitas danças étnicas influenciaram várias danças populares.

1.3.1 Dança folclórica e popular brasileira

O folclore, de acordo com Cascudo (1967), é um patrimônio de tradições que se transmite principalmente oralmente e é defendido e conservado pelo costume. O folclore é inerente a todos os países do mundo, raças e famílias. "Esse patrimônio é milenar e contemporâneo. Cresce com os conhecimentos diários desde que se integrem nos hábitos grupais, domésticos ou nacionais" (Cascudo, 1967, p. 9).

Dentro da dança folclórica, temos as festas que se referem a qualquer solenidade religiosa ou civil e, segundo Côrtes (2000), abrangem cultos e folguedos populares. O culto é marcado por venerações a divindades, santos ou seres sobrenaturais.

> Já os folguedos indicam as brincadeiras, sortes, jogos, danças e representações dramáticas e coreográficas, exercendo determinada função na sociedade que se interessa por sua criação e manutenção. O caráter interativo e abrangente do folclore permite a mistura de diversos folguedos [...] cujos cenários são sempre em lugares públicos. (Côrtes, 2000, p. 14-15)

A dança folclórica, principalmente os folguedos, geralmente se manifesta por meio de uma grande intertextualidade entre dança, teatro e música, com uma temática ligada a crendices e superstições. Cada região do país oferece particularidades em suas danças folclóricas de acordo com a sua cultura e tradição.

Dentro das festas consideradas comemorações nacionais, temos os chamados *ciclo natalino*, *ciclo carnavalesco*, *ciclo junino*, *festa do divino* e *auto do boi*.

O **ciclo natalino** se originou na Idade Média, como já vimos anteriormente, quando as peças eram utilizadas de forma didática. "O surgimento dos autos natalinos é atribuído a São Franscisco de Assis, que teria realizado a primeira apresentação viva de um presépio em 1223, com a inclusão de personagens bíblicos" (Côrtes, 2000, p. 19).

A **festa do divino** (Figura 1.17), também de caráter religioso, é dedicada ao Espírito Santo. Sua característica varia em alguns estados, mas a sua estrutura se mantêm. De acordo com Côrtes (2000), um grupo de músicos cantadores que acompanham a bandeira dos festeiros, em verdadeira oração diante dos altares. À frente do cortejo, o alferes conduz a bandeira, que leva invariavelmente a figura da pomba (representação do Divino Espírito Santo). O pajem conduz a coroa e os foliões vão atrás, cantando e tocando os seus instrumentos. É comum a aparição de crianças vestidas de anjos. A festa é coordenada pelo imperador e pelo folião.

A festa do divino é uma manifestação popular na qual os fiéis unem a espiritualidade e o folclore para agradecer ao Espírito Santo os dons e as graças recebidas.

Figura 1.17 – Festa do divino, em São Luiz do Paraitinga, São Paulo

De acordo com Faro (1986), existem bailados de natureza africana que, possivelmente, em alguma época, tenham sido danças étnicas, se transformando em folclore ao serem transportados para o Brasil. Para o autor, "Dentro dessa categoria estão a congada, o maracatu, a dança dos pássaros, o reisado, o moçambique, os caboclinhos, o quilombo, dentre muitas outras. O escritor e folclorista Mário de Andrade deu-lhes o nome de **danças dramáticas**, pois sempre contam uma história com significado dramático" (Faro, 1986, p. 27, grifo do original).

1.3.1.1 Região Norte

Uma das festas populares da Região Norte é a **marujada** (Figura 1.18), que acontece no período de 18 a 26 de dezembro, realizada na cidade de Bragança Paraense em homenagem a São Benedito. Criada em 1798 por negros escravizados,

Figura 1.18 – Festa da marujada, em Bragança, Pará

segundo Côrtes (2000), a marujada em Bragança Paraense é única em todo o país. Ao ritmo do tambor, duas filas de marujas guiadas pela capitoa e pela subcapitoa são seguidas pelos tocadores e demais marujos. A marujada é composta em sua grande maioria por mulheres, vestidas com blusa branca, faixa de fita vermelha e uma rosa de tecido, saia rodada comprida vermelha, azul ou branca e um chapéu enfeitado com fitas e plumas.

De acordo com Côrtes (2000, p. 48), uma das características das danças do norte do Brasil é a sensualidade do entrelaçamento dos pares, envolvidos com músicas de ritmos quentes e o predomínio das percussões e instrumentos de sopro. O instrumento mais típico da região é o carimbó, um atabaque de origem africana. Em relação às danças, temos o carimbó, o retumbão, o lundu da ilha de marajó, o xote bragantino, os vaqueiros do marajó, o marabaixo, o batuque, o siriá e o boi-de-máscara.

O **carimbó** (Figura 1.19) é uma das danças mais conhecidas na Região Norte. De origem negra, além do atabaque, segundo Côrtes (2000), a dança é ritmada por outros instrumentos musicais, como banjo, maracás, flautas, ganzás, reco-recos e pandeiros. O carimbó tem como formação principal a roda, com passos característicos que imitam os animais. Os figurinos são coloridos, com as mulheres de saia e os homens de calças curtas.

1.3.1.2 Região Nordeste

O nordeste tem diversas festas populares: carnaval em Recife e Olinda, folguedos natalinos em Alagoas e bumba meu boi no Maranhão são algumas das mais conhecidas. Côrtes (2000) afirma

Figura 1.19 – Dança do carimbó

que os instrumentos musicais mais utilizados são: acordeão, triângulos, zabumbas, matracas. Na música, o destaque nessa região vai para o frevo, o maracatu e os ritmos do forró.

Conhecidas por sua alegria e ritmo frenético, as danças populares são guerreiro, frevo, xaxado, quilombo, caninha verde, maracatu, caboclinhos, ciranda, coco e capoeira.

O **frevo** (Figura 1.20) é uma dança de destaque no carnaval pernambucano. Dançado em ruas e salões, é uma festa de multidão, à qual, segundo Côrtes (2000), todos aderem como se por eles passasse uma corrente eletrizante. As roupas utilizadas são sempre coloridas e bem folgadas para facilitar os passos vigorosos dos dançarinos.

Figura 1.20 – Frevo no carnaval de Olinda

Figura 1.21 – Apresentação da dança catira

1.3.1.3 Região Centro-Oeste

Em razão da localização geográfica, a identidade do povo da Região Centro-Oeste é formada, segundo Côrtes (2000, p. 102), pela convergência de povos de outras áreas do Brasil que, junto com os índios nativos, deram origem ao mestiço. A proximidade com Paraguai e Bolívia trouxe influências nas festas, danças e músicas típicas regionais.

As festas populares tradicionais da região são: festa de São João, em Corumbá; semana santa, na cidade de Goiás; procissão do fogaréu e festa do divino, em Pirenópolis; e festa de Nossa Senhora do Caacupé (Côrtes, 2000). As danças populares tradicionais da região são: catira, chupim, cururu, siriri, engenho de maromba e cavalhada.

A dança catira (Figura 1.21) tem influência da cultura espanhola, típica do Estado de Goiás, também conhecida como *cateretê* em Minas Gerais e em São Paulo. De acordo com Côrtes (2000, p. 113), essa dança,

> Marcada por palmeados e sapateados [...] é por tradição exclusivamente masculina, mas nota-se atualmente a presença de mulheres. É dançada coletivamente, não necessariamente por pares, o que dá liberdade de execução individual aos seus participantes. Ao som de modas de viola, os dançadores executam sapateios e batem palmas como resposta aos ritmos elaborados pelo violeiro.

1.3.1.4 Região Sudeste

No sudeste há uma grande miscigenação de diversos imigrantes, sobretudo japoneses, italianos, árabes, libaneses e judeus. As festas e tradições populares da região trazem essa riqueza de culturas misturadas em grandes comemorações que se dividem entre santas e profanas. Os estados de Minas Gerais e Espírito Santo trazem o legado religioso católico, como a festa do divino e a festa de Nossa Senhora do Rosário. Rio de Janeiro e São Paulo, por sua vez, se destacam pelo carnaval que, de acordo com Côrtes (2000, p. 126), é a maior festa profana e popular do mundo.

As danças populares tradicionais da Região Sudeste, segundo Côrtes (2000), são: ticumbi, congos ou congadas, moçambique, catopês, jongo, caboclinhos ou caiapós, folias de reis, marujos, São Gonçalo e calango mineiro.

A dança do caboclinho ou caiapós do sudeste, de acordo com Côrtes (2000), se apresenta em festividades dos santos de devoção, chamados também de *caiapós* no sul de Minas Gerais e no Estado de São Paulo.

> Apresentam-se ricamente vestidos, com adornos de penas nas pernas e nos braços, cocares, saiotes, e levam nas mãos um arco e flecha. Este elemento faz papel percussivo na coreografia, pois marca o ritmo dos passos quando é realizado o movimento de esticar e soltar a flecha que, presa ao arco, faz barulho de estalo. A música é executada com orquestra de percussão e, em algumas localidades, o acordeão também é utilizado. (Côrtes, 2000, p. 150-151)

Por meio desse elementos, a dança dos cabocilinhos representa o índio brasileiro catequizado pelos jesuítas, associado à confraria de Nossa Senhora do Rosário.

O jongo (Figura 1.22), dança de roda de origem africana, conta com o acompanhamento de tambores e canto.

Figura 1.22 – Apresentação da dança jongo, em Piquete, São Paulo

1.3.1.5 Região Sul

Compostas principalmente de imigrantes europeus, sobretudo os italianos, poloneses, ucranianos e alemães, além de componentes frutos da miscigenação indígena, as principais festas populares do sul são, segundo Côrtes (2000), a *Oktoberfest*, em Blumenau; a festa de Nossa Senhora dos Navegantes e o boi-de-mamão, em Santa Catarina; o fandango, no Paraná; e a festa nacional da uva, em Caxias do Sul.

A festa do boi-de-mamão (Figura 1.23), em Santa Catarina, é a narração do drama do boi que fica doente, morre e é ressuscitado. Divide-se em cenas, compostas por música, letra e seu personagem próprio (Côrtes, 2000). A narrativa das cenas se guia pelos personagens característicos: o boi, o cavalinho, o doutor (que interage com o público enquanto tenta salvar o boi), o urso, a onça, o urubu (que tenta comer o boi, mas não consegue; também podem aparecer outros personagens, como o carneiro, o velho e a velha. Os instrumentistas são três; normalmente tocam um violão, um cavaquinho e um pandeiro.

As danças populares da Região Sul são: caranguejo, chimarrita, pezinho, balaio, maçanico, rancheira, pau-de-fita, tatu,

Figura 1.23 – Apresentação do boi-de-mamão, em Florianópolis, Santa Catarina

chula e tirana do lenço. Elas se caracterizam pelo romantismo, evidenciado no espírito de fidalguia e de respeito, onde prevalece a figura do peão gaúcho e da sua prenda. "Embalado por uma história de lutas e de uma colonização diferenciada do restante do país, o Sul incorpora a modernidade dos tempos atuais à tradição de sua cultura imigrada da Europa, dando-lhe aspectos únicos, impregnados de uma brasilidade autêntica" (Côrtes, 2000, p. 176).

A dança e música pezinho são muito populares na região gaúcha. É a única em que todos que dançam obrigatoriamente têm que cantar enquanto executam a coreografia.

Segundo Côrtes (2000), há duas sequências características, que são marcadas primeiro pelos pés, e depois os pares giram ao redor de si próprios, tomados pelos braços. Os figurinos das mulheres são longos vestidos e os dos homens são compostos de calças, botas, camisa de manga longa, chapéu e lenço. A melodia foi trazida ao Brasil pelos imigrantes portugueses.

1.3.2 Dança de espetáculo

A dança de espetáculo se configura em apresentações executadas por um ou mais profissionais diante de um público. Por muito tempo, somente o balé – e, mais tarde – a dança moderna eram considerados dança de espetáculo.

Esse cenário mudou no momento em que diversos países, de acordo com Faro (1986), criaram grupos profissionais de dança folclórica que executam suas apresentações não apenas perante o seu ambiente, mas também as levando a outras nações. "Nesses países, tais espetáculos já foram tão teatralizados que seus intérpretes são bailarinos profissionais saídos das melhores escolas, capazes de executar coreografia com incríveis proezas técnicas que nenhum camponês poderia realizar" (Faro, 1986, p. 23).

Essas apresentações intertextualizam a dança teatral com a manifestação popular, a simplicidade do povo com a técnica do profissional. Os espanhóis, por exemplo, conseguiram levar para o palco sua dança *flamenca* (Figura 1.24) sem descaracterizá-la (Faro, 1986).

Outro gênero da dança que também emigrou para os palcos foi a dança de salão, em estilos como bolero, samba de gafieira, tango e salsa. As apresentações de dança de salão elaboram composições com grande refinamento técnico – o que antes era executado pela maioria das pessoas apenas como entretenimento, transformou-se em espetáculos profissionais cujas coreografias requerem grande domínio físico, elasticidade e equilíbrio. Um exemplo de dança de salão que emigrou para os palcos foi o tango argentino.

Figura 1.24 – Dança flamenca

Marcos Mesa Sam Wordley/Shutterstock

Síntese

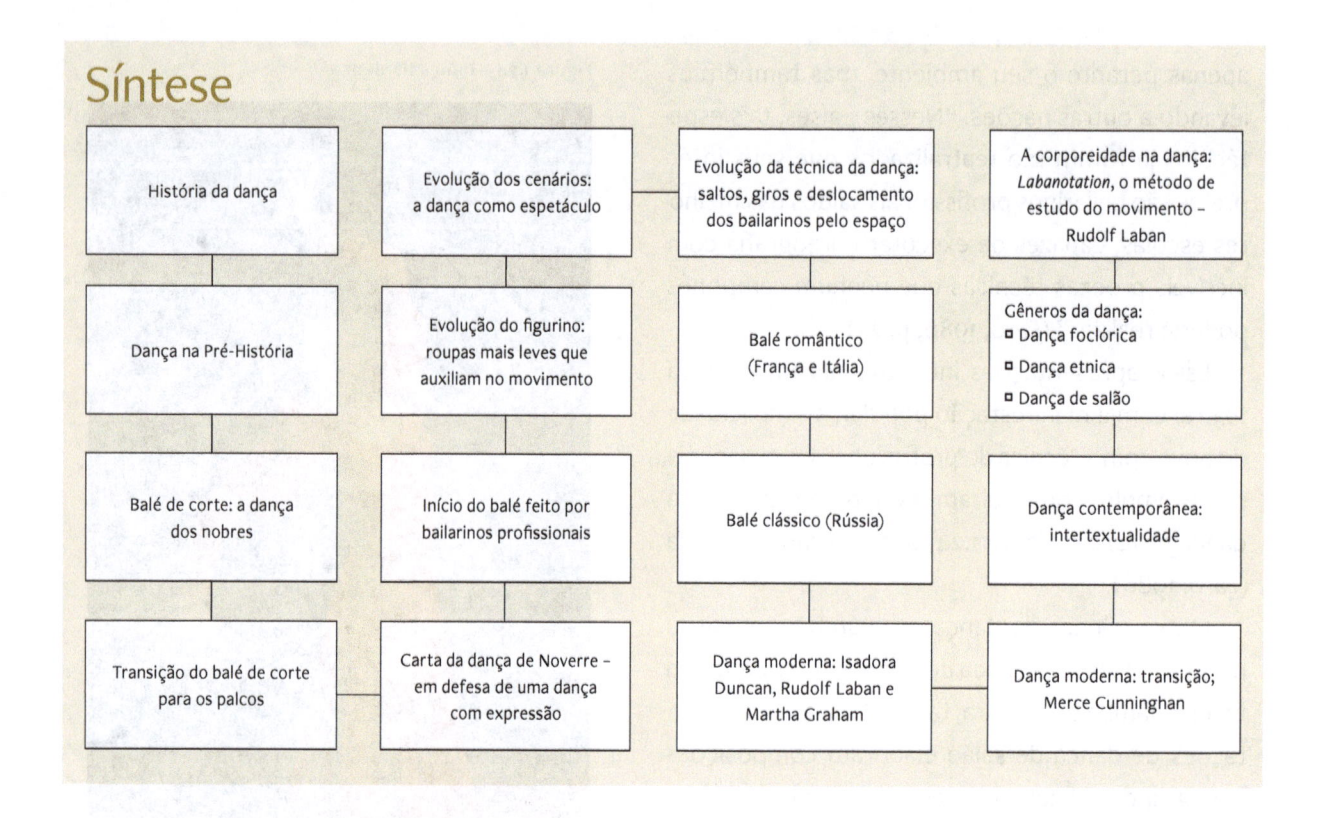

```
História da dança ── Evolução dos cenários: a dança como espetáculo ── Evolução da técnica da dança: saltos, giros e deslocamento dos bailarinos pelo espaço ── A corporeidade na dança: Labanotation, o método de estudo do movimento – Rudolf Laban
         │                              │                                                                                                                    │
Dança na Pré-História ── Evolução do figurino: roupas mais leves que auxiliam no movimento ── Balé romântico (França e Itália) ── Gêneros da dança:
                                                                                                                                   ▫ Dança foclórica
                                                                                                                                   ▫ Dança etnica
                                                                                                                                   ▫ Dança de salão
         │                              │                                                                                                    │
Balé de corte: a dança dos nobres ── Início do balé feito por bailarinos profissionais ── Balé clássico (Rússia) ── Dança contemporânea: intertextualidade
         │                              │                                                                                                    │
Transição do balé de corte para os palcos ── Carta da dança de Noverre – em defesa de uma dança com expressão ── Dança moderna: Isadora Duncan, Rudolf Laban e Martha Graham ── Dança moderna: transição; Merce Cunninghan
```

Indicações culturais

GISELLE (My Giselle): Bolshoi Ballet – Ludmila Semenyaka. 5 abr. 2012. 89 min. Disponível em: <https://www.youtube.com/watch?v=TTVmfL1nIXU>. Acesso em: 12 abr. 2017.

A parte inicial do vídeo exibe a bailarina Ludmila Semenyaka em seu camarim, e o espectador tem a oportunidade de visualizar o processo de preparação da bailarina antes da entrada ao palco. O filme mostra a obra completa *Giselle*, executada pelo Balé Bolshoi. A obra é dividida em dois atos. No Ato I, a história se passa em uma pequena aldeia de camponeses, onde vive Giselle, jovem doce e humilde que se apaixona por um duque, o qual se disfarça de camponês para cortejá-la. Devido à diferença de classes, o amor entre uma camponesa e um nobre é impossível, e quando Giselle descobre que seu amado é um duque, se suicida. No Ato II, a história se passa em meio a uma clareira na floresta, onde a protagonista supostamente foi enterrada. Em meio a rituais e magias, a história se desenvolve.

MARTHA Graham – Dança Moderna EUA. 25 jan. 2013. Disponível em: <https://www.youtube.com/watch?v=rbWLw1Ms8wA>. Acesso em: 12 abr. 2017.

Esse link traz um trecho da série Dance of Century, no qual é possível perceber elementos técnicos da dança moderna e a temática abordada por Martha Graham.

MAURICE Béjart. "L'Amour – La Danse". 24 maio 2013. Disponível em: <https://www.youtube.com/watch?v=erqRdYd9JjA>. Acesso em: 12 abr. 2017.

Nesse vídeo, você pode conferir a apresentação L'Amour – La Danse, com coreografia de Maurice Béjart, executada pela companhia de balé Le Béjart Ballet Lausanne.

"IN THIS SHIRT" Kate Jablonski and Beyond Words Dance Company. 16 jan. 2014. Disponível em: <https://www.youtube.com/watch?v=sEKZj-H7qa8>. Acesso em: 12 abr. 2017.

Esse link exibe a coreografia In this Shirt, de Kate Jablonski, da Beyond Words Dance Company.

ENCONTRO dos povos do Espinhaço. 16 set. 2013. Disponível em: <https://www.youtube.com/watch?v=dEFsaxkbPSg>. Acesso em: 12 abr. 2017.

Nesse link, você encontra a apresentação da dança Guarda de Caboclinho, no 2º Seminário do Saber Popular, em Serro, Minas Gerais.

Atividades de autoavaliação

1. Segundo Rudolf Laban, os componentes constituintes das diferenças nas qualidades de esforço resultam de uma atitude interior relativa aos fatores de movimento. Assinale a questão que aponta corretamente os fatores de movimento:
   a) Velocidade, tempo, ritmo e ação.
   b) Coreografia, velocidade, espaço e peso.
   c) Repetição, tempo, fluência e ação.
   d) Peso, espaço, tempo e fluência.

2. Laban buscou de maneira clara e objetiva diminuir a distância entre os olhares da arte e da ciência no que diz respeito à observação e à análise do movimento. Pressupondo alguns aspectos básicos que facilitam a decodificação, assinale a alternativa que orienta corretamente essa análise:
   a) O corpo como unidade independente da psique.
   b) A qualidade do som e das propriedades musicais para dançar independente do espaço e do tempo.
   c) As aptidões físicas como garantias para que alguns dancem melhor do que outros.
   d) O corpo: Qual parte do corpo se move? O espaço: Em que direção o corpo se move? Fator de movimento: Como se move?

3. O primeiro "balé da corte", intitulado *Ballet comique de la Reine*, foi um grande espetáculo, que durou seis horas, com participação de carros alegóricos e efeitos cênicos. Iniciou-se, então, a formação de muitos desenhos geométricos e direções no espaço na movimentação da dança, lançando-se os fundamentos de uma nova forma de arte que se tornaria mais tarde a dança de espetáculo. Com base nisso, assinale as afirmativas a seguir como verdadeiras (V) ou falsas (F).
   ( ) O Rei Luís XIV proporcionou um grande desenvolvimento para a dança. Exímio bailarino, criou vários personagens para si próprio, como deuses e heróis. Sua grande aparição foi como "Rei Sol", aos catorze anos de idade, no balé real *A noite*.
   ( ) Jean-Georges Noverre publicou as famosas *Lettres sur la Danse*, um manifesto válido até hoje, no qual é defendida uma dança espontânea, com roupas leves e rostos expressivos, buscando exprimir ideias ou paixões.

( ) O balé romântico se desenvolveu, inicialmente, na Rússia e se estendeu por toda a Europa. As histórias românticas mostravam, em sua maioria, uma heroína feliz, mas também capaz de morrer ou enlouquecer por amor. O balé modificou-se, em busca desse novo mundo de sonhos. Os passos não serviam mais unicamente para a evolução da ação, mas estavam carregados de um conteúdo emocional profundo.

( ) François Delsarte desenvolveu estudos do movimento do corpo humano com base na observação das pessoas em seu cotidiano, como nas ruas, parques, nos hospitais, e construiu uma teoria codificada das relações entre o gesto e a emoção. Para ele, as emoções são transmitidas principalmente pelo tronco, uma das características da dança moderna, diferente da dança clássica, onde o rosto e as mãos são utilizados para exprimir sentimentos.

( ) Émile Jaques-Dalcroze desenvolveu um método que não permitia dar interpretação ao movimento, nem instaurar uma relação estreita de dependência entre o movimento e o corpo.

Agora, assinale a alternativa que corresponde corretamente à sequência obtida:

a) V, V, F, V, V.
b) V, F, F, V, V.
c) V, F, F, F, V.
d) V, V, F, V, F

4. Rudolf Laban e Martha Graham deixaram uma grande contribuição na dança moderna. Sobre esse estilo da dança, é **incorreto** afirmar:

a) No início do século XX, Rudolf Von Laban lançou as bases de uma nova dança, elaborando os componentes essenciais do movimento corporal: espaço, tempo, peso e fluência.
b) Anterior ao surgimento da dança moderna, o balé clássico era a maior expressão artística do movimento corporal nos palcos do mundo.
c) A dança moderna sempre existiu, mas somente ficou conhecida depois que Rudolf Laban e Martha Graham começaram a coreografar.
d) A dança moderna é um estilo de dança que utiliza deslocamento, nível e direção.

5. No que se refere às danças folclóricas, é correto afirmar:
   a) São danças que representam as tradições e a cultura de uma determinada região. Estão ligadas a aspectos religiosos, festas, lendas, fatos históricos, acontecimentos do cotidiano e brincadeiras. Essas danças são realizadas, geralmente, em espaços públicos: praças, ruas e largos.
   b) A dança folclórica está vinculada diretamente às manifestações vivenciadas apenas por determinados grupos étnicos.
   c) A prática da dança folclórica está relacionada e restrita a apenas a algumas regiões do Brasil, não se fazendo presente nos grandes centros e capitais.
   d) As danças folclóricas são expressões fundamentadas na religião católica, ela não possui a presença de outras crenças.

Atividades de aprendizagem

Questões para reflexão

1. Rudolf Laban viveu em um período de efervescência intelectual e artística e pôde acompanhar as teorias sobre a seleção natural, a relatividade, a física quântica e a psicanálise, além de ter sido influenciado por movimentos expressionistas e dadaístas. Pesquisou os princípios dos movimentos humanos, fundando o que mais tarde chamaríamos de *Sistema Laban*, que, além de propor os estudos dos movimentos no espaço, seus ritmos, formas e esforços, incluíam também um sistema bastante preciso para a notação dos movimentos, chamado de *Labanotation*. Aponte esses movimentos percebidos por Laban, pensando em uma composição coreográfica. De preferência organize suas ideias em um fluxograma e depois apresente-as para o seu grupo de estudos.

2. Selecione dois teóricos e/ou coreógrafos da dança, um que tenha pertencido à dança moderna e outro à dança contemporânea. Disserte sobre ambos e estabeleça um paralelo que aponte suas principais contribuições com base nos conceitos de música, análise de movimento, cenário e tema.

Atividade aplicada: prática

Verifique em sua cidade quais danças folclóricas e folguedos são praticados e descreva suas características. Pergunte a pessoas de sua família e conhecidos se já participaram de alguma dessas apresentações (como participante da dança ou como público) e relate suas experiências. Compare o resultado de sua pesquisa com as informações oferecidas no capítulo sobre dança folclórica e folguedos que aborda a sua região.

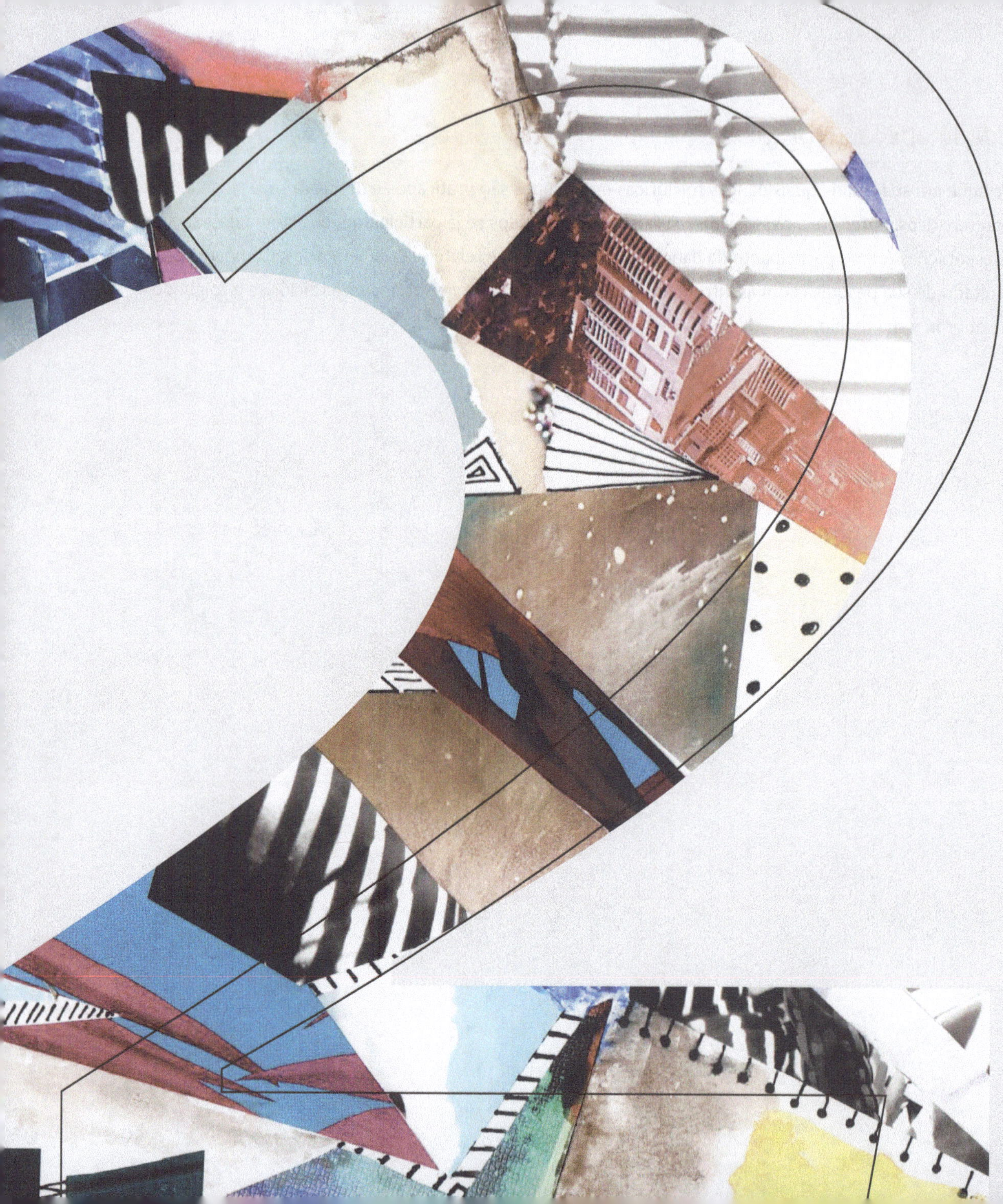

Teatro e encenação

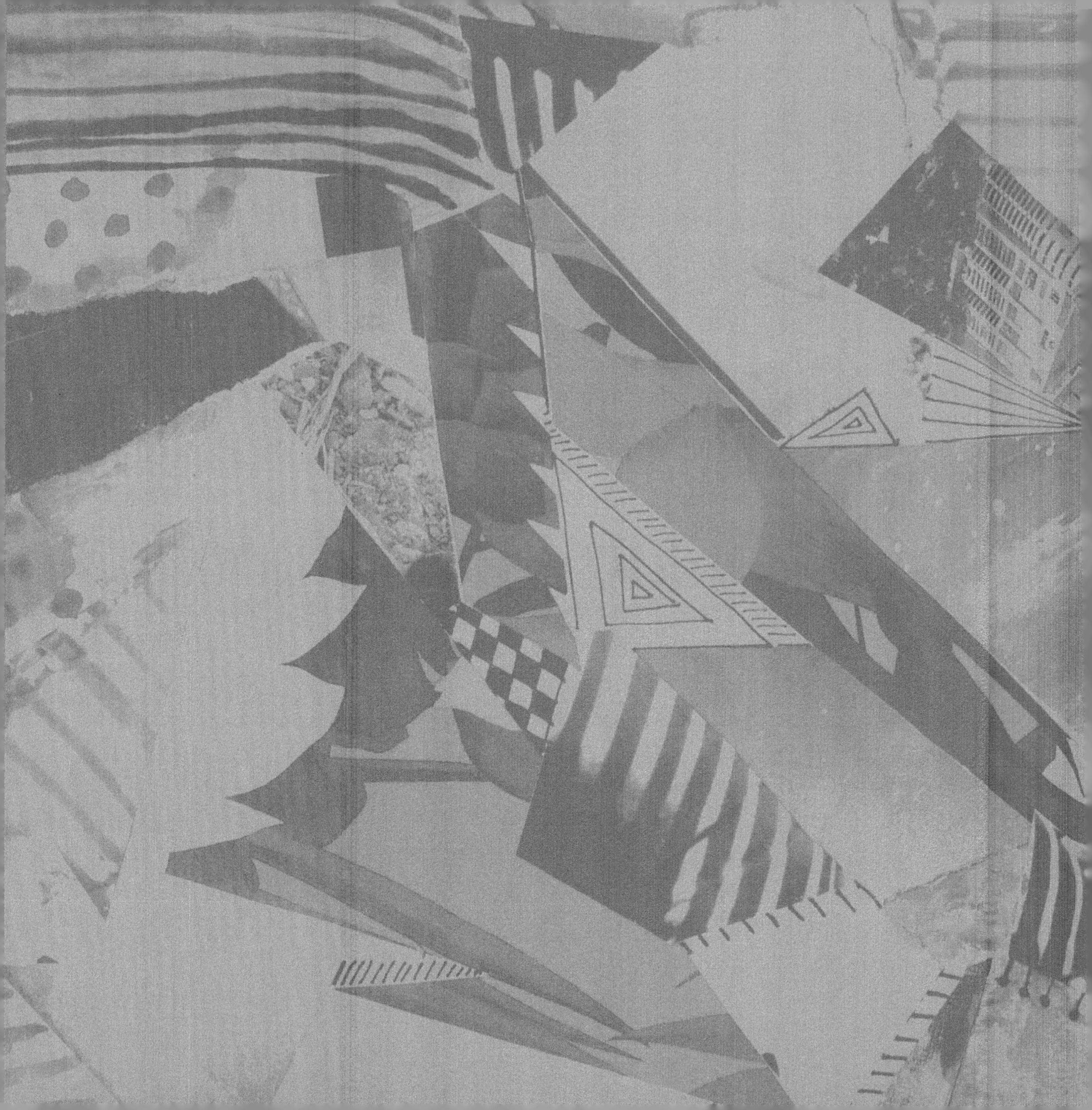

Neste capítulo, abordaremos os elementos formais e composicionais do teatro, bem como os conceitos básicos que envolvem a montagem e a encenação teatral. Apresentaremos também, de forma suscinta, a história do teatro, com apontamentos dos elementos que mais se destacaram e contribuíram com a evolução teatral, apontando os principais processos das diferentes práticas da encenação.

2.1 O teatro no ocidente

O teatro teve sua origem em 534 a.C., na Grécia Antiga, nas festas dionisíacas realizadas em homenagem a Dionísio, deus do vinho e da fertilidade. Essas festas eram rituais sagrados[1], processões e recitais. De acordo com Berthold (2001), os festivais rurais da prensagem do vinho, em dezembro, e as festas das flores de Atenas, em fevereiro e março, eram dedicados a ele. Em meio a orgias desenfreadas, mesclavam-se as vozes dos ditirambos e das canções atenienses. Quando os ritos dionisíacos se desenvolveram e resultaram na tragédia e na comédia, Dionísio se tornou também o deus do teatro.

---

1 "O ritual da dança coral e do teatro era precedido por uma procissão solene, que vinha da cidade, e terminava na orquestra, dentro do recinto sagrado de Dionísio. O clímax dessa procissão era o carro festivo do deus puxado por dois sátiros. Uma espécie de barca sobre rodas (*carrus navalis*) que carregava a imagem do deus ou, em seu lugar, um ator coroado de folhas de videira" (Berthold, 2001, p. 105).

> Os ditirambos, de acordo com Pavis (2001), eram cantos líricos para glorificar Dionísio, interpretado e dançado por coreutas conduzidos pelo corifeu. O ditirambo evoluiu para o diálogo, que resultou na tragédia.

Um grande contribuinte para a evolução da linguagem teatral, nesse período, foi o grego **Téspis**: o teatro até então era contado e não representado, mas Téspis o inova ao subir no tablado em praça pública e decide encenar nada menos que o próprio deus do vinho ao dizer: "Eu sou Dionísio!". No início, o público ficou surpreso, pois um humano estava representando um deus, um ser intocável. Mas, com o tempo, isso se tornou comum e, com isso, Téspis instituiu o que se tornou uma das funções mais conhecidas no mundo: o *ator*.

Paralelo a esse desenvolvimento da linguagem teatral, outro elemento de suma importância também iniciou seu processo de ampliação: o palco. As apresentações de teatro, que inicialmente aconteciam em cima de carroças, se transferiram para os teatros de arena, que eram construções feitas ao ar livre, perto de colinas.

2.1.1 Grécia Antiga: tragédia

A tragédia foi o primeiro gênero teatral criado na Grécia Antiga. Ésquilo [ca. 525 a.C.-456 a.C.], Sófocles [ca. 497 a.C.-405 a.C.] e Eurípedes [ca. 480 a.C.-406 a.C.] foram os primeiros dramaturgos trágicos de destaque nesse período. Suas contribuições na estrutura dramatúrgica foram de fundamental importância para chegarmos ao teatro como ele o é contemporaneamente.

Em sua estrutura, a tragédia continha o coro, que era uma forte característica da narrativa, composto por uma média de 14 atores, cuja principal função, na tragédia clássica, era explicar partes importantes do texto, relatando as ações dos personagens, além de fazer uma ponte entre estes e o público.

Em seu livro *A história mundial do teatro*, Berthold (2001) afirma que, entre a primeira apresentação de Téspis e o primeiro êxito teatral de Ésquilo, passaram-se 60 anos. Ésquilo foi um importante dramaturgo[2] e um dos primeiros a escrever tragédias; ele desenvolveu a estrutura artística e formal que, ainda de acordo com Berthold (2001), serviu de base para todos os dramaturgos que vieram depois dele. "Os componentes dramáticos da tragédia arcaica eram um prólogo que explicava a história prévia, o cântico de entrada do coro, o relato dos mensageiros na trágica virada do destino e o lamento das vítimas. Ésquilo seguia essa estrutura" (Berthold, 2001, p. 107). Outra contribuição de Ésquilo foi a criação de um segundo ator, que, com o tempo, resultou no desenvolvimento dos diálogos dramatúrgicos. Berthold (2001) afirma que Ésquilo escreveu ao todo 90 tragédias; dessas, somente 7 peças chegaram até nossos dias.

Sófocles foi outro dramaturgo de grande importância; ele inseriu em suas peças o terceiro ator e criou a cenografia. Nesse período, existiam os festivais anuais que premiavam os dramaturgos de destaque, e Sófocles foi um dos autores mais premiados. Escreveu mais de cem obras, das quais apenas sete chegaram até nossos dias.

Os figurinos, nesse período, eram compostos de túnicas, coturnos e máscaras. Tanto as túnicas quanto as máscaras serviam para caracterizar o personagem, e a troca de máscaras e figurino dava aos atores individuais (não pertencentes ao coro) a possibilidade de interpretar vários papéis na mesma peça. De acordo com Berthold (2001, p. 116), foi Ésquilo quem introduziu as máscaras de planos largos e solenes, o traje consistia na túnica chamada de *quiton* e um manto, o coturno era uma bota alta com cadarços e sola grossa.

Eurípedes, o terceiro dos grandes tragediógrafos, utilizava um elemento que seria mais tarde muito aplicado no teatro ocidental, o chamado *deus ex machina* (o deus descido da máquina). De acordo com Berthold (2001), esse dispositivo cênico mecânico era um elemento surpresa que vinha em auxílio do poeta quando este precisava resolver um conflito humano, aparentemente insolúvel, por intermédio do pronunciamento divino. Era composto por um guindaste que fazia descer uma cesta do alto do teatro, onde estava sentado o deus ou o herói cuja ordem fazia com que a ação dramática desse continuidade e resolvesse finalmente o conflito a favor do herói.

---

2   *Dramaturgo* é quem exerce a função de autor das peças de teatro.

Outra característica do teatro de Eurípedes, segundo Berthold (2001, p. 117), é a forma como suas personagens são construídas, com determinação individual, transgredindo os limites traçados por uma mitologia que não mais podia ser aceita sem questionamento; *Electra, Antígona e Medeia* seguem o comando de suas paixões e, ao fim, são domadas pelo *deus ex machina*.

Além disso, Eurípedes trouxe mais um elemento cênico inovador

> o eciclema, uma pequena plataforma rolante e quase sempre elevada, sobre a qual um cenário era movido desde as portas de uma casa ou palácio. O eciclema traz à vista todas as atrocidades que foram perpetradas por trás da cena: o assassinato de uma mãe, irmão ou criança. Exibe o sangue, o terror e o desespero de um mundo despedaçado, como na *Orestíada*, em *Agamenon*, *Hipólito* e em *Medeia*. (Berthold, 2001, p. 117)

É importante lembrarmos que, nessa época, as cenas de mortes nunca eram encenadas no palco, mas apenas sugeridas por meio de gritos dos atores, vindos detrás dos camarins, visto que não existiam ainda coxias[3] Eurípedes foi o primeiro a expor em cena ao grande público presente os corpos das vítimas de cruéis assassinatos.

Apesar de todas as inovações que trouxe, Eurípedes não teve o mesmo sucesso e reconhecimento em vida que Sófocles, o que o levou a se mudar de Atenas. Quando a notícia da morte de Eurípedes chegou a Sófocles, este lhe prestou uma homenagem pública. De acordo com Berthold (2001, p. 113), "ele vestiu luto e fez com que o coro se apresentasse sem as costumeiras coroas de flores na Grande Dionisíaca, então em plena atividade. Poucos meses mais tarde, Sófocles também morreu. Agora o trono dos grandes poetas trágicos estava vazio". E assim a idade de ouro da tragédia grega iniciou o seu declínio.

---

[3] Espaço lateral ao palco, lugar onde os atores aguardam o momento de entrar em cena.

2.1.2 Grécia Antiga: comédia

A comédia grega teve dois momentos de destaque. O primeiro com o dramaturgo Aristófanes, contemporâneo de Sófocles e de Eurípedes; o segundo momento ocorreu, de acordo com Berthold (2001, p. 118), no período helenístico, com o grande comediógrafo Menandro.

De acordo com Aristóteles (2004), a origem da comédia reside nas cerimônias fálicas e em canções populares. Aristóteles também afirma que, enquanto a tragédia é a imitação de homens melhores que nós humanos, a comédia é a imitação dos maus costumes, do ridículo.

O coro, nesse gênero, tinha um papel importante, pois tecia comentários sobre as ações da peça. Em relação ao figurino, havia a deformação física, para suscitar o grotesco, barrigas e narizes falsos, geralmente compostos de espuma, até falos de espuma ou couro, eram utilizados na busca pelo grosseiro e burlesco.

A temática era a sátira sobre os homens, os heróis e até os deuses. "Em *As Rãs*, Aristófanes presta testemunho das tensões artísticas e políticas do final do século V, dos conflitos internos da *polis* fragmentada e do reconhecimento de que o período clássico da arte da tragédia havia se convertido em história" (Berthold, 2001, p. 113).

Ao longo da história do teatro, a comédia sofreu alterações, segundo Patrice Pavis (2001). A sua temática girou em torno de questões amorosas, de honra, de fidelidade conjugal e de política.

> Tradicionalmente, define-se a comédia por três critérios que opõem a tragédia: Suas personagens são de condição modesta, seu desenlace é feliz, e sua finalidade é provocar o riso no espectador. [...] ela se dedica à realidade quotidiana e prosaica das pessoas comuns: daí sua capacidade de adaptação a qualquer sociedade [...]. (Pavis, 2001, p. 52)

Pavis (2001) também comenta que a comédia quase sempre termina com um final feliz, resultando em casamentos, reconciliações e reconhecimentos, o que hoje configura a estrutura utilizada não apenas na linguagem do teatro, mas no cinema e em novelas. A festa do casamento, a reconciliação entre antagonista e protagonista, o reconhecimento de um pai ao descobrir que determinado personagem é seu filho, e vice-versa, são estruturas da comédia que se repetem constantemente nesse gênero.

Sobre a recepção do público, Pavis (2001) afirma que o riso do espectador ora é de cumplicidade, ora de superioridade, pois "O público se sente protegido pela imbecilidade ou pela doença da personagem cômica; ele reage, por um sentimento de superioridade, aos mecanismos do exagero, contraste ou surpresa" (Pavis, 2001, p. 52-53).

Enquanto a tragédia é direcionada à catástrofe, sem que os personagens possam fugir ao seu destino, a narrativa da comédia, depois de passar por um momento em que tudo parece perdido, finalmente resolve suas contradições, que são solucionadas de modo agradável ou estridente e o mundo restabelece seu equilíbrio.

2.1.3 Idade Média: entre o sagrado e o profano

Na Idade Média, as apresentações de teatro na Europa Ocidental eram realizadas dentro das igrejas e representadas pelo próprio clero. Com o passar do tempo os fiéis também começaram a atuar. Os temas eram passagens da Bíblia e sua função era didática, ou seja, era instruir os fiéis sobre os ensinamentos de Cristo, a vida dos santos e os chamados *milagres*. Com o passar do tempo, no entanto, o teatro saiu de dentro da Igreja e começou a ser apresentado em praças públicas.

Mas, antes dessa transferência de espaço acontecer, passou-se muito tempo, cerca de 500 anos, como nos afirma Berthold (2001, p. 185): "Fizeram-se necessários cinco séculos para que a cerimônia pascal da adoração da cruz levasse aos mistérios da Paixão, estendendo-se por muitos dias, e para que as "boas novas" anunciadas aos pastores se desenvolvessem nos ciclos do Natal e dos Profetas com seus numerosos elencos".

A representação litúrgica saiu do espaço eclesial, situado diante do portal, e foi transferida para o pátio da igreja e a praça do mercado, em locais especialmente preparados para as apresentações teatrais, com plataformas e tablados de madeira (Berthold, 2001, p. 185).

Veja, a seguir, um trecho de uma apresentação litúrgica realizada no século VII, a qual, segundo Berthold, foi um dos primeiros indícios do que seria mais tarde a função do diretor teatral, com suas indicações de marcação cênica.

> Enquanto se recita a terceira leitura, quatro irmãos deverão preparar-se. Um deles deve vestir uma alva e dirigir-se em segredo ao lugar do sepulcro, onde permanecerá sentado em silêncio com uma palma nas mãos; quando o terceiro responsório for cantado, os outros três avançarão até o local do sepulcro, vestidos com mantos e portando turíbulos com incenso, caminhando vagarosamente como quem procura alguma coisa. Vê-se que essa é uma imitação das mulheres que chegam com especiarias para ungir o corpo de Jesus. Quando em seguida um irmão sentado junto ao sepulcro, que representa o anjo, vê os três se aproximando, como que vagando à procura de algo, deve começar a cantar numa voz modulada e doce: *Quem quaretis!* [...]. (Craig, citado por Berthold, 2001, p. 189)

Além do início da marcação cênica outra característica desse tipo de encenação foi a proibição da presença feminina; mesmo depois de liberada a participação dos fiéis, os papéis femininos continuaram a ser representados por homens. À medida que as peças passaram a não serem mais apresentadas nas igrejas, a direção e a organização das montagens passaram gradativamente às mãos de cidadãos, como escrivãos e professores (Berthold, 2001).

Os milagres, mistérios e autos foram denominados *teatro sacro* em razão da temática religiosa; como contraponto, temos o teatro profano, que tinha duas divisões gerais:

1. os menestréis formados por nobres, que recitavam poesias à corte, geralmente acompanhadas de canções e tendo, ao fundo, o som do alaúde;
2. a farsa, desenvolvida por comediantes (palhaços e bufões[4]), que realizavam apresentações para o povo, na praça aberta do mercado. Berthold (2001) afirma que a dança de animais, imitação de sua voz e a farsa era utilizada como meio de crítica social, tendo como base principal o mimo.

---

[4] O bufão, como o louco, é um marginal. Essa posição o autoriza a comentar e criticar impunemente inclusive a nobreza e, mais tarde, a aristocracia. Ele surgiu sob várias formas: o rei tem o seu bobo; o jovem apaixonado tem o seu criado. O bufão destoa onde quer que vá, na corte é plebeu, entre preciosos, grosseiro (Pavis, 2001, p. 35).

> A farsa, originada nas festa dos bufões, trabalhava o cômico de forma exagerada, burlesca, com predomínio da ação sobre o diálogo. Sua estrutura era primitiva e grosseira e seu objetivo principal era suscitar o riso. A técnica era pouco desenvolvida, mas havia uma preocupação maior com o figurino. Os atores trajavam uma indumentária bem detalhada com riqueza de adereços, barbas, bigodes e perucas. Compunham personagens que criticavam ao mesmo tempo em que divertiam.

Os lugares das apresentações do chamado *teatro profano*, na Idade Média, não se restringiam às praças públicas. Diversos lugares eram passíveis de virar um palco, como uma sala pública, o auditório de uma universidade ou ainda a sala de uma casa particular (Berthold, 2001). Personagens cômicos, identidades trocadas e planos maquiavélicos para enganar alguém eram os principais elementos dramáticos dessas apresentações.

Uma terceira vertente do teatro sacro surgiu ainda na Idade Média, os *Jeus*, que em seu início eram religiosos, mas com o tempo se tornaram profanos. Segundo Berthold (2001), *Le Jeu de la Feuillée*, de Adam de la Hall, pode ser considerado o mais antigo drama profano francês. Aborda e relaciona elementos cultuais, contos de fadas e superstições de uma maneira singular. "A ruidosa e desenfreada festa dos arlequins falava ao coração de sua época e de sua cidade, assim como a sua sátira, repleta de alusões lógicas, grosseria e encanto, malícia e palavras mágicas" (Berthold, 2001, p. 248).

Os arlequins eram personagens fixos da *Commedia Dell'Arte* – gênero de teatro caracterizado pela criação coletiva dos autores, que elaboravam um espetáculo improvisando, gestual ou verbalmente, com base em um roteiro (Pavis, 2001). Chamados também de *canevas*, consistiam em um gênero diálogos eram improvisados na hora da apresentação – somente as indicações das ações eram descritas no texto.

As companhias de teatro pertencentes à *Commedia Dell'Arte* viajavam pela Europa em carroças, representando em salas alugadas, praças públicas ou então patrocinados por um príncipe. Cada ator representava sempre o mesmo personagem; os personagens, por sua vez, eram tipos fixos, que caracterizavam a estrutura da *Commedia Dell'Arte* – velhos cômicos (pantaleão e o doutor), o criado (arlequim), o casal de enamorados, entre outros que compunham a gama narrativa desse gênero teatral.

2.1.4 Teatro moderno e teatro contemporâneo

O drama da época moderna surgiu no Renascimento e, segundo Peter Szondi (2001), foi o momento em que o ser humano voltou-se para o seu interior, assumindo o seu destino e a sua vontade e livrando-se da visão do período medieval. A estrutura narrativa também mudou, e o mundo intersubjetivo passou a se desenvolver por meio do diálogo.

De acordo com Szondi (2001), no Renascimento, após o desaparecimento do prólogo, do coro e do epílogo, o **diálogo** se tornou, talvez pela primeira vez na história do teatro, o único componente da textura dramática. Para o autor, "É o que distingue o drama clássico tanto da tragédia antiga como da peça religiosa medieval, tanto do teatro mundano barroco como da peça histórica de Shakespeare. O domínio absoluto do diálogo, isto é, da comunicação intersubjetiva no drama [...]." (Szondi, 2001, p. 30).

Em um primeiro momento, **drama** era somente uma oposição ao teatro lírico ou épico. De acordo com Jacques Aumont (2012), no século XVIII, o filósofo francês Denis Diderot (1713-1784) estabeleceu esse termo como o intermediário entre a comédia e a tragédia.

Ainda século XVIII, o drama burguês pretendia ser uma forma contrária, até mesmo revolucionária, ao gênero teatral da época, pois deixou de lado os temas da tragédia clássica e passou a abordar a nova camada da sociedade que surgia: a burguesia. A criadagem ficava a margem ou, ainda, colocada de maneira oposta da classe aristocrática, sempre na posição de serviçais.

No século XIX, de acordo com Pavis (2001), o drama burguês, sob sua forma elegante (drama romântico) ou popular (melodrama e *vaudeville*), se tornou o modelo de uma dramaturgia na qual triunfavam o espírito empreendedor e os novos mitos burgueses. Com a chegada, porém, de uma nova classe – o proletariado – que se opôs diretamente aos interesses da burguesia, o teatro burguês passou a assumir um sentido completamente diferente e se tornou, com o teórico teatral Bertolt Brecht (1898-1956), por exemplo, sinônimo de dramaturgia de "consumo", baseada no fascínio e na reprodução da ideologia dominante.

Ainda segundo Pavis (2001), no Brasil, de modo genérico, o drama significa o gênero oposto à comédia e associado ao drama psicológico.

A transição do teatro moderno para o contemporâneo ocorreu por meio do **naturalismo**, desenvolvido principalmente pelo teórico teatral russo **Constantin Stanislavski** (1863-1938), o qual estabeleceu, dentro dos moldes naturalistas, diversos conceitos relativos à encenação: cenário, trilha sonora e interpretação dos atores foram alguns itens da nomenclatura teatral a receber um novo formato em sua estrutura.

De acordo com Roubine (1998), um dos primeiros elementos a sofrer alteração por conta da corrente naturalista foi o espaço. O palco italiano fechado passou a substituir o palco aberto: a estrutura de caixa cênica fechada e cortinas auxilia no processo de criação ilusória teatral, ocultando da vista do público tudo que produz a ilusão, como troca de cenários e iluminação.

A **interpretação** foi outro elemento desenvolvido, uma vez que foram criadas novas técnicas para o ator de teatro, com o objetivo de tornar sua interpretação mais natural, se distanciando das expressões caricatas, presentes até então nas encenações teatrais. Nesse período, passou a existir também uma preocupação com dicção e com expressão corporal.

Depois de ter sido estabelecido o espaço cênico e a forma natural da interpretação do ator, o próximo a sofrer alterações, principalmente a partir do movimento naturalista, foi o figurino, que se tornou um importante elemento descritivo não apenas do texto teatral, mas também do personagem, com suas características psicológicas e sociais. Para Roubine (1998, p. 123), "O figurino, enquanto elemento visual, estabelece um essencial elo de significação entre o personagem e o contexto espacial em que este evolui".

A iluminação também passou a receber atenção. Os naturalistas repudiavam qualquer forma de iluminação cênica que revelasse a sua teatralidade, como a ribalta, com sua iluminação à frente, no chão do palco, que emitia uma luz desconhecida, iluminando o ator de baixo para cima, sem nenhuma equivalência com o mundo real.

Uma nova **iluminação atmosférica** desenvolvida pelos naturalistas, segundo Roubine (1998), reproduzia nuances da luz natural, em busca de uma "verdade da luz" na indicação do tempo (dia ou noite) e da estação do ano (inverno ou verão), entre outros elementos.

A **sonoplastia** também recebeu contribuições dos naturalistas. A música de cena que, segundo Roubine (1998), servia para manter certo clima entre as trocas de cenários, passou a ser considerada um artifício desnecessário pelos naturalistas, os quais acreditavam que deveria ser criado em seu lugar uma paisagem sonora que reforçasse a ilusão visual.

Dentro desses conceitos, Roubine (1998) afirma que Stanislavski elaborou o que ele denomina de *paisagens auditivas*. O teórico acreditava que, no teatro, o silêncio expressava-se por meio de sons, e não pela sua ausência. Na peça *As três irmãs*, do dramaturgo Anton Tchekhov, Stanislavski selecionou para a sua sonoplastia o barulho de vozes, louças e alertas de incêndio.

No decorrer da história do teatro, outros movimentos e gêneros dentro das artes cênicas surgiram, tais como:

- Simbolismo – Henrik Ibsen (1828-1906);
- Teatro da crueldade – Antonin Artaud (1896-1948);
- Teatro épico – Bertolt Brecht;
- Teatro do absurdo – Martin Esslin (1918-2002);
- Teatro pós-dramático – Hans-Thies Lehmann (1944-).

No entanto, ainda com o surgimento desses novos gêneros, o método de interpretação criado por Stanislavski permaneceu como principal sistema de encenação adotado por atores e diretores até a atualidade, no que se refere tanto ao teatro quanto ao cinema e à televisão.

2.2 A representação teatral

A representação teatral é composta, em sua estrutura, por diversos elementos que podem variar em suas características de acordo com o estilo visual do diretor. De modo geral, uma peça de teatro é composta por um grupo de profissionais divididos por suas funções: o diretor é responsável pela marcação cênica, pela seleção de atores e pelo estilo visual do espetáculo. Mesmo que seja contratado um sonoplasta para a seleção ou composição da música e um cenógrafo e figurinista para cenários e figurinos, é o diretor quem sinaliza o *design* que ele pretende levar para o palco.

Uma das características do teatro moderno é trazer para o público novos conceitos de representação. Cabe ao diretor delimitar a estética do espetáculo como um todo, com o objetivo de que os elementos presentes dialoguem harmoniosamente.

O texto teatral também é geralmente selecionado pelo diretor, que distribui os personagens para os atores de acordo com suas características e/ou habilidades. Os ensaios de teatro necessitam de meses de preparação para alcançar um nível de qualidade de interpretação que convença o público de sua veracidade, criando a ilusão.

A iluminação é outro fator importante, pois contribui para a ambientação do texto dramático; o mapa de luz é criado por um iluminador com base no que o diretor pretende realizar.

Os atores precisam decorar o texto, depois seguir a marcação cênica criada pelo diretor e apresentar seus personagens como se realmente estivessem passando por aquela situação. Para isso, selecionam um teórico teatral que os auxilia nesse processo, o qual, ao longo de anos de estudo, sistematiza uma linha de trabalho na qual o ator se apoia para desenvolver o seu trabalho de interpretação.

Nesses quesitos, os teóricos de destaque são:
- o russo Constantin Stanislavski.
- o francês Antonin Artaud.
- o alemão Bertolt Brecht.
- o russo Vsevolod Meyerhold (1874-1940).
- o polonês Jerzy Grotowski (1933-1999).

No Brasil, temos Eugênio Kusnet, que trouxe o método de Stanislavski e o desenvolveu na companhia de teatro Oficina.

Essas orientações oferecidas para a produção e montagem de uma peça teatral são aplicadas para o teatro profissional, sendo que dentro do ambiente educativo a metodologia se altera.

2.2.1 Teatro-educação

O teatro-educação segue outra vertente: **Viola Spolin** (1906-1994) utilizou como base os princípios do teórico Constantin Stanislavski e os adaptou para o ambiente educacional. O objetivo principal, diferentemente do espetáculo profissional, não é o seu fim, e sim o seu processo e a contribuição que ele oferece ao desenvolvimento do aluno.

Apoiada em várias etapas da montagem de uma peça de teatro tradicional, a construção da encenação de Spolin ocorre por meio de elementos distintos, como a **fisicalização** na concepção da cenografia, em que o ator visualiza o cenário e realiza a encenação como se o objeto estivesse realmente em cena, com base no seu imaginário.

Temos, na figura de Viola Spolin, uma grande estudiosa dos processos que envolvem o teatro-educação. Ela elaborou conceitos direcionados especificamente para o ambiente escolar e trouxe inúmeros exercícios para o jogo dramático que podem servir de treinamento para o ator em formação. É um método especial de se chegar a uma interpretação improvisada com base no jogo dramático, que é instintivo no homem. De acordo com Spolin (2010), o jogo dramático é diferente de uma encenação teatral tradicional porque:

- é informal e não respeita rigidamente um roteiro;
- não exige presença de público;
- é considerado um treinamento para a vida e a prática teatral;
- tem objetivos pedagógicos, sociais e terapêuticos.

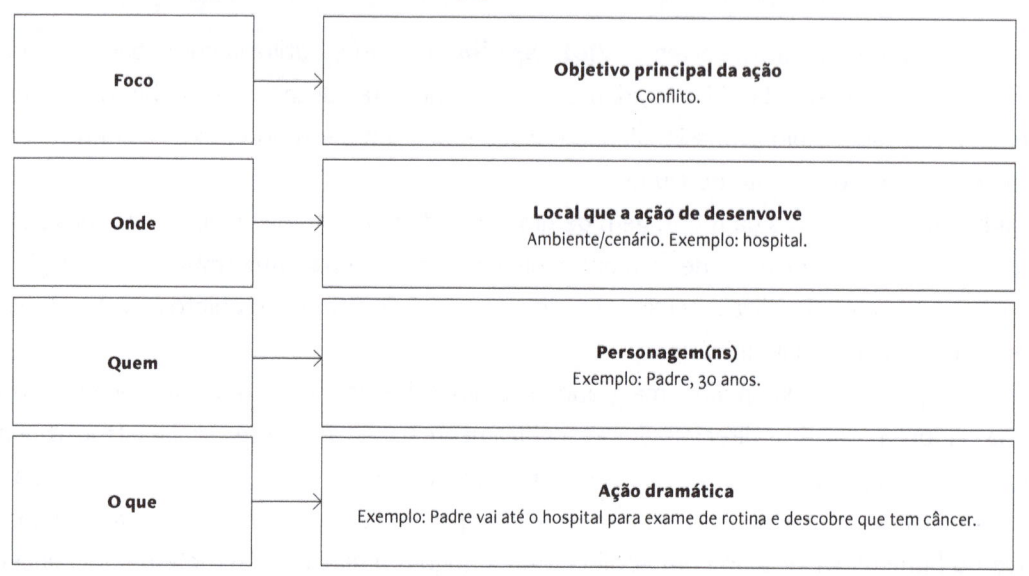

Figura 2.1 – Elementos da linguagem teatral utilizados no jogo dramático

Foco	→	**Objetivo principal da ação** Conflito.
Onde	→	**Local que a ação de desenvolve** Ambiente/cenário. Exemplo: hospital.
Quem	→	**Personagem(ns)** Exemplo: Padre, 30 anos.
O que	→	**Ação dramática** Exemplo: Padre vai até o hospital para exame de rotina e descobre que tem câncer.

É necessário que a ação sempre tenha um conflito. No caso da situação exemplificada na Figura 2.1, o desejo de viver do personagem é ameaçado diante da descoberta da doença. O jogador/ator precisa definir, no desenlace da ação, se vai alcançar a cura ou morrer em decorrência da doença, ou seja, precisa desenvolver a narrativa e lhe dar um fim. O resultado da montagem da cena teatral e sua apresentação ocorrem por meio de etapas, que são construídas, na maioria, no momento da encenação. O jogador vai construindo a narrativa durante o jogo teatral.

A concepção do texto não é escrita anteriormente, assim como os gestos não são previamente ensaiados. Nessa atividade, o jogador precisa ir resolvendo, ao longo do jogo dramático, a construção da sua encenação, a qual ocorre por meio do **foco**, que é o conflito. Em seguida, o jogador, uma vez definido o **onde**, estabelece o local da ação, ou seja, o cenário em que essa ação deve ser encenada. A partir do **quem**, o jogador define suas ações e pode caracterizar seus gestos, por isso elementos como idade e outras características físicas precisam estar definidas. E, por fim, **o que** o personagem quer, qual é o seu desejo, o que ele está fazendo.

Por meio desses quatro itens – foco, onde, quem e o que –, o jogador estabelece um roteiro improvisado e, por meio de suas experiências e de uma contextualização, realiza uma representação teatral. Isso não é feito com o objetivo de criar um espetáculo, mas, sim, de propiciar um autoconhecimento do participante do jogo dramático. Essa forma de trabalhar a encenação teatral tem o objetivo similar ao oferecido na dança de Rudolf Laban: o de desenvolver a sensibilidade e a criatividade do indivíduo.

2.2.2 Encenação e leitura dramática

O conceito de **encenação** vai muito além do sentido de representação do ator. No teatro, ele se refere a todas as etapas necessárias para a concepção de uma montagem teatral, tudo que envolve a sua composição: espaço (palco), música (sons, ruídos), texto (monólogo, mímica, diálogos), figurino e adereços, cenário e objetos cênicos, iluminação e método de interpretação.

Toda essa gama de elementos precisa estar alinhada para que o o resultado final seja harmonioso e para que exista diálogo entre os elementos. O responsável pela unicidade do espetáculo é o encenador, que, na definição de Roubine (1998, p. 199), "surge como o gerador da unidade, responsável pelos laços que interligam cenários e personagens, objetos e discursos, luzes e gestos".

Uma das etapas que auxilia na visualização do espetáculo como um todo é a **leitura dramática**, que Pavis (2001, p. 228) define como um "Gênero intermediário entre a leitura de um texto por um ou vários atores e a espacialização ou encenação deste texto [...] [que] usa alternadamente os dois métodos".

A leitura dramática se divide em três principais modos:

> » A espacialização, que é a apresentação de uma peça nova sem cenário nem figurino.

> » A vocalização, que é o processo de aprendizagem do texto, bem no início dos ensaios, antes que a entonação, a enunciação e a marcação tenham sido feitas.

> » A marcação, que é uma etapa na elaboração da encenação e que fixa os deslocamentos e posições dos atores, as figuras da interpretação deles. A contribuição essencial vem da encenação (colocação em cena), não da marcação (colocação no lugar). Marcar é, para o ator, delimitar uma área de atuação precisa. (Pavis, 2001, p. 228, grifo do original)

A leitura dramática é outra possibilidade de se trabalhar o teatro no ambiente educacional, em que a encenação teatral ainda se mantém nos moldes do teatro-educação, ou seja, não pretende ser um espetáculo profissional, mas também não fica apenas no jogo teatral. A leitura dramática oferece a oportunidade de os alunos conhecerem textos dramatúrgicos enriquecedores, ao mesmo tempo que permite uma maior apropriação, por parte dos alunos, do entendimento da dinâmica que envolve uma montagem teatral.

2.2.3 Caracterização do personagem

Para criar as características do personagem, é preciso levar em conta diversos fatores (social, econômico, familiar etc.). Tudo isso ajuda na construção do personagem, pois quanto mais detalhes – fatores como idade, classe social, religião e situação familiar – o ator inserir em sua construção, mais rico ele se tornará. "Um dos mais importantes e fundamentais traços do teatro é a transformação: o ator muda sua aparência, traje, voz e até as feições de sua personalidade para tomar a aparência, indumentária, voz e personalidade do personagem que representa na peça" (Bogatyrev, citado por Guinsburg; Coelho Neto; Cardoso, 1988, p. 265).

A leitura dramática auxilia nesse processo: o ator vai aos poucos percebendo as partituras do texto, o que se encontra subentendido e transporta para o gesto e a voz as intenções que não são ditas, mas representadas pelo corpo. Os elementos cênicos servem apenas como complemento dessa interpretação, todo o sentido do texto se encontra no ator e em sua construção do personagem. Modos de andar (altivo, humilde, lento, mancando, arrastando os pés etc.) e de falar (mais devagar, de forma estridente, com sotaque etc.) são apenas alguns dos aspectos possíveis na elaboração da construção de um papel.

2.2.4 Teatro direto e indireto

Como vimos anteriormente, existem diversas formas de o ator se comunicar com o público. Elas são divididas em dois grupos: teatro direto e teatro indireto.

No **teatro direto**, o ator se comunica com o público por meio do seu corpo, sem que exista um intermediário nessa comunicação, mesmo que essa interpretação se desenvolva das maneiras mais diversas, tanto no que se refere à encenção quanto no que se refere ao espaço selecionado para essa representação.

No **teatro indireto**, também chamado de *teatro de formas animadas* ou *teatro de animação*, os atores se comunicam com o público por meio de um objeto inanimado, que ganha vida quando ocorre intervenção de um ou mais atores. É constituído por:

- teatro de bonecos;
- teatro de sombra;
- manipulação de objetos ou formas;
- teatro de máscaras.

Dentro do teatro de bonecos, temos variações que diferenciam na sua forma e manipulação.

2.2.4.1 Teatro de fantoches

No teatro de fantoches, o fantoche é vestido como uma luva pelo bonequeiro/ator. Além dos movimentos do corpo, é possível também, em alguns formatos, gesticular a boca do fantoche ao simular a fala. A apresentação da peça geralmente ocorre dentro de uma pequena caixa cênica coberta na sua base inferior por um pano preto, onde os atores ficam ocultos.

Figura 2.2 – Teatro de fantoches *Punch e Judy*

Yorkman/Shutterstock

2.2.4.2 Mamulengo

No nordeste do Brasil, principalmente no Estado de Pernambuco, temos uma variação do teatro de bonecos que é conhecida como *mamulengo*. Esse tipo de teatro oferece alterações na manipulação dos bonecos, como mamulengo manuseado por fios, luvas e varetas. O tamanho do boneco também muda: alguns bonecos têm uma escala bem maior do que a do fantoche tradicional, chegando a alcançar quatro metros de altura; nesse caso, a manipupalação deixa de ser realizada de fora e passa a ser feita internamente, já que ele se torna um boneco hábitavel, ou seja, o bonequeiro veste o mamulengo.

De acordo com Santos (2007), o mamulengo está ligado à tradição dos folguedos ibéricos e, sendo remanescente dos espetáculos da *Commedia Dell´Arte*, o mamulengo baseia-se na improvisação livre do ator (mamulengueiro). Apesar de existir um roteiro básico para a história, que não é escrita, os diálogos são criados no momento mesmo do espetáculo, de acordo com as circunstâncias e com a forma de reação do público. Por isso, a interação entre público e ator é de grande importância nesse gênero de teatro.

Figura 2.3 – Teatro de mamulengo

Leo Drumond/Nitro Imagens/Latinstock

2.2.4.3 Teatro de marionetes

De acordo com Araújo (2017), o teatro de marionetes se origina do termo francês *marionette*. O teatro de marionetes faz uso de bonecos que representam animais, pessoas ou objetos animados, manipulados por pessoas por meio de cordéis, conhecidos como *marionetistas*, ou ainda títeres, que se apresentam escondidos atrás de uma tela, em outros casos ficam no alto do palco, ou ainda visíveis ao público, vestidos de preto para que o destaque recaia sobre o boneco.

O teatro de marionetes, diferente do de fantoches, cuja temática é predominantemente infantil, aborda também outras faixas etárias, com temáticas que podem envolver questões políticas e sociais.

Ainda de acordo com Araújo (2017), por volta do ano 1684, na província de Osaka, no Japão, as marionetes, manipuladas por varinhas, também passaram a ser conhecidas pelo nome *bunkaru*.

Outra diferença entre as marionetes e os fantoches está nos materiais que compõem sua estrutura. Enquanto os fantoches são de tecidos, as marionetes são fabricadas de madeira e sua manipulação é mais complexa, já que têm as articulações similares as do corpo humano. As marionetes geralmente têm fios em todas as articulações por meio dos quais os títeres precisam dominar os princípios estruturais do comando (cruzeta), como mostra a Figura 2.4.

Para manipular as marionetes com sucesso, é necessário entender os princípios mecânicos de movimentos do corpo humano.

Figura 2.4 – Boneco de marionete com a cruzeta (madeira em forma de X)

SvetaZi/Shutterstock

Figura 2.5 – Teatro de marionetes

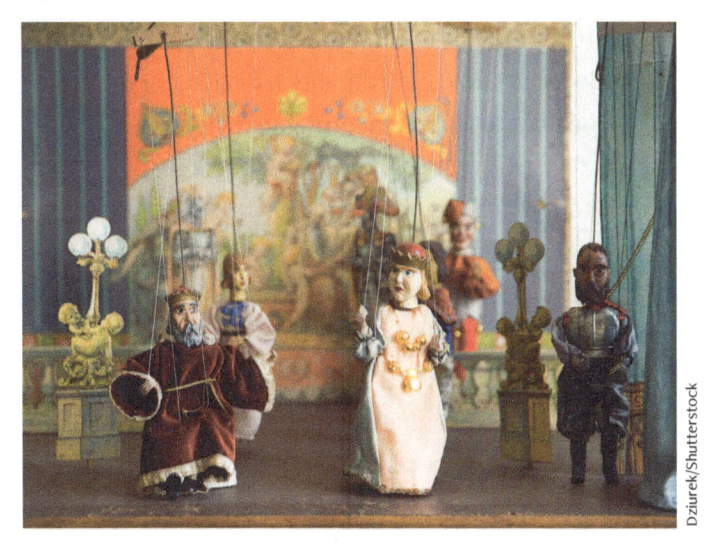

Dziurek/Shutterstock

Na atualidade, temos vários grupos que se destacam nessa prática, como: Teatro de Guinhol (França); Teatro de Marionetes (Sicília); e Teatro de Marionetes de Lübeck (Alemanha).

Em 2012, na cidade de Liverpool (Inglaterra), foi realizado um grande espetáculo de marionetes no qual os bonecos possuíam dimensões gigantescas. A apresentação da Companhia de Teatro Royal de Luxe aconteceu a céu aberto e o evento atraiu espectadores de várias regiões do país.

2.2.4.4 Teatro de sombras

O teatro de sombras é uma arte milenar. Segundo Erica Luo (2012), durante a dinastia Song (960-1279) foram encontrados os primeiros registros escritos das apresentações do teatro de sombras, realizados há mais de dois mil anos. Essa é uma manifestação muito difundida na sociedade chinesa, considerada uma arte popular antiga e especial.

O teatro de sombras contemporâneo, segundo Fabrizio Montechi (2012), estabelece um **diálogo com outras linguagens**, como artes visuais, cinema, dança e multimeios, e se renova por meio de uma encenação intertextualizada e performática.

Figura 2.6 – Teatro de sombras contemporâneo: o dispositivo de projeção e a técnica de animação

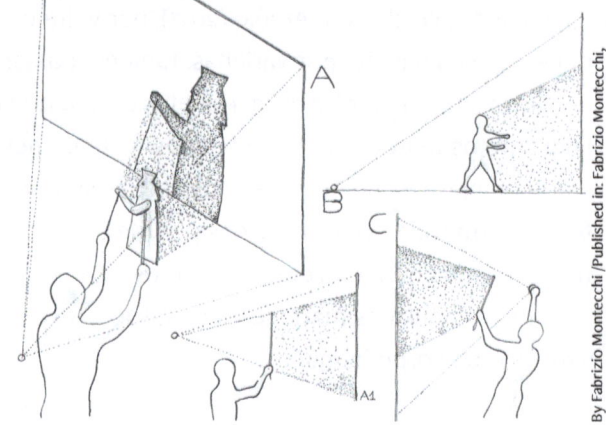

MONTECCHI, Fabrizio. Dispositivi proiettivi del teatro d'ombre contemporaneo (alcuni esempi). A/A1: Luce alta. B: Luce a terra. C: Luce a mano. In: _____. **Más allá del la pantalla**. San Martin; Buenos Aires: Unsam Edita, 2016.

Uma das modalidades de encenação do teatro de sombras ocorre por meio de imagens presas a varetas, as quais são manuseadas pelos atores que se posicionam atrás de um tecido branco (Figura 2.7); a luz então projeta as imagens no tecido, sem que os atores apareçam.

Outra forma de representação do teatro de sombras é por meio da silhueta do ator, a qual, graças ao recurso de recentes tecnologias, consegue desenvolver imagens com grande poder de ilusionismo.

Figura 2.7 – Teatro de sombras contemporâneo: bastidores

Um grupo com destaque dentro dessa intertextualidade entre teatro de sombras e outras linguagens é a companhia de teatro dança norte-americana Pilobulus, que sai do tradicional branco e preto e dialoga com música, circo, *performance art*, entre outros.

2.3 O espaço cênico e o espaço diegético

O **espaço cênico** compreende o palco ou, segundo Pavis (2001), a área de atuação. É o espaço onde acontecem todas as cenas do espetáculo teatral por meio da representação dos atores. O teatro é realizado em um espaço delimitado pela separação entre público e cena. Como existem diferentes tipos de palcos, o espaço cênico se organiza de acordo com o local onde ele se desenvolve. O espaço ocupado pelo espectador e sua visão do palco se alteram de acordo com o local.

Em um palco italiano, o público fica abaixo do palco, já no palco arena o espectador se posiciona acima do palco; indiferente a isso, o dispositivo cênico se mantém, ou seja, a representação do ator de um lado (espaço cênico) e a ocupação do público de outro (plateia).

No teatro contemporâneo, há um termo mais recente – o *espaço teatral*, com a transformação das arquiteturas teatrais e o surgimento de novos espaços destinados às encenações de teatro, como escolas, fábricas, praças e mercados. Segundo Pavis (2001), nesse contexto, o teatro se instala onde bem lhe parece e os artistas procuram estabelecer um contato mais estreito com um grupo social, além de sair dos circuitos tradicionais da atividade teatral.

É comum, na atualidade, grupos e companhias de teatro se estabelecerem nesses espaços alternativos, os quais são utilizados tanto para os ensaios do grupo, quanto para as apresentações de seus espetáculos. Alguns desses lugares acabam por se transformar em verdadeiros centro culturais, com oficinas e palestras de teatro abertas a comunidade.

O **espaço diegético** ou diegese é tudo que está ligado à trama e ao material narrativo. Pavis (2001) define como um material que se pretende ser natural, em que todos os procedimentos da encenação são ocultos, com o objetivo de provocar a ilusão e fazer parecer que o que está sendo representado não precisa ser fabricado. A *diegese*, termo que vem da literatura, é o mundo ficcional que se desenvolve no palco quando teatro ou na tela quando cinema que o espectador recebe como "real".

Existem também os conceitos *diegético* e *não diegético*. Para compreendê-los, é preciso entender que diegese é tudo que está presente na cena e é natural a ela. Por exemplo, quando um personagem em um filme liga o aparelho de som, a música que toca é diegética, natural à cena, ou seja, dentro do contexto da narração ficcional. Por outro lado, se esse mesmo personagem estiver realizando uma ação qualquer, como se vestir, e inicia uma música incidental[5], para dar uma ideia de suspense, por exemplo, ela é não diegética, ou externa a diegese, pois não é natural à trama.

2.3.1 Os palcos ao longo da história

O palco foi modificado ao longo dos séculos a fim de atender às necessidades de cada época. A seguir, trataremos de alguns dos principais exemplos.

---

5   A música incidental é a música utilizada para criar um ambiente para a cena; por exemplo, uma música romântica para uma cena de amor.

2.3.1.1 O palco na Antiguidade

O palco, na Grécia Antiga, era composto de arquibancada feita de pedras. A orquestra tinha forma circular e ocupava o espaço central, lugar onde o coro se apresentava. O *thumelê*, pedra disposta no centro da orquestra, servia para o depósito das oferendas para o deus Dionísio. O proscênio era ocupado pelo corifeu[6] e ficava entre o palco e a orquestra. A instalação dos cenários era realizada no palco e, atrás dele, ficavam os camarins para a troca de figurinos.

---

[6] "Nas encenações teatrais gregas, o **corifeu** e o coro são os elementos básicos do teatro que formam o ponto de partida da encenação. Para entreter os participantes das festas bacante, eram organizadas pequenas encenações, ora dramáticas, ora satíricas, coordenadas por um **corifeu**. Este se torna um personagem chave na deflagração da encenação, apresentando-se como o mensageiro de Dionísio." (Corifeu, 2017).

Figura 2.8 – O teatro de Dionísio em reconstituição do século XIX

Figura 2.9 – O teatro de Dionísio na atualidade

Figura 2.10 – Planta baixa de um teatro arena grego

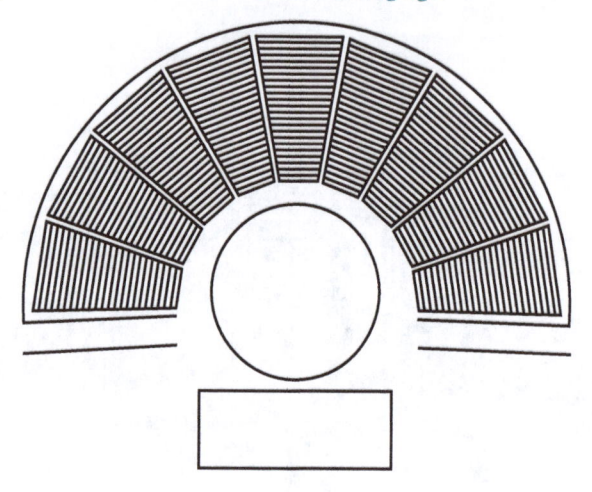

O palco romano, apesar das semelhanças com o teatro grego, tinha outras finalidades, uma vez que também se destinava à apresentação de lutas entre gladiadores. Dividia-se em palco, orquestra, proscênio, ádito, cávea, vomitórios (entradas e saídas do teatro) e pórtico.

2.3.1.2 O palco na Idade Média

Logo que saíram do interior das igrejas, as peças passaram a acontecer em cima de tablados construídos especificamente para as apresentações litúrgicas. Com o passar do tempo, mais precisamente no ano 1400, o cenário evoluiu e desenvolveu técnicas cênicas de alto padrão. Berthold (2001) cita uma apresentação desse período em que o cenário do inferno era composto por uma torre fortificada, complementada por um poço, onde satã era atirado depois de Cristo ter aberto os portões do inferno; a peça ainda dispunha de praticáveis envoltos em nuvens que se moviam para trazer Deus-Pai à terra ou conduzir Cristo para o céu.

Para a boca do inferno, não bastavam somente portas praticáveis de madeira; as próprias mandíbulas monstruosas precisavam abrir e fechar-se segundo as necessidades.

> Atrás da área cênica ao ar livre, em primeiro plano, as plataformas-palcos estão dispostas num semicírculo horizontal – no alto, à esquerda, Deus-Pai entronado e rodeado de anjos e músicos; embaixo, à direita, a Boca do Inferno. Os espectadores, densamente amontoados, sentam-se abaixo do nível dos tablados [...]. (Berthold, 2001, p. 227)

Figura 2.11 – Palcos na Idade Média: teatro sacro (A) e teatro profano (B)

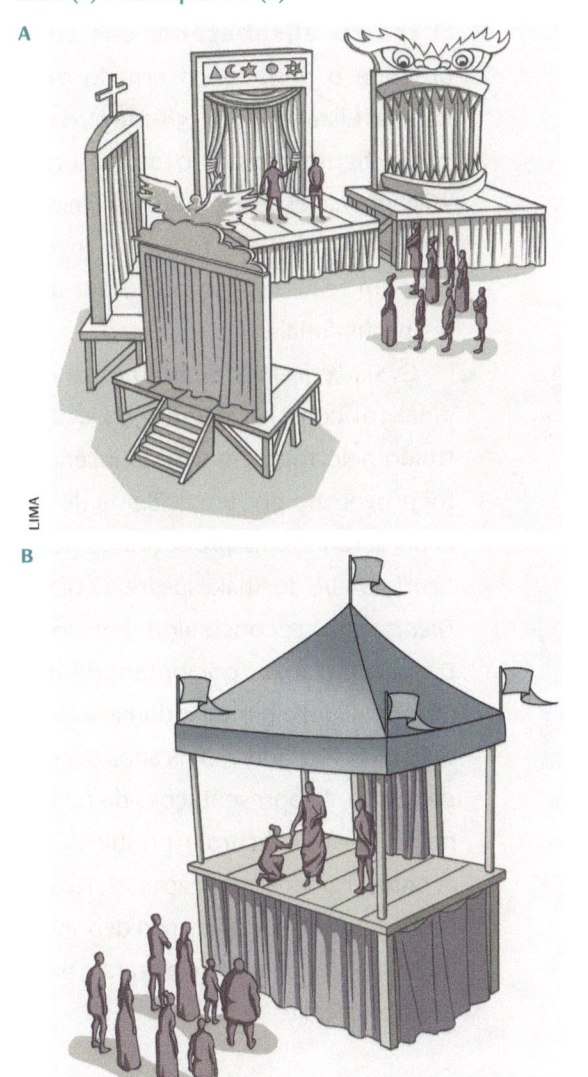

Na Figura 2.11, você pode verificar duas versões de palcos do período medieval. O primeiro refere-se ao teatro sacro, difundido pela Igreja, com a temática essencialmente religiosa, em que os espectadores acompanhavam as apresentações que ocorriam sequencialmente em cada tablado, e o fim do pecador inevitavelmente terminava no inferno (último tablado à esquerda). O segundo era utilizado nas apresentações do teatro profano, desenvolvido pelo povo sem o aval da igreja, com temáticas variadas e composto de apenas um tablado de madeira que era construído para aquela apresentação.

Na Idade Média, também era corriqueiro acontecer apresentações em cima de carroças, que serviam como palcos e também como meio de transporte e casa dos artistas. Esses veículos transportavam grupos de teatro itinerantes, os quais viajavam pelo país, realizando apresentações em diversos vilarejos. Era comum os grupos serem compostos por famílias, em que mãe, pai, filhos, genros e noras formavam a trupe.

Com o tempo, o palco medieval foi se alterando e se posicionando de forma circular. O palco do teatro elisabetano traz essa característica originada da Idade Média.

Figura 2.12 – Transformação do palco do período medieval

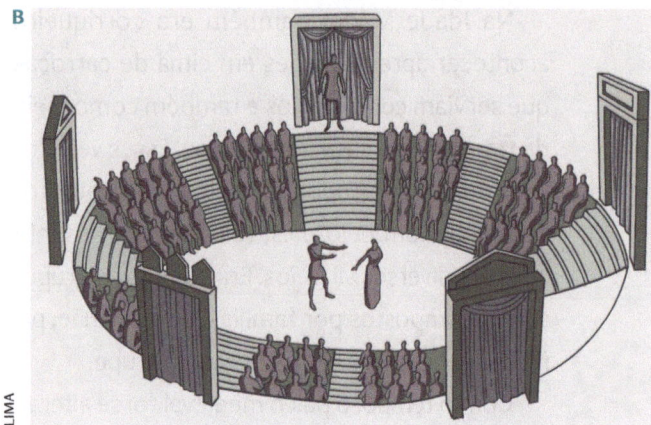

A

B

2.3.1.3 Palco elisabetano

O **teatro elisabetano**, que compreende o período governado pela Rainha Elizabeth I (1558-1603), tem como figura central o dramaturgo William Shakespeare, o qual, ao iniciar suas atividades em Londres, encontrou um teatro já composto por atores profissionais.

O *Shakespeare's Globe Theatre* original foi construído em 1599 e destruído pelo fogo em 1613. O incêndio foi provocado por um acidente de canhão durante uma produção da peça *Henrique VIII*, de Shakespeare. O *Globe Theatre* foi reconstruído em 1614. Depois, em 1642, por ordem de um grupo religioso puritano dominante, o teatro foi fechado e, dois anos depois, demolido. As apresentações de teatro nesse período ficaram proibidas de acontecer por cerca de 20 anos. No entanto, as apresentações não deixaram de acontecer, pois elas emigraram para dentro da corte.

Figura 2.13 – O *Globe*: estrutura interna em 1950 (A) e vista superior do teatro em Southwark (B)

A

Guildhall Library & Art Gallery / Heritage Images / Glow Image

B

Andrew Holt/Alamy/Latinstock

Em 1997, foi inaugurada uma reconstrução do *Globe Theatre*, um teatro elisabetano no bairro londrino de Southwark, que seguiu ao máximo a primeira construção feita no tempo de Shakespeare e atualmente exibe encenações teatrais.

2.3.1.4 Palco italiano

O Renascimento trouxe diversas inovações na arte e uma delas foi a perspectiva, que se fez presente não apenas na pintura, mas também na arquitetura.

A perspectiva foi levada também para os palcos. Um dos primeiros a trabalhar a profundidade em cena foi o palco do **Teatro Olímpico** (Figura 2.14), construído no período da Renascença e cujas características misturam elementos do teatro de arena da Grécia Antiga – principalmente na área da plateia, em que o público fica acima do tablado – e do palco italiano – principalmente a sua maior inovação, o espaço cênico com profundidade.

O Teatro Olímpico é um dos teatros cobertos mais antigo da Europa e se encontra em Vicenza, na Itália. A referência ao teatro grego é explícita: com colunas que se erguem, o palco é composto de um cenário permanente, que representa a cidade grega de Tebas, construído de madeira e gesso, mas pintado para parecer mármore.

Figura 2.14 – Interior do Teatro Olímpico, Itália

Figura 2.15 – Palco italiano do Teatro Tampa, Estados Unidos

O Teatro Tampa (Figura 2.15), nos Estados Unidos, é o resultado de um projeto do arquiteto John Eberson. Com 99 lâmpadas embutidas no teto, foi considerado um dos teatros mais elaborados do mundo quando construído em 1926.

O palco italiano, também chamado de *caixa cênica*, é dividido basicamente em urdume, palco e porão (Figura 2.16).

- **Urdume ou urdimento**: Parte superior da caixa cênica onde são fixados recursos técnicos e operacionais "tais como as roldanas [...], que vão permitir o deslocamento das varas de luz e cenário. Tem como função abrigar os cenários que farão as mudanças das cenas, subindo ou descendo" (Lazuli Arquitetura, 2017). Fica acima do ângulo de visão do espectador.

- **Palco italiano**: Espaço destinado à representação do ator. Nele, há uma cortina que se abre para a cena – por isso o nome *quarta parede*. Os atores representam como se não tivessem percebido que essa cortina se abriu e a quarta parede (voltada para o lado do público) continuasse a existir. O espectador fica de frente ao palco italiano e um pouco abaixo dele.
- **Porão**: Local utilizado para o aparecimento e desaparecimento de objetos e personagens.

Figura 2.16 – Caixa cênica italiana

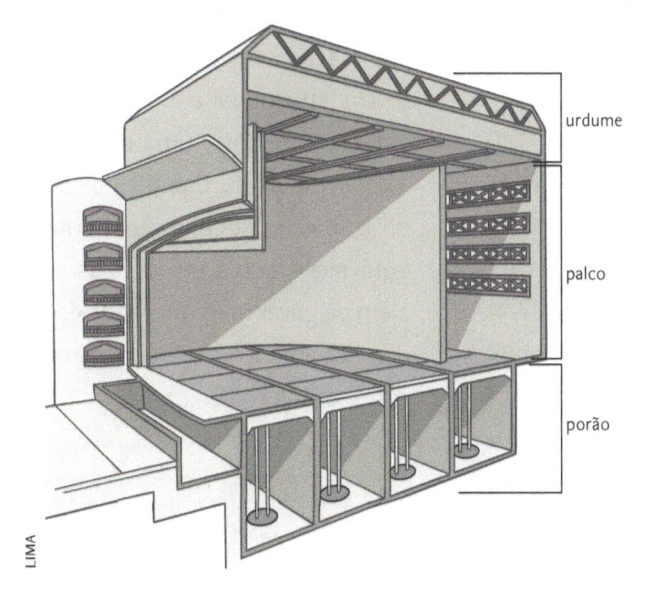

2.3.2 Iluminação e cenografia

Era comum, no período da Renascença, que grandes pintores contribuíssem na criação de cenários teatrais. **Leonardo da Vinci** (1452-1519) foi um deles; de acordo com Berthold (2001), o italiano desenhou, em 1490, um palco giratório para a *Festa dei Paradiso*, no Paço de Milão.

Berthold (2001, p. 287) afirma que havia três tipos básicos de cenário, um para cada gênero teatral: 1) arquitetura de palácio, composta de colunas e estátuas (tragédia); 2) vista de uma rua, composta de casas particulares com janelas (comédia); e 3) paisagem arborizada (pastoral).

Nesse período, os cenários no teatro eram grandes telas com perspectiva. Na Figura 2.17, pertencente já ao movimento barroco, podemos visualizar um cenário composto de painel; nessa época não era comum o uso de objetos para compor a decoração.

Figura 2.17 – Cenário para *Andromeda*, de Corneille, produzido por Giacomo Torelli

2.3.2.1 A iluminação

Até o período do Renascimento não havia uma preocupação com a iluminação no teatro. Na Grécia Antiga e em Roma, as apresentações ocorriam durante o dia; na Idade Média, as missas realizadas no interior das igrejas e as apresentações em frente destas também ocorriam durante o dia; no teatro elizabetano, as apresentações aconteciam geralmente em sessões de matinê. Dessa forma, somente na Itália renascentista a iluminação se fez presente nos palcos.

Como ainda não existia luz elétrica no período do Renascimento, os artistas utilizavam a iluminação das velas, mas com grande técnica e refinamento, o que proporcionava cores que geravam a ambientação para determinadas ações da cena. **Nicola Sabbatini** (1574-1654) foi um dos primeiros a trabalhar a luminosidade e a ambientação nos palcos de teatro.

Outro fator muito utilizado na iluminação, já no período de 1700, eram as luzes da ribalta, em que um assistente mascarado e vestido de preto aparava as velas antes e durante a apresentação do espetáculo.

Com o surgimento do gás[7], a iluminação cênica foi novamente transformada: a luminária a gás proporcionou uma luminosidade maior do que a oferecida por velas – cada luminária equivalia a cerca de 10 velas –, além de gerar mais facilidade no direcionamento do foco de luz sobre o objeto cênico.

---

7   A lâmpada de Argand foi inventada e patenteada em 1780 por Aimé Argand, físico e químico suíço.

Figura 2.18 – Luminária a gás do século XIX

A indumentária no período do Renascimento dependia de outros fatores, além do tipo de peça encenada e cenário escolhido. Angelo Ingegneri[8], em 1584, afirmava que a indumentária deveria ser de acordo com o país onde se passava a ação. O gênero também influia na escolha do figurino: na tragédia, os trajes deveriam ser ricos e suntuosos; na comédia, os figurinos poderiam ser comuns, porém elegantes; e, por fim, se fosse uma pastoral, deveriam-se usar vestes humildes (Ingegneri, citado por Berthold, 2001).

Com o passar do tempo, esses conceitos se alteraram e o figurino se tornou um complemento na definição das características sociais e psicológicas da personagem, principalmente no teatro naturalista.

2.3.3 O teatro de transparência e o teatro de opacidade

Na transformação teatral, atores e espectadores devem estabelecer um limite entre a ilusão e o real. De acordo com Bogatyrev, o ator não pode se perder no personagem em que se transformou.

> Em certos momentos, o espectador pode esquecer que está observando o palco e perceber a representação como vida real, podendo o mesmo acontecer com o ator. Essa alternação é repetível de vez em quando no curso da representação. Entretanto, a percepção do teatro como vida real, durante a representação toda, deve inevitavelmente levar a resultados que violam o teatro. (Bogatyrev, citado por Guinsburg, 1988, p. 267)

---

8 Angelo Ingegneri foi o responsável pela encenação de *Édipo Rei* de Sófocles, peça que inaugurou o grande Teatro Olímpico, na Itália, em 1584, momento em que as representações nessa região, realizadas até então nas cortes, começam a se transferir, gradativamente, para os palcos.

Essa transformação total ou parcial do ator nos leva a dois dos maiores e mais importantes teóricos do teatro, Constantin Stanislavski e Bertolt Brecht, os quais abordaram de formas distintas essa transformação: enquanto Stanislavski desenvolvia um trabalho em que cada vez mais a ilusão se fazia presente, Brecht trabalhava uma vertente oposta, em que a ilusão era criada para, em seguida, ser quebrada, pretendendo mostrar ao público que o que estava no palco era mais do que ilusão, era a sua própria condição de vida.

2.3.3.1 Transparência

Até o fim do século XIX, uma das maiores preocupações do teatro era de que o espectador confundisse a ficção do espetáculo com a realidade. "Esse objetivo, por muito tempo considerado inerente à própria essência do teatro, condicionou toda a evolução do espetáculo a italiana [...]" (Roubine, 1998, p. 119). Todo e qualquer elemento pertencente à produção da ilusão teatral deveria estar oculto ao público, assim não aconteceria de o espectador perceber os artifícios que compunham a encenação. Stanislavski, um dos maiores representantes do teatro naturalista, desenvolveu um sistema de interpretação que tinha como base principal ocultar os aparatos e dispositivos cênicos a fim de desenvolver uma ficção que não revelava os seus mecanismos.

> Com a biografia da personagem estabelecida nos ensaios, cria-se uma projeção imaginária, [...] a quem o ator empresta seus braços, suas pernas, seu corpo e sua respiração, para animar esse modelo sem contaminá-lo por sua própria personalidade. O ator se apaga diante da personagem, representa um texto [...], reage com os outros atores apagados diante de suas personagens. (Aslan, 2005, p. 290)

O sistema de interpretação de Stanislavski foi levado da Rússia para os Estados Unidos, onde foi primeiramente seguido por diversos atores da *Broadway* e depois aplicado também no cinema hollywoodiano.

2.3.3.2 Opacidade

Por outro lado, de acordo com Roubine (1998), Brecht recusou a interpretação à base da emoção, que visava atingir e alucinar o espectador, mas sem lhe trazer nenhum conhecimento e progresso. "Um ator que saiba evitar a hipnose do espectador, lembrando-lhe – por meio dos processos de distanciamento – que o palco não é a imagem de um mundo subitamente ornado inofensivo, que o espetáculo não imita a realidade, mas permite enxergá-la" (Roubine, 1998, p. 181).

O teatro de Brecht era político e ideológico: por meio do teatro e de seu efeito de estranhamento, Brecht denunciava a condição de opressão que permeia as relações sociais, com o objetivo de suscitar uma reflexão no espectador sobre as mazelas sociais.

2.3.3.3 Transparência e opacidade no cinema

Para estabelecermos um diálogo com o cinema, precisamos entender primeiro os termos *opacidade* e *transparência*, desenvolvidos por Ismail Xavier (2005). A **opacidade** refere-se a um recurso empregado no cinema que se pretende reflexivo. Um dos objetivos dos que utilizam esse recurso é revelar sua estrutura frente ao público, o qual seria como uma tela opaca, diferente de uma janela transparente que tudo que é visto através dela parece real. A tela opaca incomoda, distorce e provoca um pensar.

A **transparência**, por sua vez, faz com que o filme se torne um passatempo sedativo e hipnótico; oferta uma tranquilidade em deixar a plateia satisfeita com as condições tal como estão (Xavier, 2005). Não pretende suscitar uma mudança ideológica, talvez estética, em que atender o prazer do espectador seria seu maior objetivo. Esse efeito hipnótico é o que Aumont definiu como uma espécie de encanto: "A absorção da consciência pelo espetáculo chama-se fascínio: impossibilidade de se libertar das imagens, movimento imperceptível em direção ao ecrã de todo o ser [...]" (Aumont, 2008, p. 82).

É possível dizer que a representação de Stanislavski é de transparência, técnica utilizada no cinema clássico norte-americano, e que a linha adotada por Brecht é a de opacidade, recurso aplicado no cinema experimental e também em alguns filmes pertencentes ao cinema moderno – como a *Nouvelle Vague*[9]

---

[9] Movimento cinematográfico criado no fim da década de 1950, na França, tendo como seus principais representantes os cineastas Claude Chabrol, Jean-Luc Godard, François Truffaut e Alain Resnais. Um de seus objetivos era criar o cinema de autor.

francesa, com filmes como do cineasta Jean-Luc Godard, que trabalha uma encenação diferente, por exemplo, em certos momentos o personagem olha diretamente para a câmera, o que causa um estranhamento para o público acostumado a ver uma figura dramática que o ignora, um ator que representa como se não tivesse ninguém mais presente.

O *happening* também traz elementos da opacidade. Cohen (2007) afirma que, nesse tipo de encenação, o limite entre o ficcional e o real é muito tênue. Em alguns casos, o *performer* revela a sua representação ao mostrar o que está por trás da cena, por exemplo, vestir o figurino na frente do público. É uma arte que pretende contestar e não apenas entreter, e essa contestação vem tanto em forma ideológica como também da forma de encenação estabelecida até então. O objetivo é levantar questionamentos, provocar, induzir o espectador a reflexões.

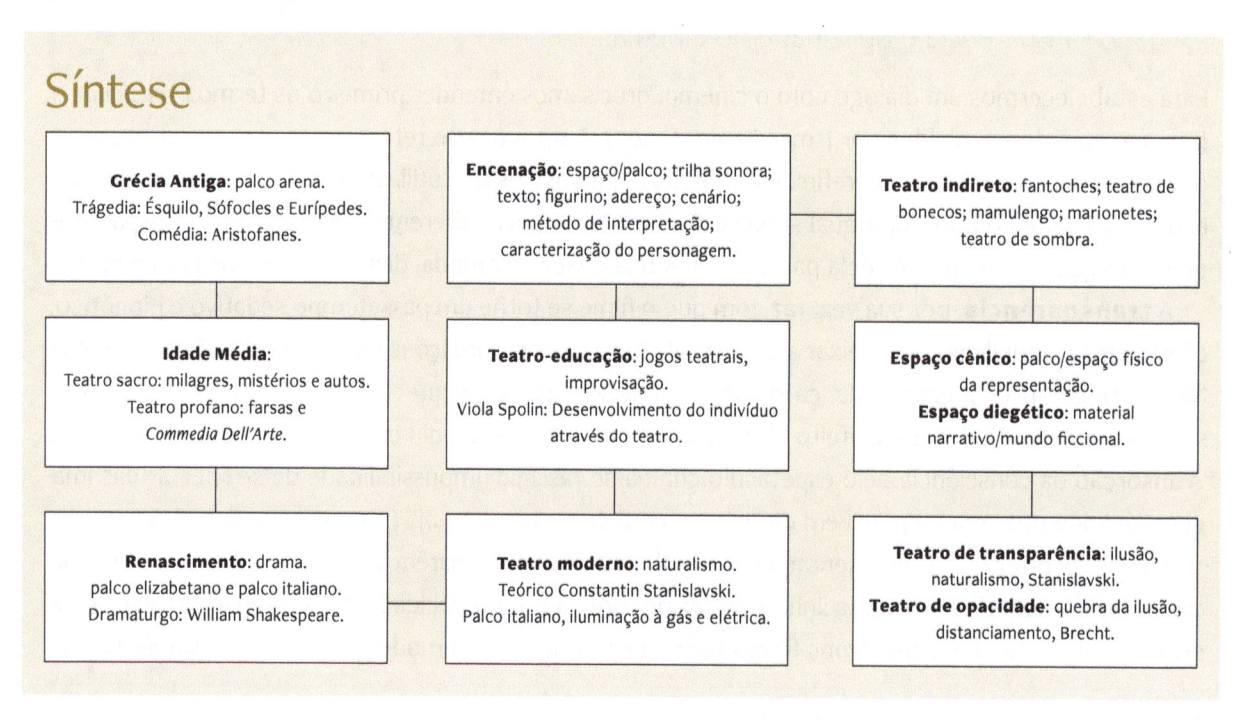

Síntese

Grécia Antiga: palco arena.
Trágedia: Ésquilo, Sófocles e Eurípedes.
Comédia: Aristofanes.

Encenação: espaço/palco; trilha sonora; texto; figurino; adereço; cenário; método de interpretação; caracterização do personagem.

Teatro indireto: fantoches; teatro de bonecos; mamulengo; marionetes; teatro de sombra.

Idade Média:
Teatro sacro: milagres, mistérios e autos.
Teatro profano: farsas e *Commedia Dell'Arte*.

Teatro-educação: jogos teatrais, improvisação.
Viola Spolin: Desenvolvimento do indivíduo através do teatro.

Espaço cênico: palco/espaço físico da representação.
Espaço diegético: material narrativo/mundo ficcional.

Renascimento: drama.
palco elizabetano e palco italiano.
Dramaturgo: William Shakespeare.

Teatro moderno: naturalismo.
Teórico Constantin Stanislavski.
Palco italiano, iluminação à gás e elétrica.

Teatro de transparência: ilusão, naturalismo, Stanislavski.
Teatro de opacidade: quebra da ilusão, distanciamento, Brecht.

Indicações culturais

SPOLIN, V. **Improvisação para o teatro**. São Paulo. Perspectiva, 2010.

> Essa obra descreve os processos ocorridos dentro do conceito de encenação e indica metodologias que atendam a novos e diferentes resultados no processo da improvisação, além de trazer conceitos importantes sobre o teatro educação e seu aprendizado.

PAVIS, P. **Dicionário de teatro**. São Paulo: Perspectiva, 2001.

> Esse livro apresenta os principais termos da nomenclatura teatral, descritos de maneira resumida e clara. Importante leitura para o entendimento dos principais termos que permeiam o mundo das artes cênicas.

Atividades de autoavaliação

1. Sobre o teatro grego antigo e o surgimento do primeiro ator, é correto afirmar que:
    a) Aristófanes foi o primeiro diretor de coro conhecido e o primeiro ator.
    b) Sófocles foi o primeiro ator quando coloca em cena o *deus ex machine*.
    c) Ésquilo desenvolveu o uso de máscaras para representar e, com isso, criou a função de ator.
    d) Téspis inovou ao subir em um tablado para responder ao coro, ao mesmo tempo em que representava o papel do deus Dionísio e, com isso, criou a função de ator.

2. Com base nos conceitos estudados sobre teatro direto e teatro indireto, assinale as afirmativas a seguir como verdadeiras (V) ou falsas (F):
    ( ) O teatro direto se utiliza de meios que fazem uma intermediação entre a comunicação do ator com o espectador.

( ) O teatro direto é composto de teatro de marionetes e fantoches, conhecidos também como teatro de bonecos.

( ) O teatro de sombras e o mamulengo pertencem ao teatro indireto.

( ) O teatro de marionetes é de simples manuseio, indicado para se trabalhar com crianças devido a sua facilidade de condução.

( ) O teatro do mamulengo é uma forma popular da cultura nordestina.

Agora, assinale a alternativa que corresponde à sequência correta:

a) F, F, F, V, V.
b) V, F, V, F, F.
c) F, F, V, F, V.
d) V, V, F, V, F.

3. São elementos indispensáveis para a montagem e apresentação de uma peça de teatro:
   a) Ator, figurino, palco, iluminação.
   b) Ator, palco, cenário e figurino.
   c) Ator, palco, cenário e público.
   d) Ator, texto, espaço e público.

4. Sobre os espaços do teatro, é **incorreto** afirmar:
   a) Espaço cênico é o lugar utilizado para a representação da cena, o palco/espaço onde ocorre a encenação.
   b) Espaço diegético é a parte narrativa da encenação, a parte ficcional.
   c) Espaço não diegético ou extradiegético é quando um elemento não natural à narrativa compõe a cena; na trilha sonora o barulho de um trovão é diegético, já uma música tema/incidental é extradiegético.
   d) Espaço cênico é a narrativa, a parte ficcional da encenação.

5. Dentro do conceito de *jogo dramático*, com base nos preceitos de Viola Spolin, assinale a alternativa **incorreta**:
   a) É uma representação informal, pois não respeita rigidamente um roteiro.
   b) Pode acontecer somente com a presença de público.
   c) É considerado um treinamento para a vida e para a prática teatral.
   d) Tem objetivos pedagógicos, sociais e terapêuticos.

Atividades de aprendizagem

Questões para reflexão

1. Pesquise em sua cidade qual tipo de palco é o mais utilizado e relacione a arquitetura do espaço analisado com um dos palcos trabalhados neste capítulo. Apresente para o seu grupo de estudo as diferenças e similaridades percebidas entre esses espaços.

2. Dentro dos conceitos de *opacidade* e de *transparência*, tanto no teatro como no cinema, analise qual se faz mais presente na grande mídia (propaganda, novela e filmes exibidos em canal aberto). Na sua opinião, porque esse conceito é o mais utilizado? Ele pretende suscitar uma reflexão ou apenas visa o entretenimento das massas?

Atividade aplicada prática

Crie um personagem com base nos seguintes elementos: idade, estado civil, profissão, religião, características físicas, características psicológicas, nível de estudo, maior sonho, principal objetivo na vida e maior obstáculo que o impede de alcançar o seu objetivo.

3

Música

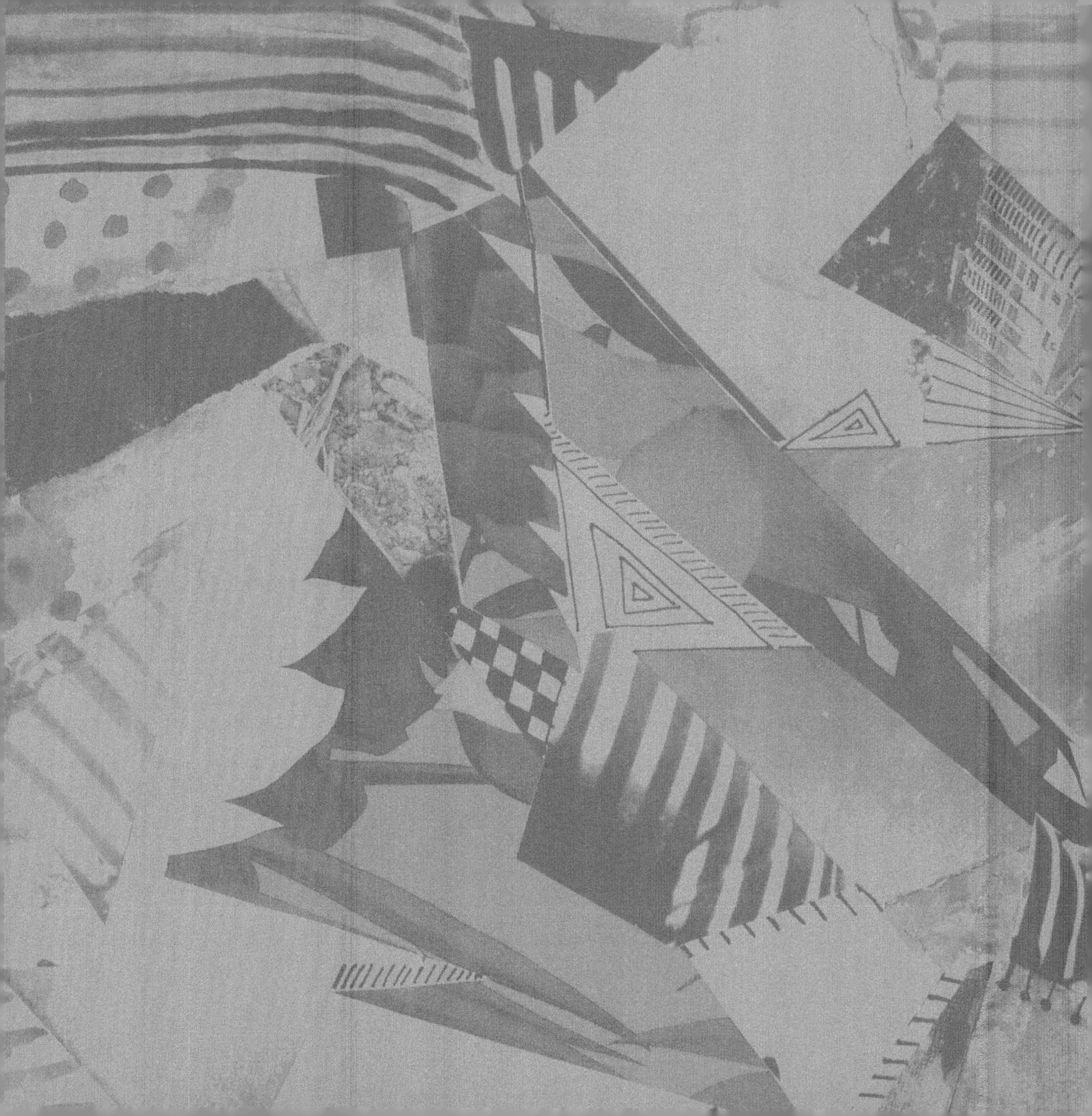

Neste capítulo, abordaremos os elementos formais e composicionais constituintes da música, para que você compreenda as propriedades básicas do som. Para isso, a história da música será trazida de forma concisa: apontaremos os elementos e estilos musicas que mais se destacaram e que mais contribuíram com a evolução da música. Além disso, mostraremos os principais processos das diferentes práticas da música ocorridos ao longo da história.

3.1 Panorama histórico da música

Você já percebeu que, quando ouve uma música que costumava ouvir muito no passado a sua imaginação traz lembranças que te deixam com um sentimento de nostalgia? Ou quem sabe com vontade de dançar ao ouvir determinado ritmo? Ou ainda com vontade de cantar ao ouvir uma melodia?

A música, na mitologia grega, foi conhecida como *a arte das musas* e hoje é capaz de animar, confortar, ensinar, divertir e nos fazer sentir mais humanos, despertando nossos sonhos e ilustrando nossas vidas.

Os sons presentes na natureza nos sugerem uma música, mas ainda não são em si mesmos músicas. Esses sons são promessas de música, e é preciso um ser humano para registrá-los: um ser humano sensível às vozes da natureza, obviamente, mas, além disso, que sinta a necessidade de organizá-las e que é dotado para tal, de uma aptidão especial. De acordo com Stravinsky (1996), os elementos sonoros só se tornam música quando começam a ser organizados, e essa organização pressupõe um ato humano consciente.

A música é uma arte tão antiga quanto as origens do homem. De acordo com Wilford (1996), as teorias científicas defendem que os seres humanos originaram-se na África, há cerca de 200 mil anos, e a arqueologia nos mostra artefatos descobertos há milhares de anos, quando o ser humano já construía instrumentos musicais, como as flautas feitas de ossos, como as que foram encontradas em 2009 na caverna de Hohler Fels, na Alemanha: esses instrumentos musicais pré-históricos proporcionavam a execução de pelo menos quatro notas musicais.

Esse antigo segmento, ainda segundo Wilford (1996), de flauta de osso, estimado em cerca de 43 mil a 82 mil anos de idade, foi encontrado recentemente em um acampamento Neanderthal pelo Dr. Ivan Turk, um paleontólogo da Academia Eslovena de Ciências, em Ljubljana. É a primeira flauta sempre a ser associada com os neanderthais e sua idade confirmada faz com que seja o mais antigo instrumento musical conhecido. A descoberta também é importante para as suas implicações quanto à evolução das escalas musicais.

Veja, na Figura 3.1, os orifícios 2, 3 e 4 no osso (como mostra, da esquerda para a direita), que estão em uma relação significativa para o outro: a distância entre os buracos 2 e 3 é praticamente duas vezes maior que entre os buracos 3 e 4. A disposição dos orifícios indica que é uma flauta. Isto significa que estamos olhando para um tom e semitom em algum lugar dentro de uma escala. Essa combinação de tom e semitom é o coração e a alma do que torna-se uma escala de 7 notas, ou seja: escala diatônica.

Sem fazer ainda mais uma medida para além desses furos, já podemos concluir: estas três notas na flauta de osso de neandertal são inescapavelmente diatônicas e vão soar como um ajuste quase perfeito dentro de qualquer tipo de escala diatônica padrão, moderna ou antiga (Fink, 1997, p. 203).

Figura 3.1 – Flauta de osso, feita há aproximadamente 35 mil anos

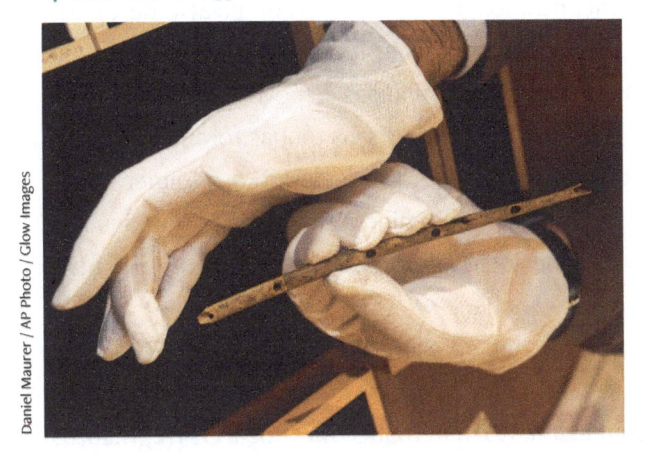

Figura 3.2 – Pinturas rupestres encontradas no sítio arqueológico Abrigos na Rocha de Bhimbetka, Índia

Existem também várias pinturas rupestres ao redor do mundo que apresentam imagens de seres humanos com impressão de movimento, o que nos leva a acreditar que se tratava de dança – onde houve dança deve ter havido música (Figura 3.2).

O ser humano começou a manipular os sons espontaneamente, pois o som e o ritmo estão presentes no universo assim como na natureza humana. Ao perceber os sons de sua própria voz e articulá-los, os ancestrais do ser humano começaram a imitar o canto dos pássaros; percutindo troncos ocos, começaram a sentir os transes do ritmo repetitivo; tangendo cordas esticadas e assoprando em pedaços de bambu, descobriram novos timbres. No princípio, as descobertas sonoras aconteceram de forma intuitiva, improvisada, seja com intenção de agradar os deuses, seja como parte de rituais de socialização.

Nas principais civilizações da Antiguidade, a música era uma prática comum. Como nos dias de hoje, essas civilizações também usavam a música em festividades, rituais mágicos e religiosos. Em muitas formas de celebração e entretenimento, tinham vastos repertórios e criavam instrumentos musicais de fino acabamento e sofisticados para a época.

A literatura histórica e arqueológica da Antiguidade é rica em iconografias, textos, canções e inscrições diversas que indicam a prática musical nas culturas das civilizações da época, principalmente na Mesopotâmia, na Pérsia, na China, no Egito, na Fenícia e na Índias. A seguir, veremos as principais delas.

3.1.1 Mesopotâmia

Com a invenção da escrita, aproximadamente no ano 3300 a.C., na Mesopotâmia, que ficava situada entre os rios Tigre e Eufrates (atualmente o território do Iraque), iniciou-se a era na qual foi possível registrar os fatos, que passaram a ser grafados com sinais em tabletes de argila. A escrita, no entanto, evoluiu para a representação de fonemas, sinais que foram então substituídos pela primeira forma de alfabeto conhecida: a escrita cuneiforme.

No começo dos anos 1950, de acordo com Fink (1985), foram encontrados, em escavações no palácio de Ugarit, na Síria, cerca de trinta e seis tábuas em argila (Figura 3.3) datadas de 1400 a.C. e atribuídas ao povo Hurrita, que viveu no norte da Mesopotâmia. Essas tábuas foram traduzidas pela equipe da professora Anne Draffkorn Kilmer como trechos do que seria um hino à Nical, mulher do deus da Lua, sendo considerado o registro de escrita musical mais antiga que se conhece.

As transcrições da escrita musical da Antiguidade só foram possíveis em virtude das descobertas arqueológicas e do conhecimento matemático da época. Os fragmentos de escrita eram insuficientes para se formar uma ideia precisa de como foi realmente a música desses povos.

Figura 3.3 – Hino hurrita: tábua de argila com escrita cuneiforme, datada do século XIII

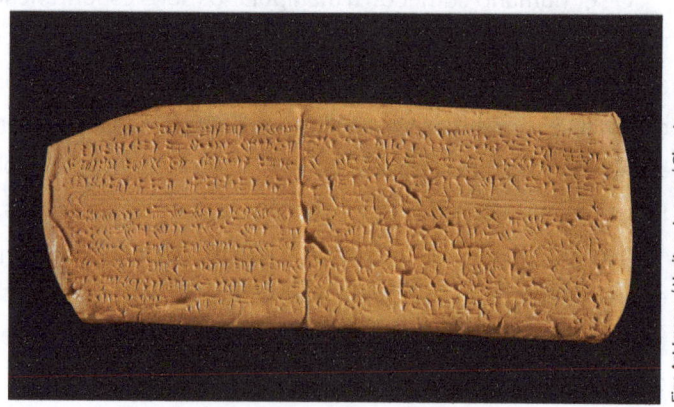

Muitas descobertas encontraram diversos instrumentos musicais pertencentes a esse período, como harpas, liras, cítaras, flautas, címbalos, crótalos, adufes e ocarinas.

O arqueólogo Leonard Wolley, em expedições realizadas entre os anos 1921 e 1934 nos cemitérios reais da cidade-Estado de Ur, na antiga Suméria, encontou tesouros arqueológicos vastos e, entre eles, liras na tumba da Rainha Pu-Abi (Figura 3.4).

Figura 3.4 – Lira encontrada na tumba da Rainha Pu-Abi

World History Archive/Alamy/Latinstock

3.1.2 Egito

A história do Egito Antigo, que compreende cerca de 30 séculos, nos mostra uma cultura avançada, na qual a música possuía uma grande variedade de instrumentos, que foram encontrados em tumbas ou representados em papiros, painéis, paredes e colunas de ruínas.

No ano 1799, um soldado de uma das expedições francesas de Napoleão Bonaparte encontrou, no Egito, a pedra de Roseta, que continha inscrições de um texto bilíngue (grego/hieróglifos egípcios). Com ela, foi possível a decodificação de milhares de papiros e inscrições dos 3 mil anos de história egípcia.

Desde então, os mistérios do Egito referentes às artes e cultura desse povo, bem como ao uso da música no cotidiano, têm sido melhor compreendidos. Esses documentos comprovam o uso da música em cantos tradicionais, com acompanhamento de instrumentos de cordas e sopros, assim como de instrumentos de percussão, como pratos e pandeiros, que eram utilizados em rituais de magia e cura, músicas cerimonial e de guerra, danças e formas de entretenimentos.

Figura 3.5 – Formatos de harpas egípcias

Morphart Creation/Shutterstock

Charis Estelle/Shutterstock

Figura 3.6 – Artesanatos e ofícios no Egito: músicos e outros artistas

Album/Latinstock

3.1.3 Grécia

A Grécia é considerada o berço da civilização ocidental e a sociedade na qual ocorreu o início do desenvolvimento individual do ser humano. Os sofistas foram os primeiros representantes da transmissão de conhecimentos da prática da pesquisa e estudo.

A música, nesse período, constantemente associada à ideia de **celebração**, era indispensável nas festividades públicas, nas quais se realizavam cantos em procissões, danças e rituais de sacrifícios. Além de ser uma das artes mais importantes da Grécia, a música é atribuída às divindades da mitologia grega – em especial ao deus Apolo e à musa Euterpe (entidade mitológica da poesia lírica e da música).

Os grandes sábios da Grécia Antiga, filósofos como Sócrates e Aristóteles, exaltaram a importância da música como instrumento formador, educador e de elevação de espírito. "Para o corpo, temos a ginástica e para a alma, a música" (Platão, 2000, p. 63).

Entre os principais teóricos de música, cujos escritos e ensinamentos ou parte deles chegou até os dias atuais, temos **Pitágoras de Samos** [ca. 570 a.C.-495 a.C.], um dos mais importantes sábios da Antiguidade, a quem é atribuída a fundação da escola que levou o seu nome: a Escola Pitagórica, responsável por importantes experiências e desenvolvimento de conceitos em diversos campos origens da ciência, entre eles a matemática e a música.

O pensamento e a doutrina pitagóricos fundamentaram o estudo das propriedades dos números e das proporções numéricas contidas na natureza.

Várias das observações de Pitágoras a respeito da harmonia dos sons e números surgiram a partir de estudos realizados com o **monocórdio**, instrumento musical composto por uma caixa de ressonância sobre a qual era estendida uma única corda presa a dois cavaletes.

Ao se vibrar a metade da corda do monocórdio, era produzido um som perfeitamente consonante ao som da corda inteira, uma identidade em outro nível, o agudo. A partir de então concluiu-se que as consonâncias musicais derivam de frações mais simples, como 1, 1/2, 2/3 e 3/4.

As relações entre os números (1, 2, 3, 4) dessas frações estavam contidas no *Tetratkys*, que era um conceito desenvolvido com base no número 4, considerado místico pelos pitagóricos, como um princípio de polaridade. Partindo dessa concepção eles desenvolveram um método aritmético para encontrar as notas de seu sistema musical e organizaram as escalas com base em dois grupos de 4 notas, chamado *tetracorde*.

Figura 3.7 – *Tetratkys* **ou tétrade de Pitágoras**

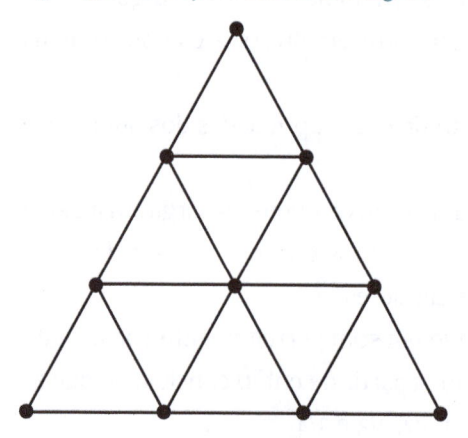

Outro conceito em que a música estava conectada, segundo os pitagóricos, era a harmonia das esferas, também conhecido como *música das esferas*, em que as tonalidades das notas da escala pitagórica representavam as esferas que se moviam no céu: os cinco planetas conhecidos, a Lua e o Sol. Eles acreditavam que os corpos celestes estavam separados uns dos outros por intervalos correspondentes aos harmônicos das cordas e que o movimento das esferas dava origem a um som musical, a "harmonia das esferas" (Figura 3.8), cujas tonalidades representavam os astros pela ordem em que estavam dispostos: as esferas da Lua, de Mercúrio, de Vênus, do Sol, de Marte, de Júpiter e de Saturno e o firmamento estrelado. Para os pitagóricos, a música universal era uma um meio de alcançar o equilíbrio do espírito do homem com o cosmo.

Figura 3.8 – Intervalo e harmonia das esferas

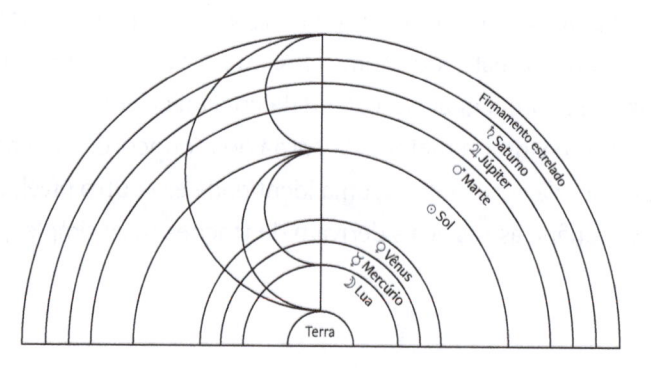

Aristóteles (384 a.C.-322 a.C.) adotou o sistema geocêntrico para explicar a organização do universo e enfatizou a importância da música na educação. Deixou uma série de escritos contendo explicações em forma de problemas e respostas, nos quais abordava escalas, harmônicos, intervalos, voz e conceitos como *melos* e *ethos*.

Para Platão (2000, p. 398), o *melos* é constituído de ritmo (*rhythmos*), harmonia (*harmonía*) e palavras (*logos*); já para Aristóteles o *melos* está relacionado ao caráter da música dionisíaca, enquanto o *ethos* demonstra características morais, sociais e afetivas que ilustram comportamento de determinada pessoa ou cultura, um agente motivador de ideias e costumes. Na música, o *ethos* é o indutor de emoções dos ouvintes, nos seus comportamentos e sua conduta. Na arte em geral, *ethos* também exprime o conjunto de valores de um movimento cultural ou de uma obra de arte.

Aristóxenes [ca. 360 a.C.-300 a.C.], pupilo de Aristóteles, contestou as regras matemáticas utilizadas pelos pitagóricos para estabelecer as classificações dos intervalos em consonâncias ou dissonâncias, dizendo que não dependiam da aritmética.

3.1.4 Roma Antiga

A cultura romana foi muito influenciada pelos gregos. Existem poucos fragmentos sobre a música da Roma Antiga, mas acredita-se que as composições e formas eram similares às da cultura grega, que não perdiam o elo entre a música e o caráter de elevação espiritual que caracterizava o culto à musica da Grécia Antiga.

Claudio Ptolomeu (90-168) sistematizou a obra de seus predecessores gregos, estudando não só astronomia, mas também matemática, física, geografia e música. Ele contestou e melhorou os sistemas musicais anteriores no que concerne à organização das escalas e à classificação de consonâncias e harmonias.

Uma das mais importantes e antigas relíquias musicais é o Epitáfio de Sícilo (*Seikilos*), gravado em lápides de pedra cujas inscrições são consideradas o mais antigo exemplar de composição musical, com letra e música representadas em notação musical alfabética da Grécia Antiga. A data de sua criação é estimada entre 200 a.C. e 100 d.C.

3.2 Idade Média e a música sacra

Paralelamente aos acontecimentos desencadeados pelas movimentações militares que culminaram no surgimento do Império Romano, uma série de fatos se desenvolveu com o advento do cristianismo, que era então crescente de seguidores da doutrina cristã. Perseguidos e punidos, os cristãos iniciaram seus rituais e cultos de maneira secreta, em locais escondidos, como nas catacumbas no subsolo de Roma. Entre as práticas religiosas, havia a forma musical que ficou conhecida como *canto cristão*, que eram hinos de louvação e oração cantados pelos fiéis.

Em 313, o Imperador Constantino I emitiu o Édito de Milão, declarando que o Império Romano seria neutro em relação ao credo religioso, e acabou com toda perseguição sancionada oficialmente, especialmente do cristianismo. Constantino reconstruiu a antiga cidade grega de Bizâncio (atual Istambul, Turquia) e, em 11 de maio de 330, chamou-a de *Nova Roma*, que passou a ser a capital do Império Romano do Oriente. A partir de então, iniciou-se a era da **música sacra cristã**, cuja prática era indispensável nos cultos e liturgias da Igreja e que se desenvolveu pelos séculos seguintes de várias formas.

A partir desse período, os cristãos utilizaram os salmos, os cânticos Judaicos e também a música grega como bases do canto litúrgico, que era realizado sem acompanhamento de instrumentos e em **formas monódicas**. Como o Império Romano era vasto em territórios, não tardou para que as variações e formas de cantos assimilassem elementos das diversas culturas que eram abrangidas pela influência romana. Essa mescla de tradições é a característica desse período da história da música; intuímos que as demais formas de música praticadas fora do âmbito da Igreja, ou seja, a música profana, tinham caráter rítmico e monódico e orientação da música modal.

Na Idade Média, no século V, **Boécio** [ca. 480-525], um dos mais notórios filósofos da época, desenvolveu a teoria da música da Grécia Clássica, *De Instituitione Musica*, na qual ele abordou teorias acústicas e harmônicas, as músicas das esferas e o *ethos* musical e aprimorou o conhecimento e a teoria sobre acústica e matemática da música. Boécio lançou um princípio de organização que viera culminar no desenvolvimento das formas musicais sacras e, consequentemente, na evolução da música como arte e ciência.

3.2.1 O canto gregoriano

No século IV, ainda na Idade Média, como as formas do culto à liturgia estavam centradas em Milão, Constantinopla e Roma, o Papa Gregório Magno realizou a reforma da liturgia da Igreja Romana, mudando a forma como era rezada a missa: ele organizou a *Schola Cantorum,* incluindo o canto gregoriano. O *Antiphonarium* era um livro com cantos coletados entre as abadias que foram compostos especialmente para o novo modelo de liturgia. A partir de então, as formas gregorianas se propagaram pelos séculos seguintes, mas as melodias eram transmitidas por tradição oral, o que acarretava muitos erros no processo de transmissão.

O Imperador Carlos Magno, responsável por promover um renascimento da literatura e das artes, deu início ao período musical na Idade Média, com grande atividade nos mosteiros, onde eram copiados manualmente pelos monges diversos tratados de teoria musical, como *De Institutione Musica*, de Boécio, bem como textos que discutem a notação musical e os modos, entre outros conteúdos pertencentes à estrutura da música.

Nesse período, se consolidaram os **neumas**, que a princípio eram sinais que indicavam as curvas melódicas aos monges e cantores. Essa invenção proporcionou uma série de melhoramentos e inovações históricas que culminaram na notação musical.

De acordo com Cardine (1989), a origem da escrita neumática, da qual derivam os sinais musicais usados hoje em dia, está possivelmente ligada à notação sangaliana, cujos elementos foram todos tomados dos sinais de acentuação e pontuação usados nos textos literários da Antiguidade e da Idade Média.

Os primeiros manuscritos onde encontramos os neumas são do século VIII. Os sinais estão dispostos a alturas desiguais, acima do texto. A maior ou menor distância entre as palavras cantadas indicam imprecisamente como serão as notas.

Os músicos medievais logo encontraram problemas nessa forma de escrita. Eles tiveram uma ideia: em vez dos sinais nas indicações, eles utilizaram as velhas letras do alfabeto musical latino, que eram colocadas no início de uma linha acima do texto a ser cantado. Essa passou a ser a referência de altura das notas e, a partir de então, a notação começara a se tornar mais precisa.

Figura 3.9 – Notação quadrada: neumas do Antifonário Cisterciense

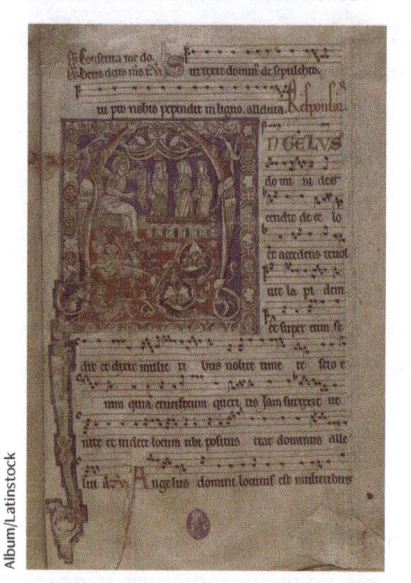

Figura 3.10 – Cantoral, de Carlos Maria Isidro de Borbon

Foi então que o monge beneditino Guido D'Arezzo, no século X, acrescentou mais linhas, em um total de quatro, formando o tetragrama, que substituiu os sinais dos neumas pela notação quadrada e desenvolveu um sistema melódico definido por sílabas, hoje conhecidas como *notas musicais*. Utilizando um cântico a São João Batista, extraiu a primeira sílaba de cada verso – ut (do), re, mi, fa, sol, la, si – e também um sistema rítmico detalhado que se fundamentava no ritmo do verso, mas tornava-se cada vez mais clara a necessidade de sistematizar as durações. Guido D'Arezzo, no seu *Micrologus*, afirmava que "é necessário saber onde uma duração longa ou curta deve ser usada." (citado por Sadie, 1980).

3.2.2 Trovadores

Enquanto a música sacra seguia seu desenvolvimento no interior das comunidades religiosas, a música profana era representada principalmente pelos trovadores. Essa classe era composta por artistas itinerantes, como malabaristas, atores e principalmente cantores, que viajavam pelas cidades cantando canções de amor e histórias sobre acontecimentos marcantes.

Nesse período, também existiam os artistas de corte e músicos de tavernas, porém, como a notação musical era praticada na maior parte no contexto da música sacra, são poucos os relatos sobre como era realmente esse tipo de música. Há muitos registros literários sobre a literatura e a cultura dos trovadores e artistas desse período – dependendo da região e da função, eles eram conhecidos também como: *menestréis, jograis, minnesingers e trouveres*).

3.2.3 Polifonia

A música, até meados do século X, foi monódica, ou seja, composta por uma linha melódica principal, também chamada de *canto plano* ou *cantus planus*. No entanto, com a precisão alcançada na notação musical por meio do tetragrama, aos poucos foram sendo incorporadas outras linhas melódicas, cujas notas musicais interagiam harmonicamente com a linha melódica principal.

Os tratados de teoria antiga *Musica Enchiriadis* e *Scolica Enchiriadis*, ambos do ano 900, de autor desconhecido, são considerados os mais antigos exemplos escritos existentes de polifonia. Esses tratados forneceram exemplos de ornamentos de cânticos a duas vozes, utilizando intervalos de oitavas paralelas, quintos e quartas, mas, em vez de regras fixas, eles indicaram formas de utilizar polifonia durante improvisos.

O exemplo prático mais antigo conhecido da música polifônica é um pedaço de música coral escrita por mais de uma voz, que foi encontrado em um manuscrito na Biblioteca Britânica, em Londres. A inscrição remonta ao início do século XX e é o cenário de um canto curto dedicado a Boniface, santo padroeiro da Alemanha.

Figura 3.11 – Manuscrito com composições musicais polifônicas

DeAgostini/Album/Latinstock

3.2.4 *Ars antiqua*

Ars antiqua foi a música de caráter sacro produzida pelos primeiros compositores que exploraram os recursos da polifonia. Iniciou no século IX e, desde então, passou a ampliar o campo da música principal, sendo que o centro foi a Escola de Notre-Dame de Paris. O órgano era a principal forma musical, e os compositores que se destacaram foram Léonin e Perotín. As formas surgidas nesse período – o moteto e o *contuctus* – duraram até o século XIII em decorrência do surgimento da *Ars Nova*.

3.2.5 Notação mensural

No século XII, a escrita musical passou a registrar a duração das notas musicais que o desenvolvimento da polifonia exigia, bem como a determinação exata da duração dos sons.

De acordo com Sabag e Igayara (2013, p. 36), "Diferentemente da música plana medieval, em que o texto e a melodia seguramente predominaram sobre qualquer outro aspecto musical, a polifonia vocal da Renascença exibe uma notável complexidade rítmica".

Essa complexidade, ainda segundo Sabag e Igayara (2013), passou a exigir uma representação gráfica mais precisa das relações entre a duração dos sons do que aquela expressa pelos neumas no canto gregoriano. Outra mudança necessária referia-se aos valores das figuras musicais, que passaram a obedecer a um rigoroso sistema de proporções.

Na Figura 3.12, você pode conferir a representação de como eram utilizadas as pausas por volta de 1450.

Figura 3.12 – Figuras musicais e suas respectivas pausas no sistema de notação mensural branca

Na sequência, apresentamos na Figura 3.13 uma notação mensural realizada no período da Idade Média. Observe as iluminuras, arte muito utilizada nos manuscritos desenvolvidos nesse período.

Figura 3.13 – Notação mensural com iluminuras, de Jacques Barbireau

3.2.6 *Ars nova*

Com o desenvolvimento de técnicas da nova polifonia aliadas à precisão obtida com a representação de duração do tempo musical mensural, a música desenvolveu novas formas de composição como o moteto e o madrigal.

Outra alteração que ocorreu é quanto ao gênero da música, não mais restrito à música sacra. Além disso, alguns gêneros, como a balada, foram compostos e muito apreciados nesse período de transição da Idade Média para o Renascimento.

3.3 O Renascimento e a música moderna

A invenção da imprensa, realizada na Alemanha em 1450 pelo alemão Gutenberg (1400-1460), contribuiu para o desenvolvimento da música, pois

> Em 1501, em Veneza, o italiano Petrucci inaugurou a imprensa musical, que logo foi expandida por toda a Europa. Essas edições, cada vez mais numerosas, promoveram uma ampla difusão da música, permitindo que muitas pessoas começassem a tocar e a cantar por meio da leitura das partituras. (Miranda; Justus, 2010, p. 40)

No Renascimento, a música sacra era predominantemente vocal. De acordo com Miranda e Justus (2010), todas as igrejas importantes tinham uma escola de canto, e tanto a igreja quanto os palácios começaram a contratar músicos para ensinar a ler partituras, tocar instrumentos musicais e cantar.

Gradativamente, a música, que não era religiosa, começou a adquirir mais importância. É interessante lembrar, no entanto, que no início do Renascimento a música ainda era dividida entre sacra e profana.

No Renascimento, surgiu a forma italiana de composição **madrigal**, cantada em outras línguas e não apenas em latim.

> A canção polifônica era a música cantada com quatro melodias diferentes ao mesmo tempo e tinha como letra as poesias de grandes poetas da época. Essa canção de origem italiana denominava-se madrigal. Da Itália, espalhou-se para o mundo. Era música profana e costumava ser acompanhada por instrumentos musicais. O madrigal, a canção do Renascimento, foi a grande moda do período. (Miranda; Justus, 2010, p. 52)

Compositores flamengos escreveram obras nesse estilo, porém o madrigal atingiu o auge com grandes compositores madrigalistas ingleses que musicavam a poesia da época.

Entre os compositores renascentistas, Giovanni Pierluigi da Palestrina (1525-1594) é considerado o compositor mais importante desse período. O italiano integrava a escola romana, compunha músicas sacras e profanas e exerceu grande influência na música religiosa, sendo que compôs mais de cem missas.

> Palestrina tem uma grande importância histórica, pois conseguiu manter a música polifônica na Igreja Católica, convencendo o clero de que era possível as pessoas entenderem o texto que estava sendo cantado nesse tipo de canto, utilizado nos corais até os dias de hoje. (Miranda; Justus, 2010, p. 54)

Como já vimos nos capítulos anteriores, a nova era da música começou na Antiguidade, mas faltava resolver a questão do temperamento da escala, cujos mais de 200 sistemas de afinação, a maioria deles por meio da aritmética, haviam buscado equilibrar os sons. Foi preciso que o escocês John Napier (1550-1617) decodificasse os logaritmos para que Bartolomeo Cristofori (1655-1732) iniciasse a fabricação de instrumentos de teclas, como cravos e clavicórdios, na nova afinação de temperamento. Cristofori também é conhecido como o inventor do piano (Figura 3.14).

A partir de então a música passou por grandes mudanças: o temperamento da escala permitia transportar a mesma música para qualquer uma das 12 tonalidades e suas modalidades. Com isso, iniciou-se uma nova era de descobertas sonoras.

Figura 3.14 – Piano de Bartolomeo Cristofori

3.3.1 Barroco

O barroco originou-se na Itália, no século XVII e, assim como no Renascimento, espalhou-se por outros países da Europa e pelo continente americano. Na arte barroca, predominam as emoções, e não o racionalismo renascentista.

Nesse período, aconteceram fatos importantes na ampliação da música, como o desenvolvimento da ópera e da orquestra. No entanto, diferentemente do Renascimento, em que se predominava a música vocal, o barroco valoriza a música tocada por instrumentos. Os diferentes timbres começaram então a receber maior atenção dos compositores, que, por sua vez, davam mais atenção ao som dos diferentes instrumentos musicais na elaboração de suas composições.

A música barroca, como em outras áreas da arte realizadas nesse período, era muito ornamentada e composta por diversas notas. De acordo com Miranda e Justus (2010), o ritmo da música barroca é bem marcante, inspirado nas danças de corte do Renascimento, e as músicas utilizam melodias diferentes tocadas ao mesmo tempo, inspiradas na polifonia vocal renascentista.

Outro desenvolvimento na área da música barroca se deve ao italiano **Antonio Giacomo Stradivari** (1644-1737), um *luthier* italiano que desenvolveu violinos até hoje considerados insuperáveis devido a sua alta técnica. Naturalmente, o violino se tornou, nesse período, um dos instrumentos de evidência na música, ao lado do cravo e do órgão.

Um dos compositores e músicos de destaque no barroco é o italiano **Antonio Lucio Vivaldi** (1678-1741), que compôs 770 obras, entre as quais 477 concertos e 46 óperas. Sua obra mais conhecida é a série de concertos para violino e orquestra *As quatro estações*.

O alemão **Johann Sebastian Bach** (1685-1750) também foi um grande compositor barroco, além de ser considerado um dos maiores músicos de todos os tempos. Bach atuou em quase todos os gêneros musicais de sua época, exceto a ópera, e triunfou em todos eles. "Suas paixões, Missas e Oratórios são as obras de música religiosa mais nobres inspiradas que já foram escritas. Suas Fugas[1] são as peças que melhor souberam aproveitar o poder e o calor do som do órgão" (Scornaienchi, 1975, p. 68).

Bach combina a música polifônica com o contraponto[2] linear. Entre suas peças mais conhecidas e importantes estão os *Concertos de Brandenburgo*, o *Cravo Bem-Temperado*, a *Missa em Si Menor* e várias de suas cantatas[3].

3.3.2 Ópera

Os primórdios do que se tornaria a ópera ocorreram ainda no Renascimento e se desenvolveram no barroco.

Em Florença, no fim de 1500, um grupo de amigos, integrantes da Camerata de Bardos, inventaram, de acordo com Scornaienchi (1975), um espetáculo musical diferente da tragédia teatral clássica.

---

1 "Composição contrapontística baseada no princípio da imitação, em que os temas parecem fugir, ou, mais exatamente, perseguir-se. A sua estrutura básica é a seguinte: exposição, ou entrada em vozes sucessivas do tema ou sujeito; resposta, baseada na conjunção do tema e do contra-sujeito, elemento que o acompanha em cada um dos seus aparecimentos (o desenvolvimento é aligeirado por episódios construídos a partir de elementos do tema) e, finalmente, estreto (stretto) ou conclusão, em que reaparecem os principais elementos da exposição, de forma cada vez mais cerrada" (Academia Artmúsica, 2017).

2 "Técnica da composição musical que consiste em sobrepor linhas melódicas diferentes. Na sua origem foi vocal e, portanto, intimamente ligada à natureza da voz" (Academia Artmúsica, 2017).

3 "Composição para uma ou mais vozes com acompanhamento instrumental. Compõem-se de várias partes (recitativos, árias, coros) e pode ser dramática, religiosa etc." (Academia Artmúsica, 2017).

No início, esse espetáculo não tinha um nome definido, mas ficou conhecido mais tarde como *ópera lírica*. "O assunto das primeiras óperas líricas inspirou-se na mitologia clássica. Suas partes são bem distintas: a música, alguns protagonistas em primeiro plano e muitas personagens que cantam em coro" (Scornaienchi, 1975, p. 65).

Quem estabeleceu as bases da ópera foi o compositor **Claudio Monteverdi** (1567-1643). Ele acrescentou dramaticidade às árias por meio da união de palavras, ação e música. Uma de suas peças mais famosas é *Orfeu* (1607).

De forma resumida, a ópera é uma peça teatral cantada e acompanhada por uma orquestra. O italiano **Giambattista Lulli** (1632-1687) foi o primeiro a realizar uma ópera que não fosse em italiano. Com textos em francês, Lulli também inovou ao inserir cenas de dança com cenários luxuosos. "Em relação ao canto, preferiu uma forma que oscilava entre o canto puro e a declamação. O exemplo de Lulli foi seguido por inúmeros compositores franceses, dentre os quais se destacou Jean Philippe Rameau" (Scornaienchi, 1975, p. 66).

A ópera é formada por recitativos, árias e coros. Depois de Lulli, outros compositores também inseriram o balé em suas óperas, mas isso não se tornou uma regra. O compositor inglês **Henry Purcell** (1659-1695) escreveu várias semióperas, de acordo com Scornaienchi (1975), com folhetos em inglês, e algumas de suas obras foram inspiradas nos textos do dramaturgo William Shakespeare. Além disso, ele também escreveu canções e música sacra. Sua única ópera, intitulada *Dido e Enéas*, é baseada no Livro IV da Eneida, do poeta romano Virgílio, que narra a história de Dido, rainha de Cartago, e de Enéas, príncipe troiano. Essa peça é constituída de três atos, sendo que o primeiro é totalmente cantado. Purcell é considerado o maior compositor da Inglaterra do período barroco.

O alemão Georg Friedrich Händel (1685-1759) foi outro compositor de destaque do barroco. Com apenas 22 anos, compôs sua primeira ópera intitulada *Rodrigo*, em Florença, a qual obteve grande sucesso entre o público e os mecenas italianos.

Em 1714, Händel viajou para a Inglaterra após receber um convite e se tornou compositor da corte inglesa. Produziu inúmeras obras compostas por óperas líricas e o gênero de música sacra, o oratório. Sua obra prima foi o oratório *Messias*, obra esta escrita aos 56 anos e que engloba toda a vida de Cristo, com árias no estilo italiano.

A ópera é uma das artes que mais possibilita a união de diferentes segmentos artísticos: teatro, dança, música, poesia, pintura, cenografia, arquitetura. E suas encenações continuam acontecer até os dias atuais, como demonstra a Figura 3.15, na apresentação de *Aida* de Verdi, no *Arena de Verona*, a maior casa de ópera a céu aberto do mundo, com capacidade para 13,5 mil espectadores.

Figura 3.15 – Ato IV da ópera *Aida*, de Giuseppe Verdi

VERDI, Giuseppe. **Aida**. Ópera. 10 ago. 2014. Arena di Verona, Verona, Itália.

3.3.3 Orquestra

Orquestra é um grupo de músicos que interpretam obras musicais com diversos instrumentos. O termo *orquestra* compreende também o espaço entre o palco e a plateia.

> A orquestra começou a se formar no século XVII com os instrumentos de cordas, porque eles foram os primeiros tecnicamente aperfeiçoados. Organizaram-se o violino, a viola, o violoncelo e o contrabaixo, formando um naipe de instrumentos de corda e de arco [...]. No Barroco, essa pequena orquestra era complementada com poucos instrumentos de sopro e o cravo. (Miranda; Justus, 2010, p. 73)

As primeiras orquestras eram formadas por um pequeno número de músicos e, de acordo com Santos (2017), foi no século XVII que o compositor Monteverdi aumentou para 36 o número de instrumentistas dos grupos sonoros familiares. No século XVIII, o francês Rameau passou para o número de 47 instrumentistas. E, no século XIX, Beethoven (1770-1827) organizou a orquestra com cerca de 60 músicos. No entanto, foi o compositor francês Hector Berlioz (1803-1869) que a distribuiu como conhecemos hoje, variando de 80 a 100 músicos.

3.3.3.1 A distribuição da orquestra

Na atualidade, a orquestra pode ter variações em sua composição instrumental, mas a orquestra sinfônica ou filarmônica é composta de famílias (sopro, percussão e cordas) divididas em agrupamentos instrumentais, de acordo com a produção do som.

A sua classificação também acontece por meio dos naipes orquestrais:

- Madeiras
- Metais
- Percussão
- Cordas

De acordo com Adami (2012), é comum também a utilização de outros instrumentos, principalmente de teclado, como o piano e a harpa, que podem ser associados a outros naipes. Veja a seguir e na Figura 3.16 as divisões da orquestra de acordo com os tipos de instrumento:

- **Madeiras**: flautas transversas, oboés, clarinete e fagotes.
- **Metais**: trompas, trompetes, trombones e tuba.
- **Percussão**: triângulo, matraca, caixa, bombo e xilofone.
- **Cordas**: violinos, violas, violoncelos e contrabaixos.
- **Outros instrumentos**: harpa, violão, celesta, cravo, piano e órgão.

Figura 3.16 – Composição de orquestra moderna

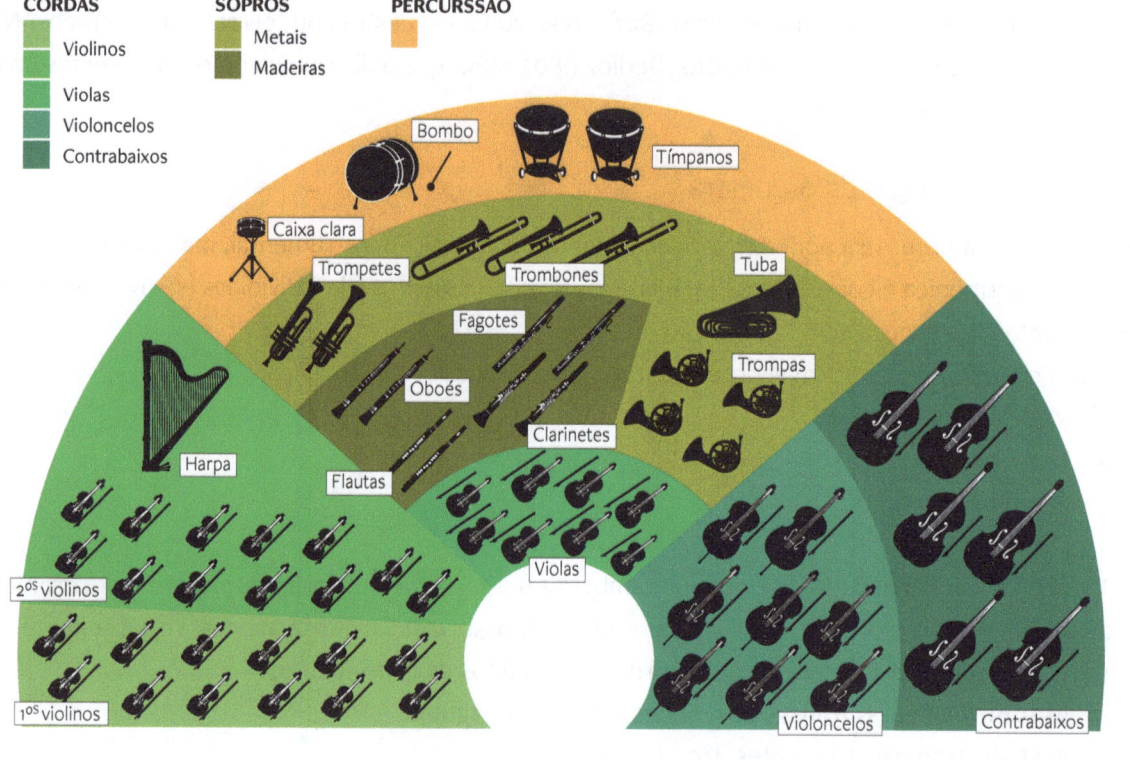

3.3.4 Música clássica

O classicismo musical ocupou um curto período da história. Alguns estudiosos o dividem entre 1750 (ano da morte do compositor Bach) e as três primeiras décadas do século XIX. Esse período da música foi marcado pelas composições de Joseph Haydn (1732-1809), Wolfgang Amadeus Mozart (1756-1791) e Ludwig van Beethoven (1770-1827).

Na arte em geral, os excessos ornamentais do barroco foram substituídos pelo neoclassicismo, que expressa os valores de uma nova e fortalecida burguesia, camada social que surgiu após e decorrente da Revolução Francesa e da Revolução Industrial.

As principais características do neoclassicismo são o retorno ao passado por meio da imitação dos modelos antigos greco-latinos, a arte entendida como imitação da natureza e a busca pelo belo por meio da harmonia e do equilíbrio.

Em relação à música, no classicismo, a composição vocal foi, aos poucos, substituída pela instrumental, a qual, pela primeira vez na história da música, passou a ser mais importante que as compostas para canto.

A música tocada por toda a orquestra, chamada de *sinfonia*, por ser uma obra de grandes dimensões, passou a ser dividida em quatro partes chamadas *movimentos*. De acordo com Miranda e Justus (2010), cada movimento tem um título que corresponde ao andamento da peça; entre cada movimento, a orquestra faz um pequeno intervalo.

Ainda de acordo com Miranda e Justus (2010), existem alguns tipos de títulos de movimento, como presto (rapidíssimo), *allegro* (rápido), andante (lento moderado) e adágio (lento).

Os músicos que aperfeiçoaram e enriqueceram a sinfonia clássica foram Haydn e Mozart. "No Barroco, os músicos contrastavam trechos fortes e fracos. Os classicistas tiveram então a ideia de realizar uma passagem gradual do fraco para o forte e do forte para o fraco, nos instrumentos, criando um efeito [...] denominado dinâmica" (Miranda; Justus, 2010, p. 90). O que facilitou essa mudança foi a substituição do cravo pelo piano, já que a sonoridade do cravo é homogênea.

Outra mudança ocorrida nesse período é o fato de as músicas sacras saírem das igrejas e começarem a ser apresentadas em salas de concerto. De acordo com Miranda e Justus (2010), no classicismo, a música profana superou a sacra em importância.

Na música classicista, a ópera continuou a se desenvolver, tendo entre seus maiores compositores o austríaco Mozart e o alemão C. W. Gluck (1714-1787).

O compositor Ludwig van Beethoven, presente tanto no classicismo quanto no romantismo, seguia os ideais de liberdade e democracia da Revolução Francesa. Sua criação era livre, escrevia com base em seus sentimentos e não preocupado em seguir as regras; compôs peças que expressam os desejos e os sentimentos humanos.

No auge de sua maturidade e produção, o grande compositor foi acometido por uma deficiência auditiva, a qual lhe deixou praticamente surdo, mas mesmo assim ele continua a compor. Sua obra mais conhecida é a *Nona Sinfonia* e, juntamente com Bach e Mozart, Beethoven é considerado um dos maiores compositores de música clássica de todos os tempos.

3.3.5 Romantismo

Os artistas românticos tinham o objetivo de se libertar do academicismo e valorizavam os sentimentos, a imaginação e o nacionalismo. A Revolução Francesa também influenciou esse período, que é focado nos princípios de liberdade, igualdade e fraternidade.

Com o surgimento da burguesia, os compositores do período romântico alcançaram uma liberdade maior de criação, pois não dependiam mais de encomendas de suas obras por parte da nobreza: alcançavam um público maior, o qual estava disposto a pagar para assistir às apresentações.

Com isso, a música sofreu uma mudança em suas variações de composição e, de acordo com Miranda e Justus (2010), surgiram peças longas e curtas, obras para grandes orquestras ou para um único instrumento.

A ópera fez muito sucesso no romantismo, já que a música e a literatura se tornaram muito próximas nesse período. Com a disseminação da construção de vários teatros e um grande desenvolvimento nos cenários, como já vimos no capítulo anterior sobre o teatro, a ópera encontrou um espaço no qual foi recebida com grande aceitação pelo público da época.

Os compositores de ópera que se destacaram no romantismo foram os italianos: Gioachino Rossini (1792-1868), sua obra mais conhecida é *O barbeiro de Sevilha* (1816); Giuseppe Verdi (1813-1901), com destaque para *Rigoleto*, baseada em uma peça de Victor Hugo, e *La Traviata*, sendo essa última uma das mais interpretadas em todo o mundo.

O surgimento da figura do maestro foi outro fator de alteração na música romântica, pois, devido ao aumento na quantidade de números integrantes na orquestra, fez-se necessário a presença de um dirigente.

No Brasil, a ópera também fez sucesso por meio do compositor brasileiro Carlos Gomes (1836-1896), o qual alcançou destaque com a obra *O Guarani*, apresentada em Milão. De acordo com Miranda e Justus (2010), Gomes foi, no romantismo, o primeiro compositor de óperas das três Américas conhecido internacionalmente.

O piano foi o instrumento de destaque no romantismo e teve na figura do compositor e pianista Frédéric Chopin, um dos seus maiores representantes, cuja obra mais conhecida é *Marcha fúnebre*.

Piotr Tchaikovsky, como já vimos no capítulo sobre a dança, foi um grande compositor para o balé e inspirou-se na música folclórica russa (lembrando que o romantismo se fixava ao nacionalismo).

Devido ao grande número de compositores de destaque nesse período, listamos a seguir outros integrantes e contribuintes da música clássica no romantismo (Miranda; Justus, 2010):
- Paganini (1782-1840)
- Rossini (1792-1868)
- Schubert (1797-1828)
- Mendelssohn (1809-1847)
- Schumann (1810-1856)
- Liszt (1811-1886
- Wagner (1813-1883)
- Brahms (1833-1897)
- Strauss II (1825-1899)

3.3.6 O moderno e a transição

Em decorrência do grande aumento no número de compositores, se comparado aos períodos anteriores, a música moderna tem suas particularidades. É difícil, por exemplo, estabelecer com precisão o seu início, mas diversos pesquisadores apontam a obra *Prelúdio à tarde de um Fauno*, do compositor francês Claude Debussy, composta entre 1892 e 1894, como marco inicial da música moderna.

De acordo com Silva (2017), Debussy trabalha, nessa composição, a libertação do sistema diatônico, que serviu de base para praticamente todas as obras ocidentais compostas a partir do século XVII, mas isso não quer dizer que sua composição seja atonal. Segundo o autor, *Prelúdio ao entardecer de um Fauno* não segue tão rigorosamente as regras do sistema tonal como se fossem modelos imperativos e imutáveis. Debussy provocou uma ambiguidade em relação às regiões tonais, mas foi com o compositor Arnold Schoenberg (1874-1951) que o sistema atonal foi desenvolvido com mais profundidade. O austríaco desenvolveu o sistema dodecafônico ou atonal e, com isso, a música moderna recebeu mais uma contribuição em sua expansão. Esse sistema musical foi embasado não apenas em sete notas, mas em doze, com efeitos sonoros completamente diversos daqueles a que nossa tradição musical nos havia acostumado.

Outra mudança que ocorreu no período modernista foi o surgimento do intérprete como destaque na música. Assim, a execução e apresentação musical não ficou mais destinada somente aos compositores. Os regentes musicais, profissão que surgiu no romantismo, foram figuras importantes da música erudita moderna.

A seguir, alguns dos compositores que se destacaram e suas principais obras:
- Claude Debussy (1862-1918) – *Prelúdio ao entardecer de um Fauno*.
- Béla Bartók (1881-1945) – *Quarteto para cordas nº 5*.
- Igor Stravinsky (1882- 1971) – *A sagração da primavera*.
- Maurice Ravel (1875-1937) – *Bolero*.
- Villa-Lobos (1887-1959) – *9 Bachianas Brasileiras*.

Seguiremos agora para a transição da música moderna para a pós-moderna, chamada também de *contemporânea*.

3.4 Música contemporânea e a indústria cultural

Uma das principais características da era moderna são as invenções proporcionadas pelo avanço da tecnologia. Um bom exemplo disso, no âmbito da música, foi o gravador, que alterou substancialmente a forma de se propagar e ouvir a música.

O músico Caruso foi o precursor do uso do gravador e sua nova forma de difusão, o que resultou, mais tarde, na indústria cultural.

> O cantor de ópera italiano Caruso (1873-1921) fez suas primeiras vinte gravações em Milão, em 1895. Caruso foi um dos primeiros cantores a gravar discos em grande escala, tornando-se muito rico. Suas gravações foram recuperadas e remasterizadas em CD. [...] Depois da gravação, surgiu o rádio, abrindo a possibilidade de milhões de pessoas ouvirem notícias e músicas. (Miranda; Justus, 2010, p. 134-135)

Com isso, a forma de divulgação e recepção da música se alterou drasticamente. Posteriormente outro fator foi inserido na música: o videoclipe. Assim, a intertextualidade entre diferentes linguagens se acentuou e a música passou a ser exibida por meio da linguagem do cinema, com histórias curtas encenadas, em alguns casos, com grande teatralidade.

Os estilos musicais se proliferaram em grande velocidade e as temáticas se alteraram muito, ultrapassando limites geográficos e/ou étnicos. Por exemplo, de acordo com Miranda e Justus (2010), o *jazz* foi uma junção da música africana com a religiosa, a clássica e a das bandas militares. Uma das variações desse estilo é o *blues*, que, posteriormente, originou o *rock*.

O *rock*, que surgiu em meados de 1950, se tornou um dos estilos de música mais difundidos na contemporaneidade, tendo como instrumentos musicais, em sua composição principal, a guitarra, o baixo e a bateria. O *rock* dividiu-se em inúmeras subcategorias, mas devido ao grande número, citaremos apenas algumas delas: *death metal*, *heavy metal*, *hard rock*, *punk*, *rock* progressivo, *new wave*, *hardcore* e o *grunge*.

3.4.1 A música eletrônica

A música eletrônica foi criada em 1880 e se desenvolveu nas décadas seguintes por meio do uso de equipamentos e instrumentos eletrônicos, como sintetizadores, gravadores digitais, computadores e *softwares* de composição.

O primeiro sintetizador foi inventado pelo russo Léon Theremin no fim da década de 1910. No entanto, o instrumento musical eletrônico, como o conhecemos, usando técnicas diversas para a geração de sons artificialmente, surgiu em 1964, desenvolvido por Robert Moog e Herbert Deutsch. De acordo com Miranda e Justus (2010), o sintetizador revolucionou o mundo da música eletrônica com seus recursos, proporcionando a criação de sons totalmente novos.

Figura 3.17 – Sintetizador

i3d/Shutterstock

Outra inovação na música aconteceu com o surgimento do DJ, músico que utiliza instrumentos eletrônicos para fazer composições, por meio de mixagens, alterando timbres e batidas.

3.4.2 Musical

A ópera originou-se, como já vimos, a partir do teatro grego, já o musical tem como uma de suas bases a ópera.

A estrutura do musical se desenvolveu nos Estados Unidos, mais especificamente em Nova York, no teatro da *Broadway*. O primeiro musical foi realizado em 1943 com apresentação intitulada *Oklahoma!*, adaptação da comédia *Os lilases crescem verdes*, de Lynn Riggs, datada de 1931. "A peça introduziu uma tendência em que a coreografia desempenharia um papel cada vez mais importante. Por causa da fabulosa combinação de diálogos, canções, balé e ritmos sedutoramente orquestrados, *Oklahoma!* quebrou os recordes de bilheteria [...]" (Berthold, 2001, p. 517).

Assim, a intertextualidade entre teatro, dança, música e, mais tarde, cinema, assimilada aos musicais, tornou esse gênero um grande participante da indústria cultural.

O musical americano se tornou conhecido, apreciado e copiado internacionalmente. As montagens seguintes, que obtiveram maior destaque, foram criações realizadas a partir de textos de teatro contemporâneos, muitos dos quais já haviam sido apresentados anteriormente como peças de teatro que, de acordo com Berthold (2001), foram adaptados em musicais, com destaque para:

- *Kiss me Kate* (1948), baseado em *A Megera Domada*, de Shakespeare;
- *West Side Story* (1957), inspirado em *Romeu e Julieta*;
- *My Fair Lady* (1956), inspirado em *Pigmaleão*, de G. B. Shaw.
- *Candide* (1956), baseado no romance satírico de Voltaire.

O musical *Hair*, de 1968, *rock* celebração do misticismo e protesto do mundo *hippie*, se tornou um ícone da contracultura. A peça estreou na *Broadway* e obteve grande sucesso. Realizou cerca de 1.750 apresentações no Biltmore Theatre, até 1º de julho de 1972, mesmo com censuras e proibições. Em 1970, a banda *Fifth Dimension*, que compôs a trilha sonora do musical, ganhou o *Grammy* da melhor canção do ano com *Aquarius (Let the Sunshine In)*. A gravação original vendeu cerca de três milhões de cópias nos Estados Unidos. A peça foi apresentada em diversos países e em 1979 o cineasta Milos Forman lançou o filme *Hair*, adaptação do musical homônimo.

3.4.2.1 Musicais no cinema

Os musicais já estavam presentes no cinema no fim da década de 1920. Havia duas vertentes nos musicais desse período, uma que seguia a estrutura desenvolvida pelo coreógrafo Busby Berkeley, composta por dezenas de coristas (Figura 3.18), onde não havia destaque para nenhuma delas, suas coreografias se desenvolviam coletivamente e a temática permeava a fantasia e, em alguns momentos, o surrealismo.

Berkeley é conhecido por criar verdadeiros caleidoscópios humanos e por utilizar com frequência em suas filmagens o plano *plongée* (câmera alta) . A linguagem cinematográfica era um complemento da dança e o diálogo entre ambas resultava em coreografias que suscitavam, em alguns momentos, na ilusão de dançarinos ao infinito.

Figura 3.18 – As coristas no musical de *Footlight Parade*

O segundo estilo seguia uma vertente em que o ator/bailarino era visto individualmente. O ator Fred Astaire, um dos maiores exemplos dessa vertente, obteve grande destaque nesse período. Na época, os musicais com maior repercussão foram o filme *O picolino*, com quatro indicações ao Oscar, e o musical *Ritmo Louco*, ambos estrelados por Fred Astaire e Ginger Rogers.

Nos filmes estrelados por Astaire, a câmera acompanhava todas as suas execuções com tomadas longas, assim o público podia ver toda a técnica desenvolvida na coreografia.

O compositor norte-americano Irving Berlin (1888-1989), que compôs a trilha sonora do musical *O picolino*, foi um grande músico contemporâneo: concebeu mais de 3 mil canções e atuou principalmente no cinema e no teatro, onde assinou a trilha sonora de cerca de 17 filmes e 21 peças de teatro e musicais para a *Broadway*.

Figura 3.19 – Fred Astaire e Ginger Rogers em *Ritmo Louco*

Na década de 1950, surgiram outros nomes dentro do musical, com destaque para a atriz Grace Kelly e o músico Frank Sinatra, os quais trabalharam juntos no musical *High Society* (1956), que obteve grande sucesso na indústria cultural, arrecadando cerca de 13 milhões de dólares.

Outro destaque desse período foi o ator Gene Kelly, com o seu filme *Cantando na chuva* (1952), em que o solo do ator cantando na chuva se tornou um dos ícones do cinema norte-americano.

Nesse período, o musical *Oklahoma!* foi adaptado para o cinema, em 1955, e recebeu dois Oscars.

Os musicais nunca deixaram de fazer parte da indústria do cinema, mas tiveram, é claro, seus altos e baixos ao longo da história. As montagens mais recentes com destaque na mídia foram os filmes *Chicago* (2002), com direção de Rob Marshall, e *Moulin Rouge* (2001), com direção de Baz Luhrmann.

3.5 Propriedades do som

De acordo com Gomes e Neves (1993, p. 5), o som "é o efeito produzido no aparelho auditivo (ouvido) pelas vibrações das moléculas de um meio transmissor".

Figura 3.20 – Partes do aparelho auditivo

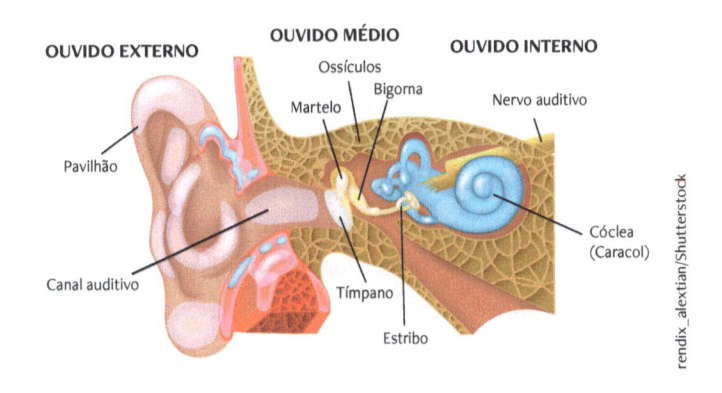

Para compreender e explicar melhor esse fenômeno, Leonardo da Vinci comparou a propagação do som de um sino de uma igreja com a propagação das ondas a partir de uma pedra atirada no centro de um lago. Porém, ao contrário das ondas do lago que se propagam na superfície de maneira circuncêntrica, o som de um sino se propaga no ar em todas as direções, a uma velocidade média de 331 metros por segundo.

Figura 3.21 – Propagação do som

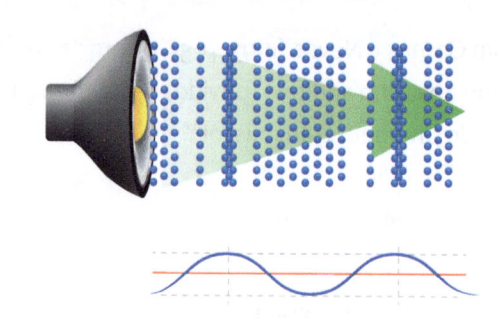

O som é uma frente de propagação mecânica em um meio a partir de uma fonte geradora. Para entender a organização dos sons musicais e as composições musicais, é preciso conhecer melhor algumas de suas propriedades e fenômenos. As ondas sonoras se propagam nos meios materiais sólidos, líquidos ou gasosos. Essas ondas mecânicas interagem com os meios materiais, causando alguns fenômenos:

- **Reflexão**: Quando uma onda sonora encontra um obstáculo, como uma parede dura e lisa, fazendo com que a onda sonora seja refletida e voltando para trás.
- **Refração**: Quando as ondas sonoras mudam de direção ao atravessar obstáculos como paredes.
- **Absorção**: Quando as ondas sonoras ou parte delas são absorvidas por obstáculos na trajetória das ondas sonoras.
- **Ressonância**: Quando o meio ou parte dele entra em vibração e absorve as ondas sonoras amplificando-as naturalmente.

Porém, há muito mais curiosidades sobre o fenômeno sonoro: o eco, por exemplo, é o resultado da reflexão do som percebido pelo ouvido com um atraso de tempo em relação ao som inicial; esse atraso decorre da velocidade do som.

A reverberação é a reflexão do som, isto é, a forma como é distribuído em determinado ambiente amplo.

3.5.1 Duração

Duração é o intervalo de tempo durante o qual uma vibração é produzida por uma fonte sonora. Por meio da combinação de sons curtos e longos é que se determina o ritmo musical.

Toda música possui uma pulsação. Implícita ou não, ela está presente em uma velocidade constante que, na nomenclatura musical, é denominada *andamento*. Em uma orquestra, por exemplo, cabe ao maestro decidir sobre o andamento da música e a intensidade com que cada parte da partitura deve ser tocada. Na música, a representação de duração do tempo e das proporções das notas na escrita musical aparece com base na notação mensural.

Na notação musical moderna, a partitura representa a duração das notas por meio da quantidade de tempos musicais representados pelos desenhos das notas e pelos seus valores musicais, que podem ser positivos (som) ou negativos (silêncio). Os valores positivos são chamados de *notas* e os negativos de *pausas*.

Quadro 3.1 – Quadro de valores musicais

Valores positivos: notas

NOTAS	NOMES	VALORES
𝅝	Semibreve	4 tempos
𝅗𝅥	Mínima	2 tempos
♩	Semínima	1 tempo
♪	Colcheia	½ tempo
𝅘𝅥𝅯	Semicolcheia	¼ de tempo

Valores negativos: pausas

PAUSAS	NOMES	VALORES
𝄻	Semibreve	4 tempos
𝄼	Mínima	2 tempos
𝄽	Semínima	1 tempo
𝄾	Colcheia	½ tempo
𝄿	Semicolcheia	¼ de tempo

Atualmente, existem *softwares* de gravação de áudio e aplicativos com um sistema de representação de altura e duração de sons musicais – é o caso da ferramenta *Piano Roll,* que é utilizada em música eletrônica. Esse sistema, assim como seu nome, deriva dos mecanismos instalados em pianos no fim do século XIX, que faziam com que pianos executassem sozinhos a música, sem interferência humana, por meio da leitura de rolos perfurados, cujas perfurações acionam um mecanismo que toca as teclas do piano de acordo com a altura e duração das notas musicais.

3.5.2 Altura

A altura de um som está relacionada ao número de vibrações das ondas sonoras: quanto mais baixo for o número de vibrações, mais grave será um som; quanto mais alto, mais agudo será o som. Em física, a unidade de medida de vibrações por segundo é chamada de Hertz (Hz).

Figura 3.22 – Espectro sonoro

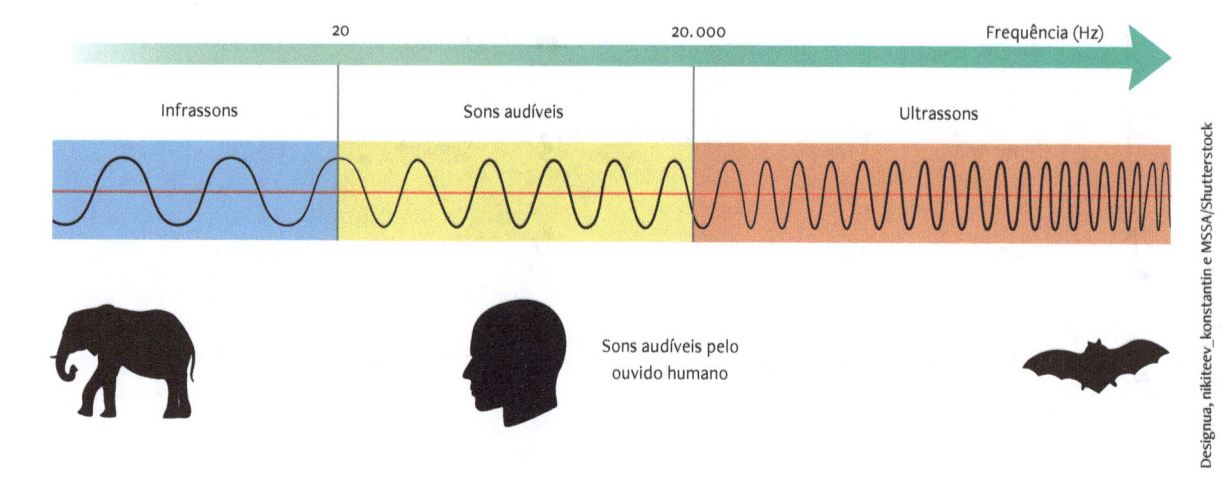

Animais como os tigres e elefantes se comunicam por meio de infrassons, gerando ondas de 12 a 18 Hz, enquanto morcegos e mariposas, por exemplo, se comunicam em frequências acima dos 60.000 Hz. A estrutura física do ouvido humano permite perceber sons que vão de 20 até 20.000 Hz, e os sons que se encontram fora desses limites são classificados como *infrassons* (abaixo de 20 Hz) e *ultrassons* (acima de 20.000 Hz).

Na música atual, a altura dos sons está representada pelas 12 notas da escala[4] cromática. São 12 sons de onde surgem as escalas usadas para se criar música.

Outra forma de visualizar a propriedade da altura do som é observando essas 12 notas da escala cromática. No teclado do piano, a cada conjunto de 12 teclas existem 7 teclas brancas e 5 teclas pretas, que são as 12 tonalidades usadas no sistema musical. As teclas brancas representam as notas da escala natural (dó, ré, mi, fá, sol, lá, si), enquanto as teclas pretas são as notas utilizadas para alterar as notas da escala natural na formação de novas escalas. Se partirmos da nota *dó* até a próxima nota *dó*, haverá oito notas: esse conjunto de oito notas é chamado de *oitavas*.

Figura 3.23 – Os 12 semitons da escala cromática

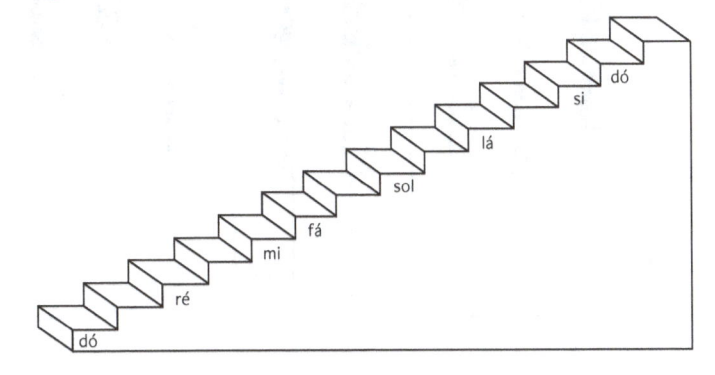

Figura 3.24 – Detalhe de teclado de piano e as notas musicais

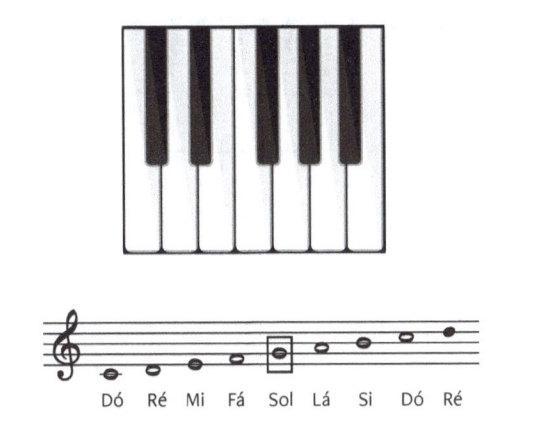

[4] A palavra *escala* deriva do latim *scalla*, que significa *escada*.

Essas oitavas se repetem em alturas diferentes, dependendo de cada instrumento. Um piano, por exemplo, pode conter até oito oitavas, cujas notas são representadas de acordo com a oitava em que se encontram.

Figura 3.25 – Teclado de piano e as notas musicais correspondentes

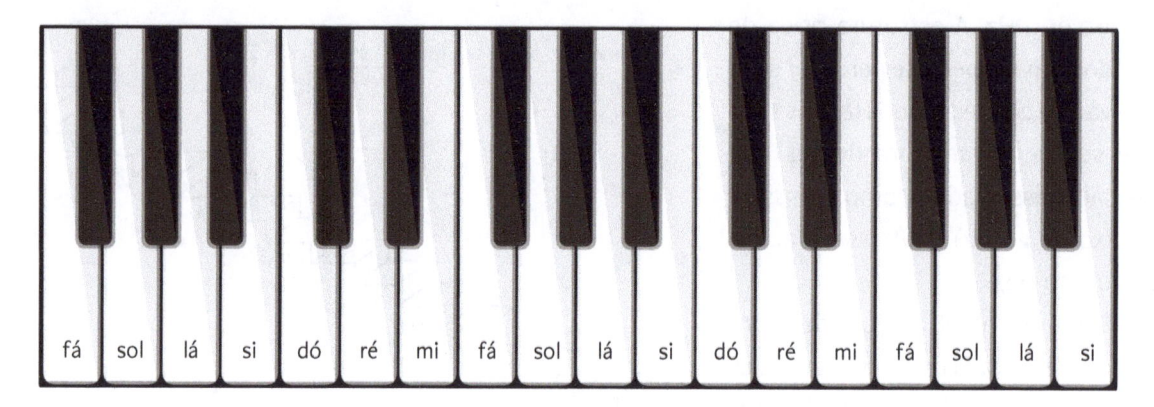

32 pixels/Shutterstock

Figura 3.26 – Extensão do teclado de piano com 52 notas naturais

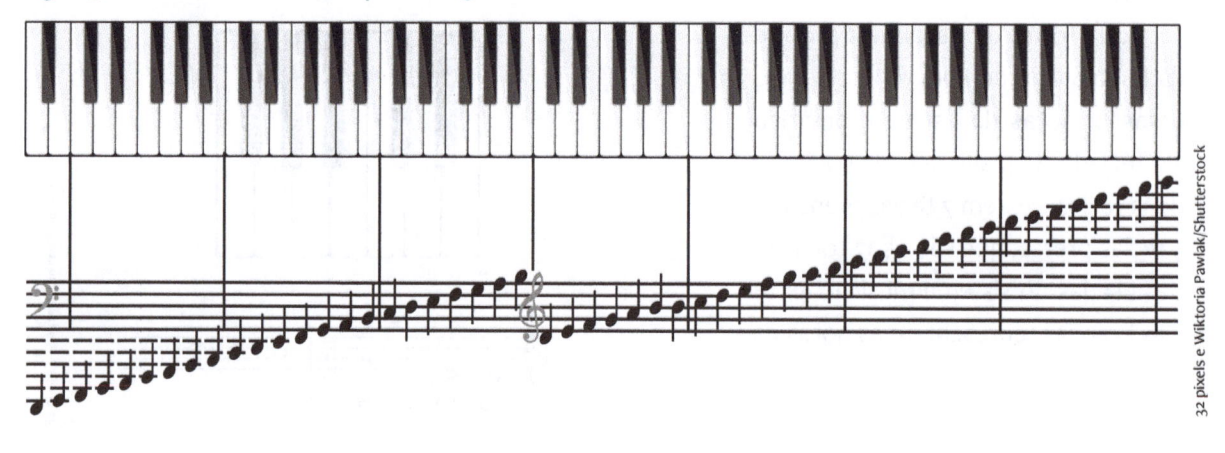

32 pixels e Wiktoria Pawlak/Shutterstock

Na partitura, a altura dos sons musicais está representada na localização das notas na pauta, o conjunto de linhas onde se escreve a música; quanto mais abaixo estiver a nota, mais grave será o som e, quanto mais alto, mais agudo.

3.5.3 Intensidade

Na música, intensidade é a propriedade conhecida pela maioria das pessoas como "volume do som", comumente confundida com a "altura do som". Como já vimos, a altura está relacionada à frequência vibratória das ondas sonoras, que podem ser graves ou agudas. A intensidade ou o volume do som, por sua vez, é o nível de pressão sonora dado pela quantidade de energia que as ondas sonoras transportam, podendo ir de fraca a forte. A unidade física de medida da intensidade do som é o Decibel (Db).

3.5.4 Timbre

O timbre é a propriedade de um som que permite a identificação de sua fonte sonora, a característica única de cada som; por exemplo, se ouvirmos uma nota *lá* tocada por vários instrumentos, é o timbre que nos permite reconhecer qual é o instrumento que está executando essa nota.

> A representação do timbre de um instrumento musical envolve problemas de grande complexidade. Apesar da conhecida correlação entre o timbre e o conteúdo espectral do som, o mapeamento das características espectrais dos mais variados tipos de sons produzidos por um instrumento e sua utilização de forma semanticamente relevante exige uma metodologia de análise de dados específica. (Loureiro; Paula, 2006, p. 61-62)

O princípio de formação do timbre está relacionado à quantidade e à qualidade dos harmônicos gerados pelos elementos vibratórios e pela ressonância da estrutura dos instrumentos musicais.

3.6 Elementos da música

A base de todos os sistemas musicais existiram e existem no mundo são as notas musicais, que são sons individuais com alturas e durações definidas.

A notação musical atual vem sendo desenvolvida durante séculos e nos permite representar as estruturas sonoras com relativa precisão. O aprimoramento da escrita musical através dos séculos proporcionou o desenvolvimento da teoria musical e das regras de composição utilizadas para fazer músicas nas suas mais variadas formas.

Para compreender o material musical, precisamos observar os seus elementos principais separadamente:

- **Melodia**: Conjunto de sons dispostos em ordem sucessiva que se desenvolve linearmente, com coerência rítmica e um sentido de identidade própria. É representada na notação musical de forma horizontal. "Às vezes o nome Melodia é substituído por Canto, é a sucessão agradável de diferentes sons, formando uma linha musical que se alterna entre tensão e repouso." (Sinzig, 1976, p. 364).
- **Harmonia**: Conjunto de sons tocados de forma simultânea. No campo da música, a harmonia estuda as relações entre os intervalos componentes dos acordes e seus níveis de consonância ou dissonância. Na notação musical, é representada de forma vertical, em ordem e proporção – onde estão dispostos os sons que constituem a melodia e a harmonia.
- **Ritmo**: Normalmente o ritmo é constituído de uma combinação de sons e silêncios de diversas durações que se desenvolvem em padrões de acordo com as pulsações de tempo musical, acentuações e andamentos.

Melodia, harmonia e ritmo são os principais elementos da música, mas é importante ressaltar a existência de outros elementos constituintes da música, como o **andamento**, que verifica a velocidade das pulsações do tempo musical, e a **dinâmica**, que confere à obra musical um sentido de coerência e interpretação (por exemplo, quando rege uma orquestra, o maestro conduz a dinâmica da música).

O ensino da música é complexo e exige grande domínio sobre o tema; entretanto, a proposta do presente capítulo é de uma breve introdução sobre o assunto, mais direcionado aos fatos históricos do que propriamente aos elementos que as estruturam.

Síntese

- **Pré-História**: flauta feita com ossos de animais.
- **Mesopotâmia**: tábuas de argila como primeiro registro musical com escrita cuneiforme.
- **Egito Antigo**: cantos com instrumentos musicais de cordas e sopro.
- **Idade Média**: música sacra (canto gregoriano), música profana (trovadores).
- **Roma Antiga**: epitáfio de Sícilo; Claudio Ptolomeu.
- **Grécia Antiga**: estudo do monocórdio. Teóricos da música: Pitágoras e Aristóteles.
- **Renascimento**: madrigal, fabricação do cravo.
- **Barroco**: desenvolvimento da ópera lírica e da orquestra. compositores: Vivaldi e Bach.
- **Música clássica**: Prioriza a música instrumental. Compositores: Haydn, Mozart e Beethoven.
- **Música Contemporânea**: gravador, rádio e videoclipe. Indústria cultural. *Jazz*, *Rock*, Música eletrônica. Musicais.
- **Música moderna**: Sistema dodecafônico. Intérprete. Compositores: Debussy, Schoenberg, Stravinsky, Ravel e Villa Lobos.
- **Romantismo**: Ópera melodramática e cômica. Surge o maestro. Compositores: Chopin, Tchaikovsky e Paganini.
- **Propriedades do som**: duração, altura, intensidade e timbre.
- **Elementos da música**: melodia, harmonia, ritmo, andamento e dinâmica.

Indicações culturais

CONCERTINO. Disponível em: <http://www.concertino.com.br/index.php>. Acesso em: 19 abr. 2017.

20 Hz to 20 kHz (Human Audio Spectrum). 2 out. 2012. Disponível em: <https://www.youtube.com/watch?v=qNf9nzvnd1k>. Acesso em: 19 abr. 2017.

"DIXIE" player piano roll. 7 jun. 2010. Disponível em: <https://www.youtube.com/watch?v=GlvoF6IyXvY>. Acesso em: 19 abr. 2017.

> Você pode consultar os *links* indicados para aprofundar seus estudos sobre a música com base em elementos e estruturas de composição musical.

Atividades de autoavaliação

1. Considerando que o som é o efeito produzido no aparelho auditivo (ouvido) pelas vibrações das moléculas de um meio transmissor, assinale a alternativa correta:
   a) O meio pode ser sólido, líquido, gasoso ou vácuo.
   b) Os instrumentos musicais produzem as vibrações das moléculas de um meio.
   c) A refração ocorre quando as ondas sonoras são absorvidas ao atravessar obstáculos como paredes.
   d) A intensidade é o atributo cujos níveis são medidos em Hertz (Hz).

2. Com base nos conceitos estudados sobre música e Antiguidade, assinale as afirmativas a seguir como verdadeiras (V) ou falsas (F).
   ( ) O sistema tonal surgiu na escola pitagórica.
   ( ) As escalas são formadas por sons de altas intensidades.
   ( ) A notação mensural surgiu no Egito Antigo.

( ) Os pitagóricos desenvolveram um método aritmético para encontrar as notas de seu sistema musical com base no número 4 da *Tetratkys*.

( ) Guido D'Arezzo criou o tetragrama.

Agora, assinale a alternativa que corresponde à sequência correta:

a) F, F, F, V, V.
b) V, F, V, F, F.
c) F, F, V, F, V.
d) V, V, F, V, F.

3. Entre os principais tratados de teoria musical, a autoria do *Micrologus* foi desenvolvida por:
   a) Pitágoras.
   b) Aristoxénes.
   c) Ptolomeu.
   d) Guido D'Arezzo.

4. A respeito do canto gregoriano, assinale a alternativa **incorreta**:
   a) É uma monódia.
   b) Também chamado de *cantochão*.
   c) Foi organizado pelos gregos.
   d) Fazia parte da liturgia da igreja cristã.

5. Quanto às escalas musicais, assinale a alternativa **incorreta**:
   a) Escala deriva do latim *scalla* que significa *escada*.
   b) Originaram-se com base no tetracorde da Grécia Antiga.
   c) Os modos derivam das escalas.
   d) São sons tocados simultaneamente.

Atividades de aprendizagem

Questões para reflexão

1. Uma orquestra é um grupo musical típico da música clássica: a orquestra de pequena dimensão é chamada de *orquestra de câmara*, já a orquestra de grande dimensão é conhecida como *orquestra sinfônica* ou *orquestra filarmônica*. Faça uma pesquisa sobre os instrumentos musicais presentes em uma orquestra sinfônica e selecione um instrumento de cada naipe. Com base na sua seleção, faça o desenho de cada instrumento escolhido. Você deve trabalhar todos os naipes, o que resultará em um total de quatro desenhos.

2. Faça um resumo de como era a música na Suméria Antiga. Descreva como você imagina que os músicos realizavam suas apresentações e como era o público da época. Compare seu resumo com os principais eventos de música na atualidade, pensando no público e estilos musicais contemporâneos.

Atividades aplicadas: prática

1. Imagine a melodia da música *Parabéns pra você* e tente cantarolar as melodias sem a letra, apenas com fonemas, como "na na na".

2. Sentado em uma cadeira, experimente contar em voz alta até 4 ao mesmo tempo em que vai batendo a ponta do pé direito no chão no mesmo ritmo da contagem: 1, 2, 3, 4. Depois, faça o mesmo com o pé esquerdo, mas batendo somente na contagem do número 1.

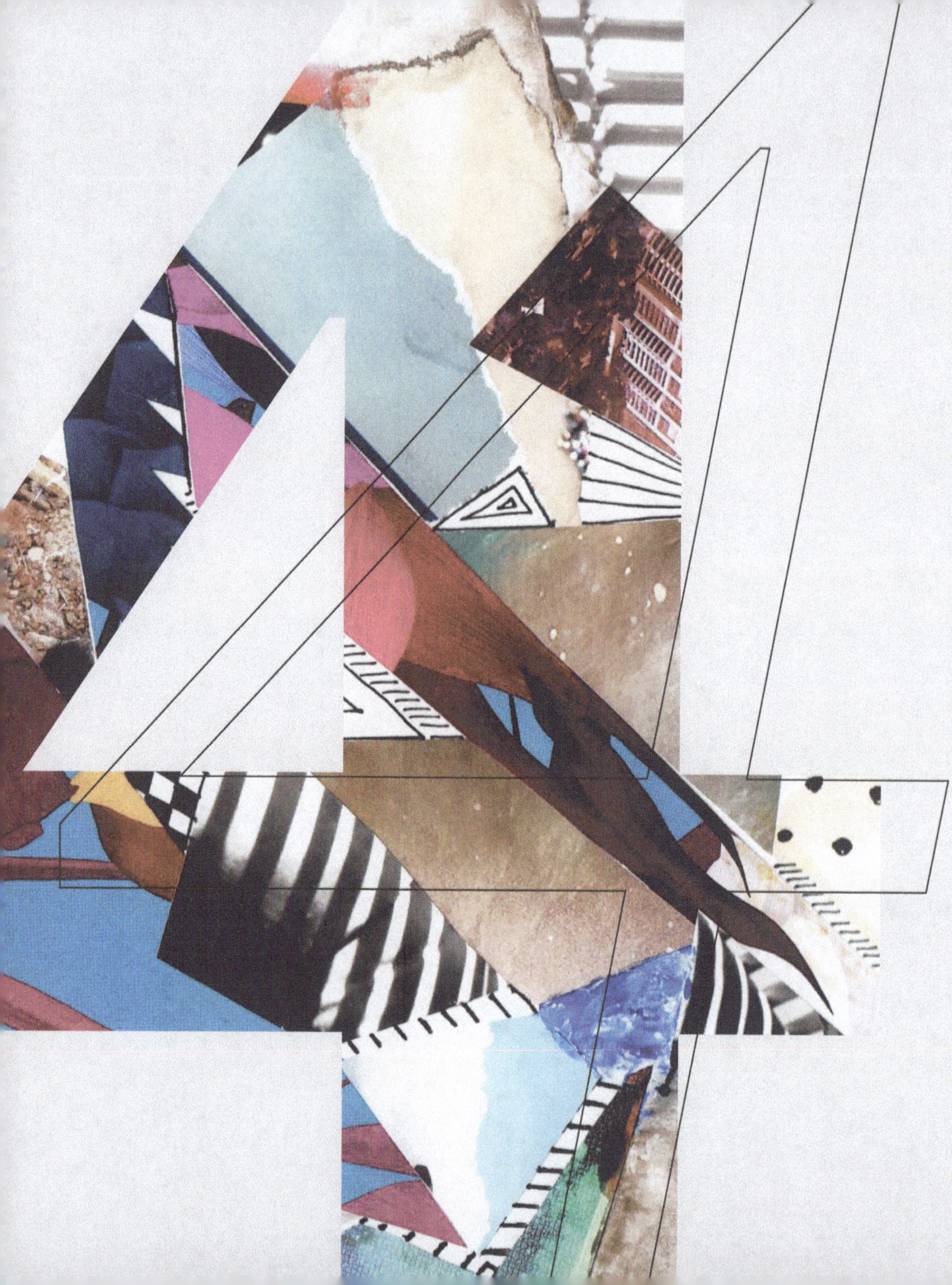

Uma introdução à arte contemporânea

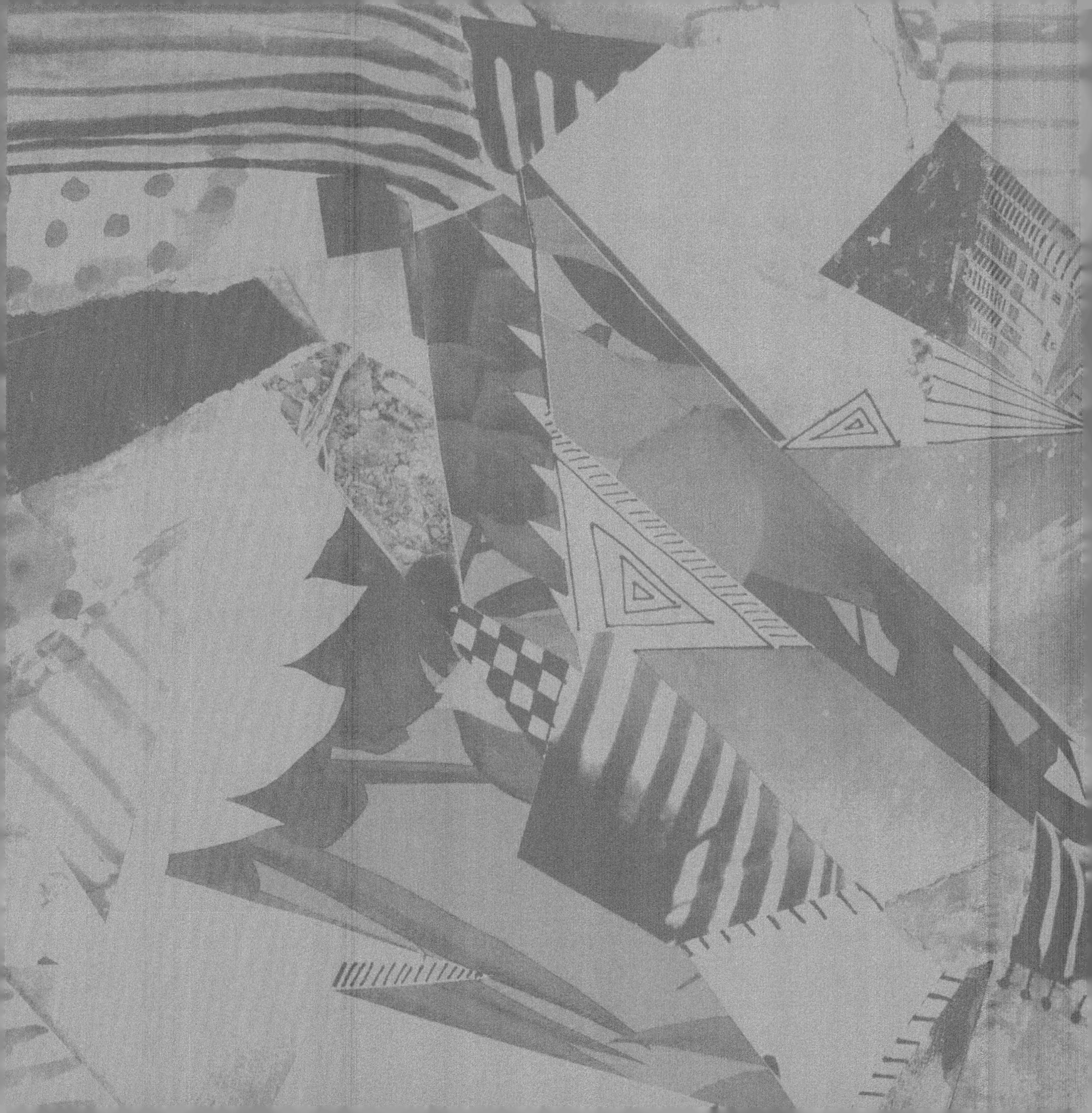

Neste capítulo, trabalharemos alguns conceitos que permeiam as artes visuais, com destaque para o período contemporâneo. Inicialmente, traçaremos um breve panorama dos principais períodos históricos com a atenção voltada para a arte pictórica. Falaremos também sobre as alterações ocorridas na forma da concepção da arte na atualidade, devido a recentes terminologias surgidas no período pós-moderno. Além disso, abordaremos os principais artistas e obras que compõem esse cenário artístico contemporâneo, com ênfase nas artes visuais.

4.1 Breve panorama da história da arte

Primeiramente, abordaremos os principais momentos históricos dentro das artes visuais, sob o ponto de vista principalmente da arte pictórica, para depois nos focarmos na arte contemporânea.

4.1.1 Pré-História

As pinturas rupestres, realizadas no interior das cavernas nos últimos estágios do Paleolítico, há cerca de 35 mil anos, são as primeiras obras de arte conhecidas.

Figura 4.1 – Pintura rupestre em Tassili n'Ajjer, Algéria

Figura 4.2 – Vênus de Willendorf

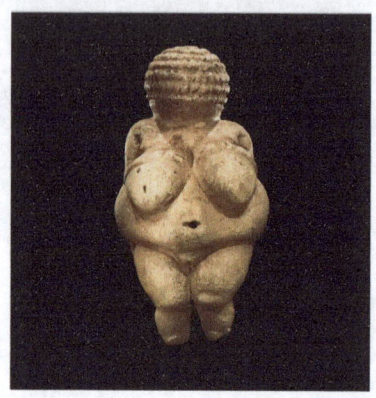

Vênus de Willendorf. [ca. 25000 a.C]. Escultura em pedra. Museu de História Natural, Viena, Áustria.

Nesse período, também foram encontrados pequenas esculturas do tamanho de uma mão feitas de osso, chifre ou pedra cortada (Janson; Janson, 1996). A estatueta conhecida como *Vênus de Willendorf* (Figura 4.2), datada com mais de 27 mil anos, é um exemplo dessas descobertas.

4.1.2 Neolítico

No Neolítico, iniciou-se uma nova forma de arte com foco em compostos de grandes círculos de pedras; o mais conhecido desses monumentos megalíticos é o Círculo de Stonehenge, no sul da Inglaterra.

De acordo com Janson e Janson (1996), a estrutura inteira do Stonehenge está voltada para o ponto exato em que o Sol se levanta no dia mais longo do ano. Acredita-se que esse monumento era utilizado para rituais religiosos de adoração ao Sol.

O surgimento de estatuetas de metal é outro fator de inovação na arte pré-histórica pertencente ao período do Neolítico, em que figuras masculinas, como guerreiros, se tornam também temáticas dessas obras.

Figura 4.3 – Stonehenge

Figura 4.4 – Pirâmides de Miquerinos (2470 a.C.), Quéfren (2500 a.C.) e Quéops (2530 a.C.), em Gizé, Egito

4.1.3 Egito Antigo

A civilização egípcia, uma das principais civilizações da Antiguidade, tinha forte crença nos deuses e acreditava que a vida após a morte era mais importante que a atual. A arquitetura egípcia se tornou um dos destaques desse período, e as grandes pirâmides construídas para guardar o corpo e os pertences do Faraó após a sua morte são grandes marcos dessa civilização.

O desenvolvimento da pirâmide atinge seu ponto culminante, de acordo com Janson e Janson (1996), durante a Quarta Dinastia, na famosa tríade de grandes pirâmides em Gizé. Agrupadas ao redor das três grandes pirâmides há várias menores e um grande número de mastabas para membros da família real e altos oficiais.

A maior delas, com 160 metros de altura (49 andares), chamada *Grande Pirâmide*, foi construída há cerca de 4,5 mil anos, na cidade de Gizé, no Egito.

Na pintura, as principais características da arte egípcia foram a ausência das três dimensões e das noções de claro e escuro. A lei da frontalidade, outra característica da pintura desse período, determinava que o tronco da pessoa fosse representado sempre de frente, enquanto sua cabeça, suas pernas e seus pés eram vistos de perfil.

Na pintura, as figuras humanas eram representadas em grau de importância na seguinte ordem: faraó, esposa do faraó, sacerdote, soldados e povo. A cor também obedecia a regras: as figuras femininas eram pintadas em ocre e as masculinas eram pintadas de vermelho.

Figura 4.5 – Pintura egípcia

PaPicasso/Shutterstock

4.1.4 Grécia Antiga

A fase de formação da civilização grega, segundo Janson e Janson (1996), abrange cerca de quatrocentos anos, que seriam de 1100 a.C. a 700 a. C.

A arte grega contempla a natureza e procura a perfeição; suas características principais são o ritmo, o equilíbrio, o racionalismo e a harmonia ideal.

Na pintura destacam-se as representações dos vasos. Em meados de VI a.C., os pintores eram muitos estimados e até assinavam suas obras. Um dos maiores pintores desse período foi Exéquias, que, por meio da técnica da figura e fundo, trabalhava com as cores preta e vermelha. A temática predominante eram cenas do cotidiano e da mitologia grega.

Além de serem utilizados em rituais religiosos, os vasos possuíam funções específicas de acordo com a sua forma. Além da **ânfora** (Figura 2.6), havia a **hidra** composta por três asas, uma vertical para segurar enquanto corria a água para levantar; e a **cratera** com a boca muito larga e o corpo em forma de um sino invertido que misturava água com o vinho.

Figura 4.6 – Ânfora de Exéquias

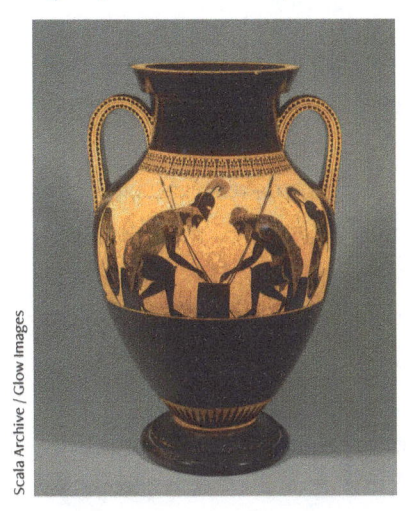

EXÉQUIAS. Ânfora. 530 a.C. Vaso de cerâmica com inscrições. Museu Gregoriano, Vaticano.

4.1.5 Roma Antiga

A arte romana sofreu grandes influências da arte etrusca e da greco-helenística, a qual possuía um ideal de beleza.

As imagens desse período se destacaram com seus afrescos e mosaicos. Infelizmente, muitas obras foram soterradas pela erupção do vulcão Vesúvio na data de 79 a.C., em Pompeia, local onde estava presente a maioria das pinturas dessa época.

Os afrescos eram realizados no interior dos templos, nas paredes dos hipogeus e nos muros dos edifícios. A temática principal era de fatos capazes de glorificar a cidade, os deuses e os dirigentes: combates, desfiles triunfais, cerimônias públicas.

Uma de suas principais características é a ilusão de amplidão que os afrescos oferecem quando se pintam janelas fictícias sobre paisagens cheias de animação, suscitando a ilusão de janelas abertas por onde eram vistas paisagens, formando um grande mural.

Figura 4.7 – Afresco na Villa dos Mistérios, em Pompeia

INICIAÇÃO para o misterioso culto de Dionísio. 100 a.C. Afresco. Itália.

Os mosaicos, realizados nas arquiteturas de muros e pisos, se sobrepuseram à pintura na Roma Antiga. Em suas temáticas havia cenas de caça, batalhas e figuras geométricas.

Figura 4.8 – Alexandre, o Grande, em detalhe do mosaico *Batalha de Issus*

De acordo com Gombrich (2008), os romanos eram um povo prosaico que não se importava com deuses fantasiosos.

4.1.6 Arte Paleocristã

Enquanto a arte romana se ateve a uma estética mais exagerada, a arte paleocristã seguiu uma vertente mais simples.

Nesse período, a representação pictórica, segundo Gombrich (2008), deixou de existir como uma coisa bela por si mesma. O principal intuito da arte, nesse período, era lembrar aos fiéis um dos exemplos do poder e da misericórdia de Deus.

Os artistas desse período eram seguidores dos ensinamentos de Jesus Cristo que, perseguidos pelos romanos, realizavam a maioria de suas obras nas catacumbas e cemitérios subterrâneos de Roma.

Segundo Gombrich (2008), os pintores das catacumbas não queriam representar uma cena dramática apenas para agradar a si mesmos. Tudo o que fosse supérfluo era descartado das imagens.

A característica que se destaca é de sobrepor a ideia de clareza e simplicidade sobre os ideais de fiel imitação. A maioria dos artistas pertencentes à arte paleocristã não tinha domínio da técnica pictórica, pois a maior preocupação da época era a de difundir os preceitos de Cristo.

Figura 4.9 – *Os três homens da fornalha ardente*, afresco encontrado na Catacumba Priscilla, Roma

4.2 Arte medieval

Arte medieval é a designação dos trabalhos artísticos desenvolvidos no período da Idade Média, que compreende os séculos V ao XV. Esse período é dividido pelos historiadores em duas partes: Alta Idade Média e Baixa Idade Média.

4.2.1 Arte bizantina

Roma começou a ter sua força enfraquecida em meados do século IV, com a invasão dos povos bárbaros. Devido a isso, no ano de 330, Constantino decidiu transferir a capital do Império para Bizâncio, cidade grega, depois batizada por Constantinopla.

Graças a localização, a arte bizantina sofreu influências de Roma, Grécia e do Oriente.

De acordo com Martins e Imbroisi (2011), a arte bizantina está dirigida pela religião; ao clero cabia, além das suas funções, organizar também as artes, tornando os artistas meros executores. "O regime era teocrático e o imperador possuía poderes administrativos e espirituais; era o representante de Deus, tanto que se convencionou representá-lo com uma auréola sobre a cabeça, e, não raro encontrar um mosaico onde esteja juntamente com a esposa, ladeando a Virgem Maria e o Menino Jesus" (Martins; Imbroisi, 2011).

Ainda de acordo com Martins e Imbroisi (2011), o mosaico foi a expressão máxima da arte bizantina; essa arte pictórica não tinha apenas fins decorativos, mas também a função didática de instruir os fiéis, mostrando-lhes cenas da vida de Cristo, dos profetas e dos vários imperadores.

Esteticamente, o mosaico bizantino difere do romano, as pessoas são representadas de frente e verticalizadas para criar certa espiritualidade. Outra característica refere-se à falta de perspectiva e volume. A cor dourada é uma das mais utilizadas em composições bizantinas.

Figura 4.10 – Mosaico do Imperador Justiniano

Akg-Images/Latinstock

4.2.2 Arte românica

Na Idade Média, a pintura exerceu um papel importante dentro da Igreja, pois, como a maioria da população era analfabeta, as imagens eram a forma mais direta de instruir os fiéis sobre os preceitos cristãos.

As características principais da pintura românica foram, de acordo com Martins e Imbroisi (2011), a deformação e o colorismo. Essa deformação tinha um intuito religioso, onde a figura de Cristo era sempre maior do que as outras que o cercam.

O colorismo dos afrescos era executado com cores chapadas, sem preocupação com meios tons ou jogos de luz e sombra, e as imagens eram destituídas de movimentos naturais.

A técnica da decoração com mosaicos continua a ser praticada e alcança o seu auge nesse período.

4.2.3 Arte gótica

O período gótico iniciou no século XII e trouxe uma inovação na área pictórica: as iluminuras[1]. Os copistas dedicavam-se à transcrição dos textos sobre as páginas. Ao realizar essa tarefa, deixavam espaços para que os artistas fizessem as ilustrações, os cabeçalhos, os títulos ou as letras maiúsculas com que se iniciava um texto. "Lembremos

---

[1] "Iluminura é a ilustração sobre o pergaminho de livros manuscritos (a gravura não fora ainda inventada, ou então é um privilégio da quase mítica China). O desenvolvimento de tal gênero está ligado à difusão dos livros ilustrados patrimônio quase exclusivo dos mosteiros: no clima de fervor cultural que caracteriza a arte gótica, os manuscritos também eram encomendados por particulares, aristocratas e burgueses. É precisamente por esta razão que os grandes livros litúrgicos (a Bíblia e os Evangelhos) eram ilustrados pelos iluministas góticos em formatos manejáveis." (Martins; Imbroisi, 2017).

Figura 4.11 – Detalhe de uma iluminura do século XIII

também com temáticas religiosas, que se fez muito presente nas catedrais góticas. A arquitetura gótica, que se apresentava verticalizada, com torres pontiagudas, também era reflexo do pensamento da época. Esse período era conhecido pela preocupação religiosa em elevar o espírito.

As pinturas também acompanhavam essa verticalidade, em que muitas vezes os personagens eram retratados com o olhar voltado para o alto.

No fim do período gótico, houve uma preocupação maior em alcançar uma imagem mais realista. Giotto di Bondone e Jan van Eyck, oriundos desse período, são os precursores da pintura renascentista. Para Giotto, a pintura era mais do que um substitutivo da palavra escrita. De acordo com Gombrich (2008), as figuras representadas por Giotto – como em *A lamentação de Cristo* (Figura 4.12) – parecem testemunhar um evento como se estivesse sendo representado em um palco e, com corpos inclinados ou braços abertos, suscitavam a noção de movimento.

o ensinamento do Papa Gregório Magno de que a pintura pode fazer pelo analfabeto o que a escrita faz pelos que sabem ler [...], em busca dessa clareza destaca-se não só nas iluminuras mas também nas obras de escultura [...]" (Gombrich, 2008, p. 167).

Outra forma pictórica bastante presente no período gótico são os vitrais,

Giotto se tornou muito famoso em sua época. Foi um dos primeiros artistas, depois de um longo período em que os pintores não assinavam seus trabalhos, a ter sua memória preservada devido a sua obra. De acordo com Gombrich (2008), Giotto redescobre a arte de criar a ilusão de profundidade numa superfície plana.

Figura 4.12 – *A lamentação de Cristo*, **de Giotto di Bondone**

BONDONE, Giotto di. **A lamentação de Cristo**. 1305. Afresco. Cappella Dell'Arena, Pádua, Itália.

4.3 Renascimento

O Renascimento ocorreu entre 1300 e 1650. Nesse período, a arte redescobriu a cultura greco-romana. O ideal do humanismo se fez muito presente e norteou não apenas a arte, mas também o pensamento desse período. De forma abrangente, seria a valorização do homem – o humanismo – e da natureza, em oposição ao divino e ao sobrenatural, conceitos que haviam edificado a cultura da Idade Média.

A pintura teve um grande desenvolvimento no Renascimento. As principais evoluções dessa linguagem são indicadas a seguir:

- **Técnica de pintura a óleo**: Invento de Jan van Eyck que proporciona o desenvolvimento da perspectiva, já que permite a criação de maiores detalhes por meio do manuseio de pincéis mais finos.
  A pintura a óleo também oferece a oportunidade de se trabalhar mais a textura e o uso de sombras.
- **Técnica da perspectiva**: Oportuniza a terceira dimensão e a ilusão de profundidade.
- **Técnica do sfumato**: Utilização de efeitos especiais por meio da gradação da cor, do claro para o escuro. *Sfumato* é um termo criado por Leonardo da Vinci para se referir à técnica de pintura em que sucessivas camadas de cor são misturadas em diferentes gradientes de forma a passar ao olho humano a sensação de profundidade, forma e volume. Em particular, refere-se à mistura de matizes ou tons de um matiz de forma tão sutil que não ocorre uma transição abrupta entre eles.

Outros fatores que contribuíram com a evolução da pintura renascentista foram o uso do papel e a invenção das telas e cavaletes.

As pinturas renascentistas abordavam temas referentes à religiosidade e ao paganismo.

Principais pintores e obras renascentistas:
- Sandro Botticelli (1445-1510) – *O nascimento da Vênus* e *Primavera*.
- Leonardo da Vinci (1452-1519) – *A Última Ceia* e *Monalisa*.
- Michelangelo Buonarroti (1475-1564) – afrescos da Capela Sistina (Figura 4.13).
- Rafael Sanzio (1483-1520) – *Escola de Atenas* e *A ninfa Galateia*.

Figura 4.13 – Capela Sistina, afrescos de Michelangelo Buonarroti

4.4 Realismo

Entre 1850 e 1900, nas artes europeias, sobretudo na pintura francesa, surgiu uma nova tendência estética chamada Realismo. De acordo com Martins e Imbroisi (2011), esse período se contextualiza com uma crescente industrialização das sociedades.

O homem europeu, que tinha aprendido, principalmente no período do Renascimento, a utilizar o conhecimento científico e a técnica para interpretar e dominar a natureza, priorizava agora, no lugar de visões subjetivas e emotivas, o realismo.

Nas academias ainda se dava preferência às pinturas representadas com personagens dignos. De acordo com Gombrich (2008), o academicismo acreditava que trabalhadores e camponeses não forneciam temas adequados nas tradições dos grandes mestres. O pintor Jean-François Millet (1814-1875), com sua obra *As respigadoras* (1857), inovou a arte de forma sutil ao optar por retratar camponesas trabalhando em suas colheitas.

Figura 4.14 – *As respigadoras*, de Jean-François Millet

MILLET, Jean-François. **As respigadoras**. 1857. Óleo sobre tela; 83,5 × 110 cm. Musée d'Orsay, Paris, França.

Os principais pintores realistas foram: Gustave Coubert (1819-1877) e Jean-François Millet.

4.5 Impressionismo

O impressionismo foi um movimento artístico que revolucionou profundamente a pintura e deu início às grandes tendências da arte do século XX. A pintura desse período se preocupa em retratar as tonalidades que os objetos adquirem ao refletir a luz solar num determinado momento, as figuras não devem ter contornos nítidos, pois a linha é uma abstração do ser humano para representar imagens.

De acordo com Martins e Imbroisi (2011), nas pinturas impressionistas as sombras devem ser luminosas e coloridas, tal como é a impressão visual que nos causam, e não escuras ou pretas, como os pintores costumavam representá-las no passado. As cores e tonalidades devem ser puras e dissociadas nos quadros em pequenas pinceladas.

Principais artistas e obras desse período:
- Claude Monet (1840-1926) – *Mulheres no jardim* e *Catedral de Rouen em Pleno Sol*.
- Auguste Renoir (1841-1919) – *Baile do Moulin de la Galette* e *La Grenouillière*.
- Edgar Degas (1834-1917) – *Ensaios* e *A primeira bailarina*.

Figura 4.15 – *Baile do Moulin de la Galette*, de Auguste Renoir

RENOIR, Auguste. **Baile do Moulin de la Galette**. 1876. Óleo sobre tela; 131 × 175 cm. Musée d'Orsay, Paris, França.

4.6 Vanguardas europeias

A vanguarda europeia é o conjunto de tendências artísticas que provocou uma ruptura com a tradição cultural do século XIX. As correntes de vanguarda surgiram no meio à Primeira Guerra Mundial, introduzindo uma estética marcada pela experimentação e pela subjetividade.

As principais correntes vanguardistas foram:
- **Expressionismo**: Movimento artístico surgido na Alemanha no início do século XX, que expressa

os sentimentos do autor. Não existe uma preocupação em retratar a realidade; as obras são compostas por cores fortes e puras e formas retorcidas. A perspectiva e a luz são alteradas propositalmente, causando um estranhamento. Uma das obras de destaque é *O grito*, de Edvard Munch.

- **Cubismo**: O cubismo trata as formas da natureza por meio de figuras geométricas, representando as partes de um objeto no mesmo plano através da fragmentação da realidade. É como se eles estivessem abertos e apresentassem todos os seus lados no plano frontal.

Figura 4.16 – *O grito*, de Edvard Munch

MUNCH, Edvard. **O grito**. 1893. Óleo sobre tela, têmpera e pastel sobre cartão: 91 × 74 cm. Galeria Nacional de Oslo, Noruega.

Figura 4.17 – *Les Demoiselles d'Avignon*, de Pablo Picasso

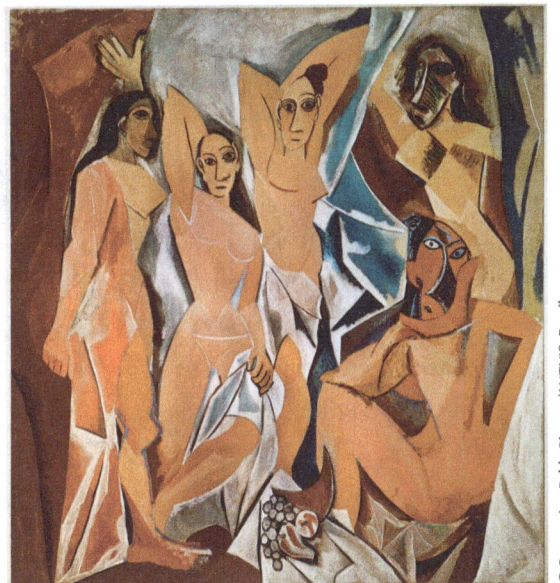

PICASSO, Pablo. **Les Demoiselles d'Avignon**. 1907. Tinta a óleo: 243,9 × 233,7 cm. Bequest Lillie P. Bliss. Museum of Modern Art, Nova York, Estados Unidos.

Originou-se na obra de Cézanne, pois para ele a pintura deveria tratar as formas da natureza como se fossem cones, esferas e cilindros. A partir de suas obras, Pablo Picasso (1881-1973) deu continuidade aos estudos cubistas, que ao lado de Georges Braque se tornou um grande representante desse movimento artístico.

- **Futurismo**: Difundido principalmente por meio de manifestos, o futurismo foi o movimento mais radical e subversivo entre as tendências vanguardistas
- **Dadaísmo**: Criado na Suíça durante a Primeira Guerra Mundial, o dadaísmo surgiu como resposta ao clima de instabilidade provocado pelo conflito bélico. Sua principal característica era uma linguagem permeada pelo deboche e pelos ilogismos dos textos, além da aversão a qualquer conceito racionalizado sobre a arte.
- **Surrealismo**: Surgido na França em 1924, o surrealismo defendeu a criação por meio das experiências nascidas no imaginário e da atmosfera onírica.

Figura 4.18 – *Aparição de rosto e fruteira numa praia*, de Salvador Dalí

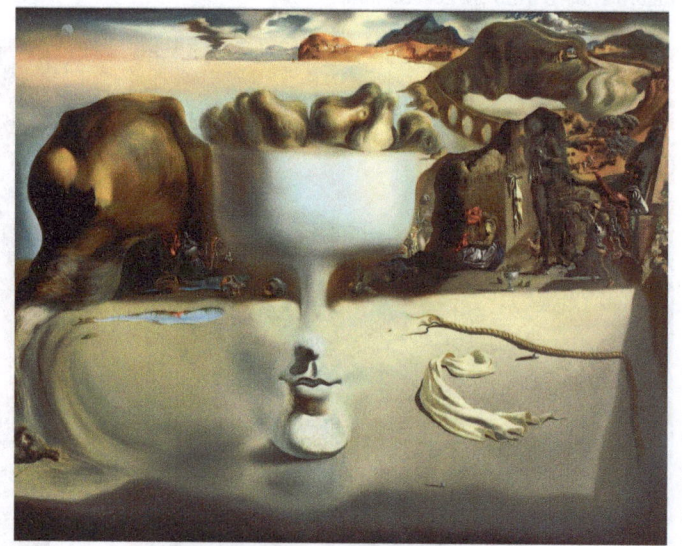

DALÍ, Salvador. **Aparição de rosto e fruteira numa praia**. 1938. Óleo sobre tela: 114,2 × 143,7 cm. Wadsworth Atheneum Museum of Art, Connecticut, Estados Unidos.

> Nos sonhos, com frequência experimentamos a estranha sensação de que pessoas e objetos se fundem e trocam de lugar. Nosso gato pode ser ao mesmo tempo nossa tia, e o nosso jardim ser a África. Um dos principais pintores surrealistas, o espanhol Salvador Dali (1904-1989), que passou muitos anos nos Estados Unidos, tentou imitar essa confusão fantásticas da nossa vida onírica. (Gombrich, 2008, p. 592)

René Magritte (1898-1967) é outro grande representante da pintura surrealista. O artista procura representar, de acordo com Gombrich (2008), uma completa ruptura com os hábitos mentais de artistas que são prisioneiros do talento, do virtuosismo e de todas as pequenas especialidades estéticas.

4.7 A transição do modernismo para o pós-modernismo

Pós-modernismo é o nome aplicado às mudanças ocorridas nas ciências e nas artes desde 1950, quando se encerra o modernismo (1900-1950). Esse movimento nasce com a arquitetura e a computação nos anos 1950 e dilata-se com a arte *pop* nos anos 1960. Acende ao ser estudado pela filosofia, durante os anos 1970, como crítica da cultura ocidental, e se instaura na atualidade, atuando em diversos segmentos, como cinema, música e moda.

Hassan, citado por Connor (1996, p. 94), aponta algumas diferenças entre o modernismo e o pós-modernismo (Quadro 4.1).

Quadro 4.1 – Modernismo × pós-modernismo

Modernismo	Pós-modernismo
fForma	Antiforma
Obra acabada /objeto de arte	Processo/*performance*/*happening*
Criação	Desconstrução

(continua)

(Quadro 4.1 – conclusão)

Modernismo	Pós-modernismo
Gênero/fronteira	Texto/intertexto
Metafísica	Ironia
Distância	Participação

Fonte: Adaptado de Hassan, citado por Connor, 1996, p. 94.

O movimento pós-moderno se insere em diferentes áreas e altera as linguagens artísticas, tanto em sua composição quanto nas inter-relações estabelecidas.

O teatro pós-moderno, de acordo com Pavis (2001), se caracteriza pelo seu estilo de atuação – interpretação do ator/*performer* –, pelo formato de sua produção e pelo modo como essa apresentação se relaciona com o público.

São vários fatores que se alteram – ou emergem – dentro das artes cênicas, a partir do período pós-moderno: o teatro do absurdo, a prática da *performance* e do *happening*, a dança pós-moderna e a dança-teatro, são os principais componentes. Esses segmentos artísticos atuam de forma intertextual, mesclando estilos e atuações heterogêneas. "Tal explosão impossibilita a centralização da encenação em torno de um princípio, tradição, herança, estilo ou intérprete. Contém em si momentos e procedimentos nos quais tudo parece *desconstruir-se* e desfazer-se entre os dedos de quem quer que pense deter os cordéis e as chaves do espetáculo" (Pavis, 2001, p. 299).

No lugar de representar uma história e um personagem, o ator se torna o encenador, o dramaturgo e o produtor: ele se apresenta e se representa enquanto indivíduo e artista, por meio de sua *performance*. É um processo que pode ir além da intertextualidade e suscita uma diluição do limite entre teatro e artes visuais. Circunscreve-se como obra aberta e em constante trabalho de criação; por meio de propostas cênicas que despertam sensações, a cinestesia é preferível à mensagem.

De acordo com Pavis (2001), o teatro pós-moderno acontece em um mesmo espaço-tempo. "Sem hierarquia entre os componentes, sem lógica discursiva assumida por um texto de referência, a obra pós-moderna não tem outra referência que não ela mesma; ela nada mais é senão uma guinada dos signos, que deixam o espectador diante de uma "representação emancipada" (Pavis, 2001, p. 299).

Steven Connor (1996) traz outros questionamentos sobre o teatro pós-moderno, em que inclui a dispersão da identidade da obra de arte e a sua imersão em contextos sociais e políticos. Connor (1996) cita que, formas como o *rock* e a televisão já surgiram inseridos no pós-moderno, por isso não trazem vestígios do modernismo, visto que nasceram na arte contemporânea. "O teatro pós-moderno é, muitas vezes, datado a partir do surgimento da arte performática na década de 60, com seus *happenings*, espetáculos, dança-teatro etc. Uma corrente da teoria teatral radical da época que buscava libertar a *performance* do texto e marcação cênicas preexistente" (Connor, 1996, p. 111).

4.7.1 Introdução ao pós-modernismo

Os anos 1960 e 1970, de acordo com Archer (2008), são formados por artistas que procuram estabelecer os parâmetros políticos da atividade artística, adaptando a marginalidade social da prática da vanguarda modernista a uma forma de expressar a experiência da marginalidade cultural, ou seja, dar voz aos excluídos, mulheres, negros, homossexuais, entre outros. O pós-modernismo não pretende mais somente abordar, como no modernismo, a marginalidade como tema, mas a própria marginalidade que era retratada até então se torna agora autor significante desse processo.

As mulheres começam a ter o seu espaço, artistas negros e latinos são aos poucos inseridos, a hegemonia europeia é rompida. Estados Unidos se torna a nova potência política e, com isso, automaticamente, também a nova hegemonia cultural, no que concerne a arte desenvolvida no período pós-moderno.

Dentro do cenário mundial da Arte, uma das grandes alterações se dá na origem da fonte geradora, em que, no modernismo, a Europa é a principal responsável pela produção e difusão da arte, no pós-modernismo esse panorama se altera, tendo os Estados Unidos como grande fomentador da arte.

Como já vimos no primeiro capítulo, com o advento do pós-modernismo os limites entre pintura e escultura se diluem, a intertextualidade se torna um elemento recorrente dentro das práticas artísticas.

Além do diálogo entre as linguagens, surgem outros componentes que reestruturam o mundo das artes, termos como simulacro e híbrido se fazem presentes nas obras pós-modernas, alterando suas relações entre significado e significante. Nos tópicos a seguir, vamos entender um pouco melhor esses conceitos e sua prática dentro das artes visuais.

4.7.2 O mundo do simulacro

Junto com o contemporâneo e o pós-modernismo, temos a era do simulacro. Esse termo foi desenvolvido pelo filósofo francês Jean Baudrillard (1929-2007) e, segundo o autor, a realidade deixou de existir e passamos a viver a representação da realidade, difundida, na sociedade pós-moderna, pela mídia. Os símbolos têm mais peso e mais força do que a própria realidade. Desse fenômeno surgem os "simulacros", simulações malfeitas do real que, contraditoriamente, são mais atraentes ao espectador do que o próprio objeto reproduzido.

Baudrillard aborda também o conceito de hiper-realidade, suas implicações na perda do referencial por parte da humanidade, por meio de modelos, de uma realidade sem origem nela mesma. Existem vários estágios de simulacro e, de acordo com Baudrillard, o último estágio seria a hiper-realidade, em que são múltiplos os canais, que intensificam por meio de cores e formas a realidade, a qual nos é vendida como real a televisão, internet e outros meios de comunicação, o qual incentiva o consumo por meio da espetacularização.

O filme *O show de Truman*, 1998, de Peter Weir, é inspirado nesse conceito. O personagem Burbanke, desempenhado pelo ator Jim Carrey, vive uma realidade construída pela mídia, todo o seu mundo é um simulacro, um programa de televisão passado para milhões de pessoas sem que ele saiba; o seu mundo é um simulacro, uma simulação do real que lhe parece verdadeiro.

O simulacro abarca grande parte da comunicação, por exemplo, propagandas em forma de documentários. Notícias falsas disseminadas nas redes sociais como se fossem verdadeiras. Noticiários que mostram apenas uma parte da realidade. Programas de televisão que possuem roteiros previamente combinados, mas são exibidos como obras do acaso, vidas do cotidiano das pessoas, com suas realidades expandidas, formatadas, em alguns casos sensualizadas.

O artista tende a representar a sua época, e no caso do simulacro não poderia ser diferente, a arte contemporânea é contaminada por essa vertente, que se faz presente em várias linguagens e segmentos artísticos: pintura, escultura e cinema, até agora, foram os que mais se destacaram.

A pintora norte-americana **Alyssa Monks** é uma das artistas, na atualidade, em evidência dentro da arte hiper-realista no que concerne à pintura; a maioria dos seus trabalhos consistem em óleo sobre tela de linho, mas suas obras parecem mais fotografia do que pintura. Uma clara referência ao simulacro, a artista embaralha os conceitos de significante, significado e signo.

Dentro da escultura hiper-realista temos, como exemplo, o artista australiano **Sam Jinks**, que utiliza como principais materiais o silicone, a fibra de vidro, a resina, o carbonato de cálcio e ainda cabelos humanos; suas esculturas possuem grande similaridade com o objeto representado. Outro escultor de grande destaque é o também australiano **Ron Mueck** e, igual ao seu conterrâneo, Mueck utiliza efeitos especiais cinematográficos na realização de suas esculturas.

O cinema contemporâneo também trabalha com o mundo do simulacro. O *mockumentary*, que no original em inglês significa a união da palavra *mock* (falso) + *documentary* (documentário), é um tipo de filme produzido no formato de documentário, mas realizado com atores a partir de histórias de ficção. Em alguns casos, é vendido para o público como se suas histórias fossem realmente verdadeiras.

Figura 4.19 – *Smirk*, de Alyssa Monks

MONKS, Alyssa. **Smirk**. 2010. Óleo sobre linho: 121,9 × 162,5 cm. Coleção de Howard Tullman, Chicago.

Figura 4.20 – *Couple under the umbrella*, de Ron Mueck

MUECK, Ron. **Couple under the umbrella**. 2013. Instalação com técnica mista: 300 × 400 × 350 cm. Fondation Cartier pour l'art contemporain, Paris, França.

O caso mais conhecido de falso documentário é o filme norte-americano *Bruxa de Blair* (1999) de Eduardo Sánchez e Daniel Myrick, que além da produção se apresentar dentro dos moldes da linguagem de documentário, a forma como ele foi divulgado também se deu a partir do simulacro, em que os produtores fizeram uma campanha viral na internet que divulgava a filmagem como verdadeira.

4.7.3 Instalação e intervenção

O termo *instalação* surgiu em 1960. Esse movimento artístico possui variações em sua estrutura, em que o espectador, em alguns casos, precisa percorrer por entre a obra, tocá-la, ou simplesmente contemplá-la frente à sua tridimensionalidade composta de uma grande ampliação de tamanho ou quantidade.

Archer (2008) descreve trabalhos de dois artistas contemporâneos e as características principais que compõem as suas obras.

> As Instalações dos artistas americanos Dan Grahan e Bruce Nauman [...] rodeiam o espectador da mesma forma que a arquitetura as rodeia, porém de maneiras que desfiguram e, ao mesmo tempo, enfatizam a funcionalidade da arquitetura "real". Grahan estava interessado nas ligações entre o espaço arquitetônico, construído, e o seu tratamento como fenômeno pelo Minimalismo. (Archer, 2008, p. 104)

Figura 4.21 – *Grande Núcleo*, de Hélio Oiticica

OITICICA, Hélio. **Grande Núcleo**: NC3, NC4, NC6. 1960-1963.

Foto César Oiticica Filho ©César e Claudio Oiticica

No Brasil, um dos artistas precursores da Instalação é Hélio Oiticica (1937-1980). Seus trabalhos de destaque são *Grande Núcleo* (1960), *Parangolés* (1964) e *Penetrável* (1978-1980).

O casal de artistas Christo (1935-) e Jeanne-Claude (1935-2009) realizavam uma combinação de instalação inserida na arte ambiental com dimensões semelhantes às da *land art*. O casal reconfigurou a maneira de ocupar espaços públicos com instalações de gigantescas dimensões, seja em tamanho, seja em quantidade.

As obras de Christo e Jeanne-Claude são efêmeras, pois como são realizadas em lugares públicos, precisam ser desmontadas em pouco tempo. O que fica são apenas os registros fotográficos ou vídeos gravados. Os trabalhos possuem grande dimensão, tanto no que se refere à ocupação de espaço quanto ao tempo que cada projeto leva para ser concluído – o projeto mais longo despendeu 32 anos dos artistas para sua conclusão.

Nas Figuras 4.22 e 4.23 é possível perceber a grandiosidade das obras de Christo e Jeanne-Claude. *Surround Islands* se refere a ilhas, localizadas em Miami, que tiveram o entorno embalados pelos artistas, em 1983. Essa é uma das obras que mais causou repercussão no trabalho dos artistas, ela ficou instalada por cerca de duas semanas.

Valley Curtain, de 1972, talvez tenha sido o trabalho mais efêmero de Christo e Jeanne-Claude. A "cortina" que perpassa um vale de montanhas rochosas em Colorado media cerca de 400 metros de comprimento; o projeto exigiu 14 mil metros quadrados de pano para ser pendurado em quatro cabos de aço, presos com barras de ferro fixadas em concreto em cada encosta e 200 toneladas de concreto. Em 1971, a cortina de cor laranja ficou pronta para a instalação, mas foi despedaçada pelo vento. Então uma segunda cortina foi fabricada. Em 10 de agosto de 1972, a segunda tentativa de pendurar o tecido foi bem sucedida, mas apenas 28 horas depois a cortina foi destruída por um vendaval. As etapas da execução do projeto foram mostradas no documentário, *Christo's Valley Curtain,* de David e Albert Maysles, o qual foi indicado ao Oscar de melhor documentário – categoria curta-metragem em 1974.

Figura 4.22 – *Surrounded Islands,* de Christo e Jeanne-Claude

CHRISTO; JEANNE-CLAUDE. **Surrounded Islands**. Biscayne Bay, Greater Miami, Florida, 1980-1983.

Figura 4.23 – *Valley Curtain,* de Christo e Jeanne-Claude

CHRISTO; JEANNE-CLAUDE. **Valley Curtain**. Rifle, Colorado, 1970-1972.

4.7.3.1 Arte e tecnologia

Dentro da instalação temos mais uma variação denominada *arte e tecnologia*. Um exemplo seriam os trabalhos de James Turrell, produzidos somente pela luz, a iluminação compõe toda a sua obra, não existe um objeto, ela não pode ser tocada, como uma instalação comum, por isso se contrapõe a arte conceitual, segundo Anna Barros (2006), criando o termo *arte da percepção*, atividade que iniciou com vários artistas na Califórnia, Estados Unidos. Com destaque para Robert Irwin e Turrell, um dos objetivos é dilatar a percepção do espectador, por meio da desmaterialização.

A arte da percepção aborda o sensorial, a cinestesia, a sensação suscitada no espectador é resultado de uma grande ilusão; a imagem está presente, mas, ao tocá-la, ela se desmaterializa. Na obra *Bridget's Bardo* (2009), de Turrell, fica mais clara essa ideia. Todos os elementos que estão instalados e dispostos na sala não existem no sentido concreto, são apenas projetados pela iluminação. Turrell classificou essa obra de *Ganzfeld*, fazendo alusão ao experimento alemão que é uma técnica para alcançar estados alterados de consciência.

4.8 *Land art*: o meio ambiente como suporte da arte

A *land art* ou *arte da terra* foi um movimento artístico nascido nos anos 1960 que tem como principal característica usar a natureza como suporte. De acordo com Janson e Janson (1996, p. 409), o material básico da Escultura Ambiental é a própria terra, já que ela nos libera totalmente das limitações da escala humana. Algumas obras pertencentes a esse movimento se estendem por muitos quilômetros e a maioria desses trabalhos se encontra em regiões remotas do oeste americano.

O conceito se originou a partir de uma exposição organizada na Dwan Gallery, Nova York, em 1968, e na exposição *Earth Art*, promovida pela Universidade de Cornell, em 1969.

Uma das obras de *land art* mais conhecidas é *Spiral Jetty* (1970), do artista Robert Smithson, construída no Grande Lago Salgado, em Utah, nos Estados Unidos da América. Para a composição de seus trabalhos, Smithson fez uso de caminhões e escavadoras, para o deslocamento de enormes quantidades de rocha e terra. O artista acreditava que havia uma relação íntima entre a formação e a vida destas esculturas, que ficariam até o seu fim no local onde foram criadas. *Spiral Jetty* foi submergida duas vezes pela água do lago, recentemente; mais precisamente a partir do ano 2000, a obra ressurgiu.

Figura 4.24 – *Spiral Jetty***, de Robert Smithson**

SMITHSON, Robert. **Spiral Jetty**. 1970. Dia Art Fundation, Nova York.

James Turrell e Michael Heizer foram outros dois artistas que, de acordo com Archer (2008, p. 78), trabalharam com grandes deslocamentos de terra. Heizer realizou um trabalho no deserto californiano intitulado *Negativo duplo* (1969) e Turrell iniciou, em 1972, na cratera de um vulcão desativado no Arizona, um trabalho que em 2014 ele ainda não considerava finalizado, dada a dimensão do seu projeto, o qual será, segundo Garcia (2013), um observatório cósmico-meditativo.

Quando a *land art* surgiu, outros trabalhos similares foram desenvolvidos em ambientes externos, mas não seguiam exatamente a mesma estrutura, ou seja, ser composta somente de materiais pertencentes ao meio ambiente, como terra, areia e pedras, itens utilizados nos espirais de Smithson e na obra de Heizer – o material aplicado em suas obras eram retirados da própria natureza, ou seja, elementos da terra.

Termos como *arte ambiental* e *instalação* surgiram e definiram novos estilos da arte externa, que não estava mais ligada apenas a um diferencial da escultura, mas também da arquitetura.

Como exemplo de arte ambiental, temos outro trabalho de Turrell: a obra *Sky Garden Crater*, novamente em um vulcão, realizada em 1996, na Irlanda, composta de quatro elementos interligados, uma cratera elíptica, uma colina suavemente arredondada, uma pirâmide e um jardim ao redor. Esses elementos estão ligados, de acordo com Turrell (2006), visualmente em pontos ou por vias exteriores ou subterrâneas, uma arte feita na natureza, mas executada com materiais manufaturados. Esse fator diferencia a arte ambiental da *land art*, que se utiliza somente de elementos pertencentes à natureza para a sua composição.

Nos Estados Unidos, existe também um programa de visitas aos trabalhos realizados no meio ambiente, diferentemente da Irlanda que oferece uma linha turística, o projeto *Land Art of the American West* possui um caráter de pesquisa acadêmica, por meio de um programa transdisciplinar que oferece a experiência direta com a gama completa de intervenções humanas na paisagem. Cada estudante pode acampar por dois meses enquanto viajam 11 mil quilômetros.

São vários sítios visitados, como o *Negativo duplo*, após as visitas os estudantes documentam a experiência, com base em seus conhecimentos prévios sobre o tema unidos ao contato direto com as obras.O programa foi fundado em 2000 na Universidade Belas Artes do Novo México, por Bill Gilbert, com a ajuda de John Wenger.

Figura 4.25 – *Negativo duplo* (1969), de Michael Heizer

HEIZER, Michael. **Negativo duplo**. 1969. Duas remoções total de 240.000 toneladas de terra, riolita e arenito, Cada: 1476 × 30 × 50 pés, Mormon Mesa, Overton, NV.

4.9 O cenário brasileiro contemporâneo dentro das artes híbridas

O termo *híbrido* pertence inicialmente à agricultura, no sentido comum significa:

> Animal ou vegetal híbrido são aqueles procriados por duas espécies distintas, mas pertencentes ao mesmo gênero. É o resultado do cruzamento entre duas espécies diferentes, ou entre duas linhagens puras de uma mesma espécie. Um exemplo de animal híbrido é o cruzamento de uma égua com um jumento, que resulta em um burro ou mula, tendo a esterilidade como sua principal característica. (Híbrido, 2017)

Esse termo se expandiu e foi levado para outras áreas, como a arte contemporânea. A arte híbrida se difere da intertextualidade no sentido de que intertextual é o diálogo entre duas linguagens artísticas (teatro e dança, por exemplo), já o híbrido pode ser a inter-relação entre fotografia e tecnologia, pintura e objetos, combinações que resultam em uma obra de arte.

No Brasil, no fim de 1960, temos um grupo de artistas brasileiros que se destacou na arte contemporânea, o qual, em sua maioria, os integrantes utilizaram a arte híbrida, ou aplicaram elementos do pós-modernismo, como o *happening*, instalação ou *performance*.

Lygia Clark (1920-1988), Lygia Pape (1927-2004), Hélio Oiticica (1937-1980), Cildo Meireles (1948), Ivan Serpa (1923-1973) e Abraham Palatnik (1928) são alguns dos principais integrantes que compõem o grupo de artistas que contribuiu com a inserção do Brasil no cenário da arte contemporânea.

Lygia Clark, em 1950, começou a se evidenciar na arte; ao fim dessa década, a artista participou do *Manifesto Neoconcreto*, no qual procurava desvincular a arte do objeto, ao mesmo tempo em que inseriu o público como criador.

Figura 4.26 – Bichos, de Lygia Clark, 1950/1960

CLARK, Lygia. **Bicho**: Relógio de Sol. 1960. Anodização dourada: 52,8 × 58,4 × 45,8 cm

Uma das obras de maior destaque da artista são a série *Bichos*, esculturas interativas feitas de metal e dobradiças. Nessa obra, Lygia Clark oferece a possibilidade do público interagir com a obra, criando a forma que desejar.

Abraham Palatnik, pioneiro da arte cinética no Brasil (Enciclopédia Itaú Cultural, 2017a), foi autor de esculturas de arame, formas coloridas e fios que se movem acionadas por motores e eletroímãs. As peças se assemelham aos móbiles do escultor norte-americano Alexander Calder. No entanto, diferenciam-se deles por se mover com regularidade mecânica dentro da dinâmica planejada.

O carioca Cildo Meireles é considerado um artista multimídia e o caráter político de suas obras revela-se em trabalhos como *Tiradentes – Totem-monumento ao Preso Político* (1970), *Inserções em Circuitos Ideológicos: Projeto Coca-Cola* (1970) e *Quem Matou Herzog?* (1970).

É o segundo artista brasileiro a ter uma exposição retrospectiva de sua obra na Tate Modern, em Londres, em 2008. No ano anterior, a instituição realizou uma mostra dedicada a Hélio Oiticica. A Tate Modern é um dos maiores museus de arte moderna e contemporânea no mundo. Inaugurado no ano de 2000 em uma usina elétrica desativada, à beira do Tâmisa, o museu faz parte do grupo Tate, o qual possui um conjunto de quatro galerias de arte. Nesse espaço, composto de sete andares, o artista brasileiro Cildo Meireles, ao ter seu trabalho exposto, entrou para o cenário mundial da arte contemporânea.

> Ele é reconhecido como um dos principais nomes que contribuíram para o desenvolvimento internacional da arte conceitual. Ele fez alguns dos trabalhos filosoficamente mais brilhantes, politicamente mais reveladores e esteticamente mais sedutores da produção artística recente, resume Vicente Todoli, curador da exposição em Londres [...]. (Meireles, 2008, p. 80)

Na obra *Inserções em circuitos ideológicos: Projeto Coca-Cola*, Cildo Meireles pintava frases com críticas ao sistema em garrafas de refrigerante e depois as devolvia para o mercado.

A série *Espaços virtuais: Cantos* (1967-1968) foi planejada por Cildo Meireles e é composta por 44 projetos nos quais o artista faz uma crítica em relação à geometria euclidiana como base para a arte ocidental. O trabalho traz uma abordagem multissensorial, sendo um dos objetivos da obra é a interatividade: os espectadores usam seus próprios corpos para investigar a percepção desse espaço.

Figura 4.27 – *Espaços virtuais: canto IV-A*, de Cildo Meireles

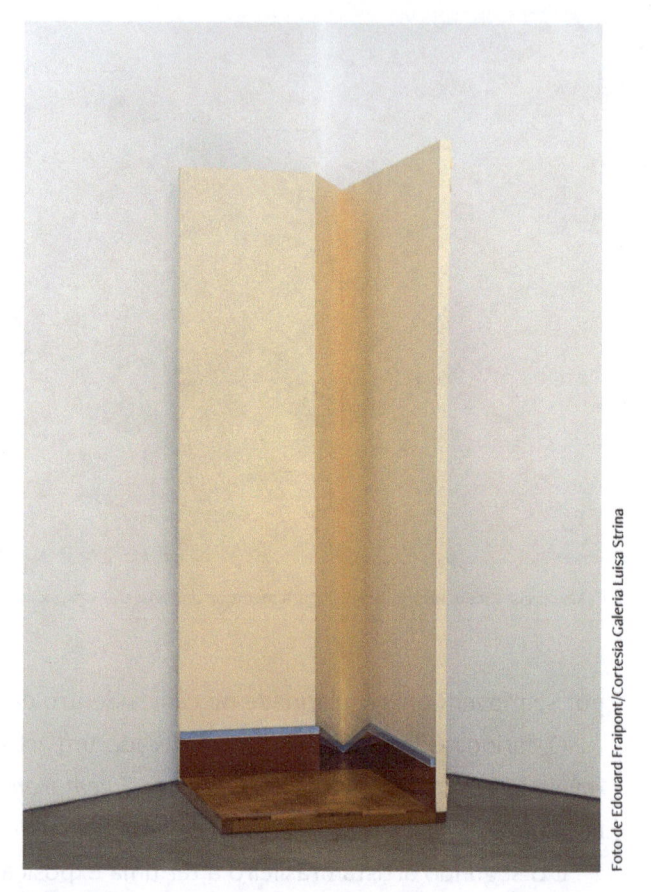

MEIRELES, Cildo. **Espaços virtuais**: canto IV-A. 1967/1968-2008. Madeira, tela, pintura, chão de parquet: 305 x 100 x 100 cm. Exposição individual. Galeria Luisa Strina, 2014.

Foto de Edouard Fraipont/Cortesia Galeria Luisa Strina

Síntese

- **Pré-História**: arte rupestre, estatuetas e monumentos megalíticos.

- **Egito Antigo**: pintura lei da frontalidade, arquitetura das pirâmides.
  Grécia Antiga: equilíbrio e harmonia, pintura em vasos.
  Roma Antiga: afrescos e mosaicos.
  Arte paleocristã: catacumbas.

- **Renascimento**: pintura a óleo, perspectiva, *sfumato*, claro e escuro.
  Pintores: Botticelli, Leonardo da Vinci, Michelangelo e Rafael.

- **Arte medieval**: artes bizantina, românica e gótica. Afrescos, mosaicos, iluminuras e vitrais.

- **Idade Moderna**: realismo, impressionismo.
  Vanguarda europeia: expressionismo, cubismo, futurismo, dadaísmo, surrealismo.

- **Modernismo e pós-modernismo**: simulacro, instalação, intervenção, arte e tecnologia, *land art*, arte híbrida.

- **Arte híbrida**: Artistas brasileiros: Lygia Clark, Abraham Palatnik, Cildo Meireles.

Indicações culturais

Instalação e intervenção

CHRISTO and Jeanne-Claude Overview of the Work. 28 jul. 2013. Disponível em: <https://www.youtube.com/watch?v=Hk1-ZaGY4U8>. Acesso em: 3 maio 2017.

> Nesse *link*, você poderá assistir à execução e à instalação de obras de Christo e Jeanne-Claude.

Land art, arte ambiental e arte da percepção

JAMES TURRELL. Disponível em: <http://jamesturrell.com/>. Acesso em: 19 abr. 2017.

> James Turrell, um artista que aborda as várias possibilidades de instalação, oferece em seu *site* imagens e descrição de seus trabalhos, alguns inclusive que se encontram em fase de elaboração, ou ainda em exposição em museus.

LAND ARTS... Disponível em: <https://www.youtube.com/watch?v=7ohU3IhCgQU>. Acesso em: 19 abr. 2017.

> Nesse *link*, você encontra um vídeo explicativo do programa da universidade do Texas sobre a pesquisa e visitas ao programa *Land Art* desenvolvido por eles. Preste atenção nas imagens e na dimensão das obras, também aparece o lugar onde os estudantes de artes ficam hospedados durante o período que permanecem em sua pesquisa de campo que dura em média dois meses. A primeira imagem do vídeo é o *Espiral*, de Smithson.

Arte híbrida

CHELPA FERRO Live Performance. 25 jun. 2011. Disponível em: <https://www.youtube.com/watch?v=UtEngEoJUKo&feature=youtu.be>. Acesso em: 19 abr. 2017.

> Nesse vídeo de apenas um minuto, você poderá perceber a arte híbrida dentro da *performance art*, o multicultural e o encontro do velho com o novo são alguns dos elementos presentes.

Atividades de autoavaliação

1. No que se refere ao período pós-moderno, assinale as afirmativas a seguir como verdadeiras (V) ou falsas (F):

    ( ) O período pós-moderno se refere às mudanças ocorridas somente nas artes visuais.

    ( ) No período pós-moderno, uma nova prática artística se torna bastante comum: a intertextualidade.

    ( ) Conceitos como *simulacro* e *híbrido*, surgidos no período pós-moderno, vieram de outras áreas que não a arte, mas foram assimiladas e aplicadas no ambiente artístico.

    ( ) *Híbrido* significa a mistura de dois ou mais elementos e sua prática está restrita à ciência.

    ( ) O *happening e a body art* surgiram no período pós-moderno.

    ( ) O movimento *vanguarda europeia* surgiu no pós-modernismo, lugar que ocupa atualmente a hegemonia política, econômica e cultural.

    Agora, assinale a alternativa que corresponde à sequência correta:

    a) V, V, F, F, F, V.
    b) V, F, F, V, V, F.
    c) V, F, F, F, V, F.
    d) F, V, V, F, V, F.

2. Os estudos da *land art* demonstram que ela utiliza o meio ambiente como suporte. Com base nisso, assinale as afirmativas a seguir como verdadeiras (V) ou falsas (F):
   ( ) A *land art* é inserida no meio ambiente por meio de pinturas que retratam o lugar onde ela é instalada.
   ( ) A instalação possui somente uma forma de ser realizada, chamada de *land art*.
   ( ) A *land art* utiliza como material básico a própria terra.
   ( ) Um dos destaques da *land art* é a sua dimensão, pois algumas obras pertencentes a esse movimento se estendem por muitos quilômetros.
   ( ) A *land art* se constitui de materiais reciclados que estabelecem uma interação com o meio ambiente.
   ( ) A *land art* é uma arte que não pode ser transportada; dada a sua dimensão, ela é executada e exibida em um mesmo local.

   Agora, assinale a alternativa que corresponde à sequência correta:

   a) F, F, V, F, V, F.
   b) V, F, F, V, V, F.
   c) F, F, V, V, F, V.
   d) F, V, V, F, V, F.

3. Neste capítulo, percebemos que, dentro da arte da instalação, temos estilos variados, de acordo com o ambiente ou material selecionado para a confecção da obra. Com base nisso, assinale as afirmativas a seguir como verdadeiras (V) ou falsas (F):
   ( ) Dentro da instalação, temos a *arte e tecnologia*, que trabalha com obras produzidas através da luz, pois a iluminação pode gerar objetos ilusórios.
   ( ) A instalação foi criada no período do Renascimento com características que estruturaram a arte pós-moderna.
   ( ) O termo *arte da percepção* está interligado com a instalação criada a partir da arte e tecnologia, que pode ser realizada com luz, música e outros elementos que trabalhem a dilatação da percepção do espectador.

( ) A arte ambiental se apropria de elementos da natureza, mas diferente da *land art* ela não é realizada somente com elementos naturais. Materiais como plástico, papel, tecido, entre outros, podem compor essa arte.

( ) A instalação artística é um termo recente dentro da arte, já que sua prática se tornou comum somente a partir de 1960.

( ) A arte da percepção aborda o sensorial e a sinestesia e não se atém a um significado.

Agora, assinale a alternativa que corresponde à sequência correta:

a) F, F, V, F, V, F.
b) V, F, V, V, V, V.
c) F, F, V, V, F, V.
d) V, F, V, F, V, F.

4. Sobre o que foi abordado em arte híbrida, assinale a alternativa correta:
   a) É uma arte milenar e remonta desde o período da Pré-História.
   b) Essa arte é realizada somente em ambientes externos e se apropria de espaços públicos.
   c) A arte híbrida se desenvolve com base no simulacro e a aproximação com a realidade é o principal objetivo dessa arte.
   d) A arte híbrida é uma arte contemporânea que trabalha os limites entre as linguagens e pode ser ao mesmo tempo um intertexto e uma releitura, de forma multicultural ou multimídia.

5. A arte híbrida e a intertextualidade foram trabalhadas no Brasil, no fim de 1960, por um grupo de artistas que obteve destaque no cenário da arte contemporânea. Com base nessas informações e no texto abordado neste capítulo, assinale as afirmativas a seguir como verdadeiras (V) ou falsas (F).

   ( ) Lygia Clark participou do *Manifesto Neoconcreto,* a artista procura desvincular a arte do objeto, ao mesmo tempo em que insere o público como criador.

   ( ) Abraham Palatnik trabalha com a arte cinética, que são esculturas de arame, com formas coloridas e fios que se movem acionadas por motores e eletroímãs.

( ) A série *Bichos*, de Lygia Clark, é composta por esculturas interativas feitas de metal e dobradiças. Essa obra oferece a possibilidade de uma interação do público, o qual pode criar diversos formatos ao manusear os objetos expostos.

( ) Abraham Palatnik trouxe elementos da arte cinética presentes nas obras de Alexander Calder, seguindo todos os elementos presentes na obra Calder. Palatnik apenas executa essa arte, sem trazer nenhum complemento no processo criativo.

( ) Alexander Calder foi o primeiro brasileiro a trabalhar a arte cinética no Brasil, como elementos híbridos, desenvolvendo uma arte milenar.

a) F, V, V, V, F.
b) V, F, V, F, V.
c) V, V, V, F, F.
d) F, V, V, F, V.

Atividades de aprendizagem

Questões para reflexão

1. Faça uma pesquisa sobre arte contemporânea, selecionando uma obra que esteja inserida em um dos contextos abordados aqui: simulacro, híbrido ou intertextualidade. Faça uma análise descritiva dessa obra, identificando os elementos presentes nela que surgiram dentro do período pós-moderno. Comente com o seu grupo de estudos.

2. Selecione um dos artistas brasileiros citados neste capítulo e que contribuíram com a disseminação da arte híbrida no Brasil. Realize uma pesquisa sobre as principais obras que esse artista desenvolveu, no período entre 1960 e 1980, e aponte quais artistas da atualidade foram influenciados por ele. Estabeleça semelhanças e diferenças entre as obras dos dois artistas, o "antigo" e o atual, quais elementos foram trazidos para a atualidade e quais elementos são inéditos.

Atividades aplicadas: prática

1. Elabore um plano de aula com base nos assuntos abordados na Seção 4.9. Seu plano de aula deverá ter a seguinte estrutura:
   - Série (faixa etária).
   - Conteúdos.
   - Objetivos gerais.
   - Objetivos específicos.
   - Metodologia.
   - Justificativa.
   - Recursos didáticos.
   - Instrumentos de avaliação.

2. Pesquise artistas de sua região que trabalham com instalação. Identifique em qual estilo ele se enquadra: ambientes convencionais/museus, arte e tecnologia, *land art* ou arte ambiental. Justifique sua análise e aponte as similaridades com as obras abordadas neste capítulo. Apresente suas colocações para o seu grupo de estudos e, se possível, mostre imagens dos trabalhos pesquisados.

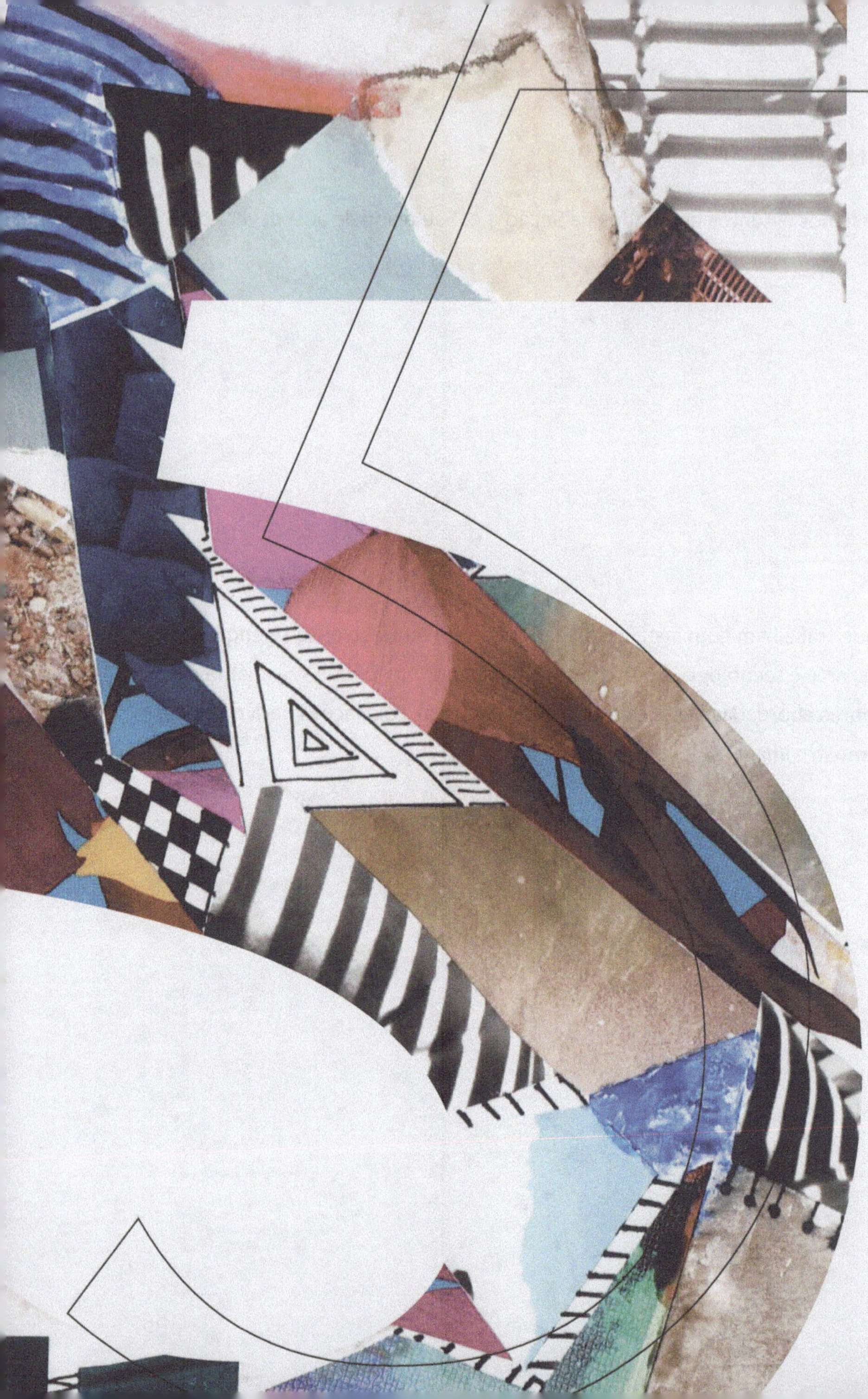
5

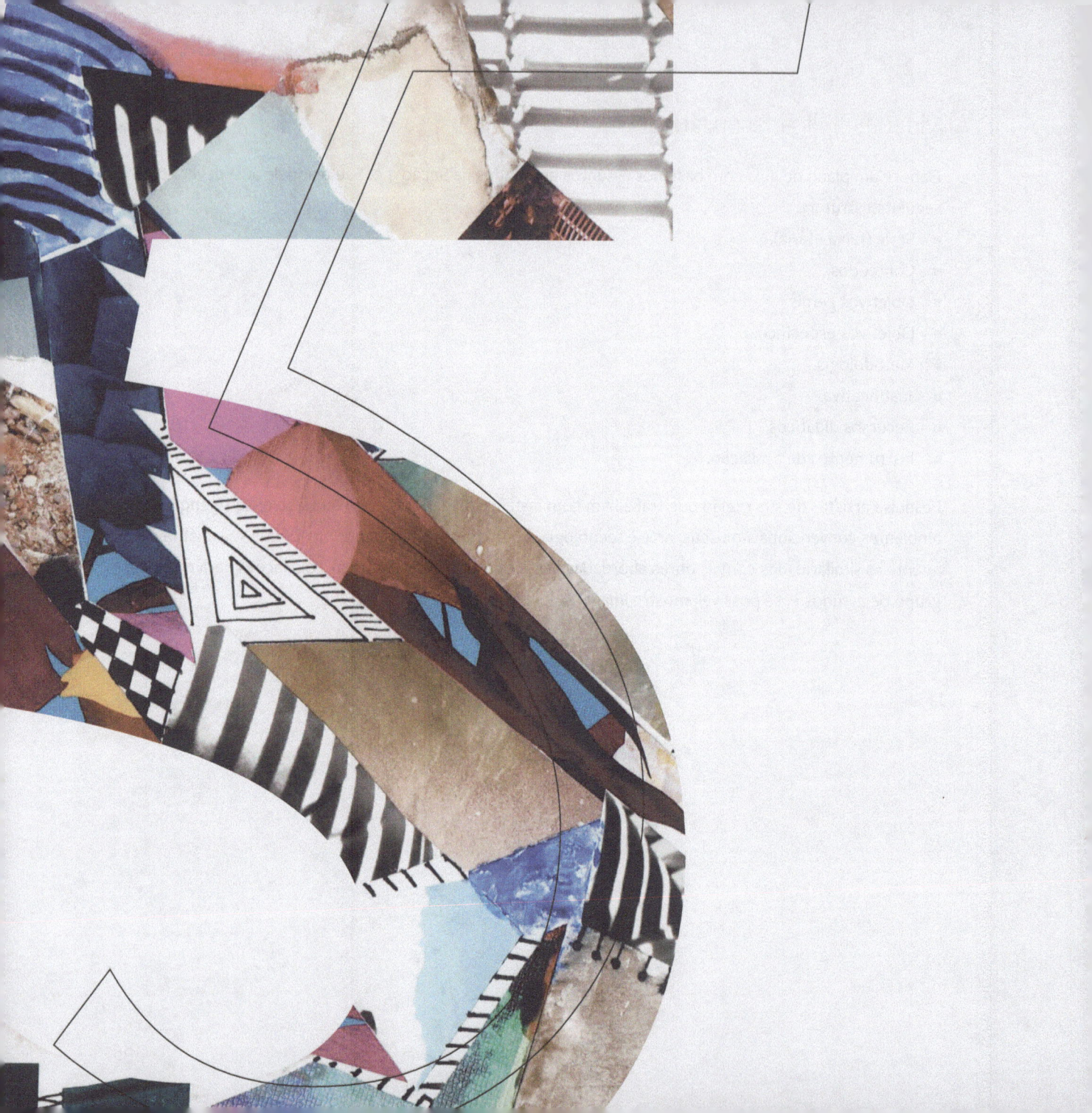

Arte performática e a intertextualidade

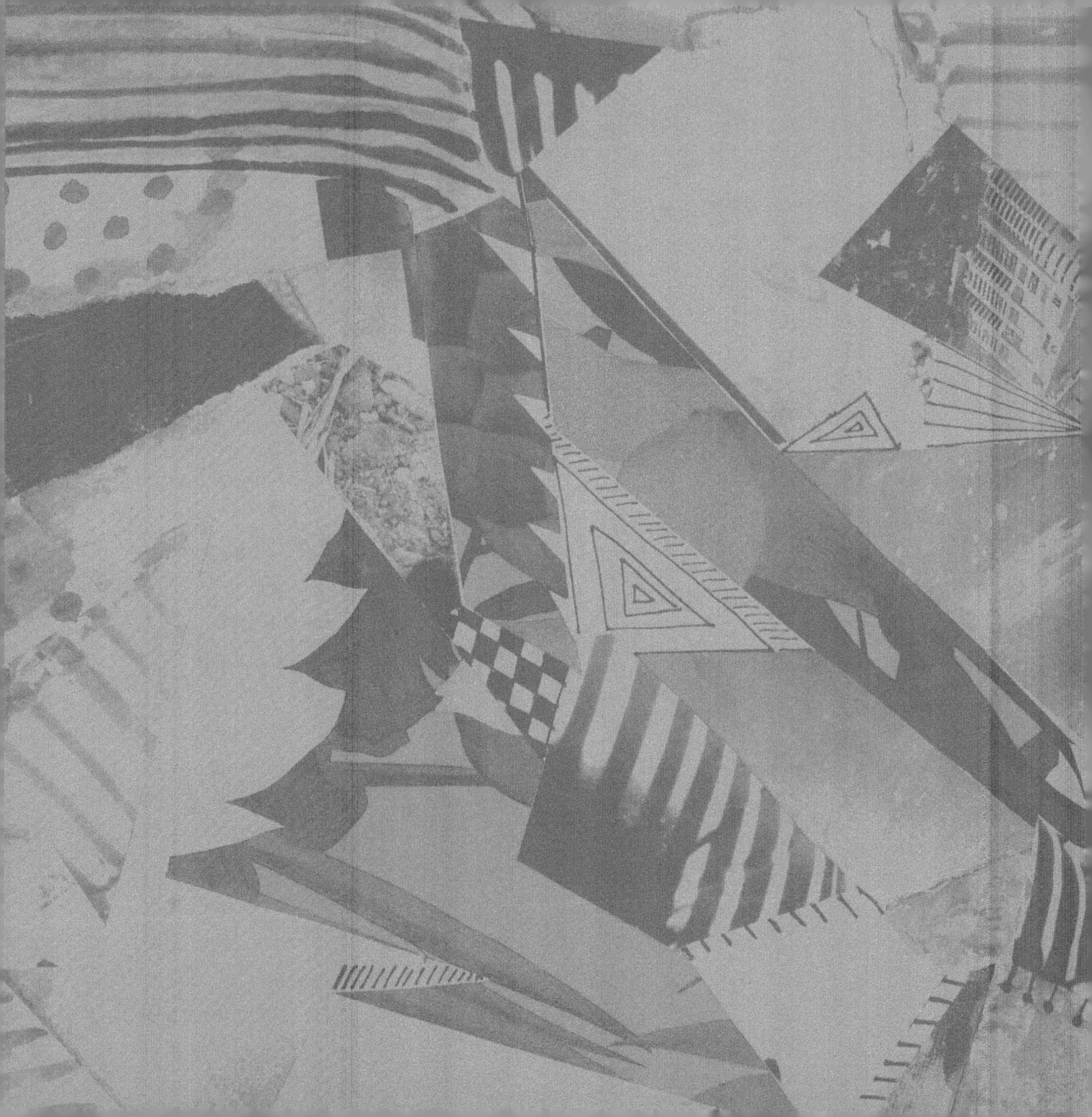

Neste capítulo, abordaremos o conceito de *performance* dentro da arte performática e ainda suas diferentes características de acordo com a linguagem na qual ela se encontra inserida: teatro, dança, artes visuais, música e cinema. Também trataremos do termo intertextualidade sob o viés da arte e, para isso, teremos uma breve introdução do panorama da arte contemporânea e suas variações, sobretudo no que concerne à *performance*.

5.1 Dialogismo e intertextualidade

O estudo das artes não se restringe à abordagem de forma isolada sobre o teatro, a dança, a música ou as artes visuais. É preciso compreender as inter-relações, os diálogos ou a intertextualidade entre essas linguagens.

Os conceitos de *diálogo* e *intertextualidade* foram criados por Mikhail Bakhtin e desenvolvidos por Julia Kristeva e, para entendermos um pouco da sua estrutura, precisamos antes analisar o termo *diálogo* no senso comum.

Foi Bakhtin quem estruturou o termo *diálogo*, estabelecendo-o como o ato de duas pessoas se comunicarem por meio de uma interação positiva. Quando existe uma concordância de ideias ou se chega a um acordo, desenvolve-se o **diálogo**.

Dentro da nomenclatura teatral, o termo *diálogo* apresenta ainda mais uma variação, que se define como:

> Conversa entre duas ou mais personagens. O diálogo dramático é geralmente uma troca verbal entre as personagens. Outras comunicações dialógicas sempre são possíveis: entre uma personagem visível e outra invisível (*teiscopia*), entre um homem e um deus ou espírito (*cf. Hamlet*) entre um ser animado e um inanimado (diálogo com ou entre máquinas, conversa telefônica etc.). (Pavis, 2001, p. 92-93)

Dialogismo: Interação entre as vozes do discurso que também pode ser a comunicação entre duas pessoas, mas não ocorre necessariamente uma concordância de ideias. Existe uma tensão entre as partes. É importante entender que toda comunicação é um diálogo, que pode gerar um dialogismo.

Dentro do dialogismo também pode ocorrer a absorção do discurso do outro ao próprio enunciado, lembrando que o discurso vai se construindo a partir de duas vozes. De acordo com Bakhtin (1997, p. 339), quando existe uma vontade consciente de representar uma variedade de estilos, estabelece-se sempre uma relação (que pode ser dialógica, política etc.) entre eles.

Linguagem dialógica: A linguagem é o elemento que estabelece a relação entre os seres humanos e propicia a experiência da intersecção ou interação entre interlocutores (Cavalcante Filho; Torga, 2011, p. 3).

5.1.1 Texto

Dentro da linguística, o texto é um conjunto de palavras e frases encadeadas que permitem uma interpretação e que transmitem uma mensagem. É, portanto, uma unidade linguística de extensão superior à frase.

Um texto tem tamanho variável, deve ser escrito com coesão e coerência e pode ser classificado de duas formas:

1. **Literário**: Apresenta uma função estética e geralmente é escrito em linguagem expressiva e poética, com o objetivo de atrair o interesse e suscitar a catarse, ou seja, comover o leitor. O autor usa as palavras com um enfoque mais subjetivo para expressar as suas ideias. São exemplos de textos literários: romances, poesias, contos, novelas, textos sagrados, peças de teatro, roteiros cinematográficos, entre outros.
2. **Não literário**: Tem função utilitária ao informar e explicar ao leitor um determinado assunto. Há uma predominância da função referencial e da linguagem denotativa, ou seja, objetiva. São exemplos de textos não literários: notícias e reportagens jornalísticas, textos científicos e didáticos.

5.1.2 Contexto

Contexto é a relação entre o texto e a situação em que ele ocorre dentro do texto. É o conjunto de circunstâncias em que se produz a mensagem que se deseja emitir – lugar e tempo, cultura do emissor e do receptor, que permitem sua correta compreensão. O contexto compõe o texto na sua totalidade; a reunião dos elementos do texto que estão relacionados com uma palavra ou frase e contribuem para a modificação ou esclarecimento de seus significados.

Para que se possa compreender bem um texto é necessário identificar o contexto no qual ele está inserido, e esse contexto pode ser social, cultural, estético e político.

A compreensão de um texto em sua totalidade depende de um prévio conhecimento do contexto no qual ele foi escrito. Por exemplo, em uma história literária o personagem pode falar "Boa tarde!". Somente com essa frase não há como sabermos o contexto. No entanto, se houver um enunciado anterior que descreva o seguinte: João, logo ao sair de casa, perdeu o ônibus e teve de ir andando para o trabalho. No meio do caminho começou a chover e, sem guarda-chuva e ainda com roupas claras, João, além de chegar atrasado ao trabalho, estava encharcado e enlameado. Entrou na sala de reuniões e disse: "Boa tarde!". Nesse contexto, podemos inferir que o cumprimento foi proferido com irritação ou sarcasmo.

> O contexto também pode significar um prévio conhecimento histórico para se entender um assunto.

A **polifonia**, conceito criado por Bakhtin, é a presença de outros textos dentro de um mesmo texto por meio da inserção do autor num contexto que já inclui previamente textos anteriores que lhe inspiraram ou influenciaram.

O texto a que Bakhtin se refere não é somente o texto escrito. Segundo o autor, dentro da teoria do texto, exige-se uma compreensão penetrante, profunda, que pode resultar em outro texto.

Vamos citar um exemplo: quando um ator estuda e analisa um texto de teatro, ele o decodifica e transfere seu entendimento a outro texto que resulta no gesto; esse gesto procura retratar o que está presente no texto dramatúrgico, ou seja, essa mesma voz com outra forma de representação. São diferentes textos: texto dramatúrgico, texto gesto, por exemplo, que resultam na representação/encenação do ator.

Dialogismo e polifonia, de acordo com Araújo (2007), se referem em geral a "vozes" dentro de um texto.

5.1.3 Intertextualidade

A intertextualidade é a concepção de um texto a partir de outro pré-existente, e pode apresentar funções diferentes, as quais dependem muito dos textos/contextos em que ela está inserida.

Lembrando que esses **textos** não se restringem ao texto escrito, ele ocorre também em outras formas, como música, pintura, filme, novela, teatro, entre outros.

A intertextualidade acontece quando há uma referência explícita ou implícita de um texto em outro. Toda vez que uma obra fizer alusão à outra ocorre a intertextualidade.

Atualmente, a intertextualidade se encontra muito presente na arte, quando acontece a união de dois ou mais segmentos artísticos, por exemplo, uma *performance art*, que aborda o teatro e as artes visuais, se gera uma intertextualidade.

Para que o receptor entenda a intertextualidade ele precisa conhecer o seu contexto.

5.1.4 Intertextualidade e variações discursivas

Na intertextualidade, podem existir também duas materialidades textuais distintas, a partir desses textos surgem diferentes posições discursivas, por exemplo, a paródia. Em relação às variações discursivas, temos os seguintes exemplos:

- **Paráfrase**: ocorre quando o escritor reinventa, um texto pré-existente, ele repete um conteúdo ou um fragmento dele claramente, porém em outros termos, preservando sempre a concepção inicial.
- **Paródia**: A paródia possui como elemento principal, na maioria das vezes, a *comédia*, ou seja, a partir da estrutura de uma imagem de arte ou qualquer gênero que tenha um enredo que possa ser modificado. Mantém-se suas características que remetam à produção original, mas modifica-se o sentido. Suscita o riso, mas também, em alguns casos, provoca a reflexão.
A paródia é muito aplicada na música, se utilizando da mesma composição musical com alteração apenas na letra da música, a qual será reconhecida pelo público. Geralmente a

paródia musical visa criticar algo, ou ainda, suscitar o riso.

O realizador da paródia cita abertamente a sua fonte, a qual para cumprir sua função precisa ser previamente conhecida pelo receptor. Por exemplo, se a música original não for conhecida pelo público, o seu contexto não será entendido.

- **Alusão**: Nesse caso, o autor não indica abertamente o evento em foco; ele simplesmente o insinua por meio de qualidades menos importantes ou alegóricas.

Toda vez que uma obra fizer alusão à outra ocorre a intertextualidade, que pode aparecer no texto escrito, no cinema, na imagem, entre outros. Na alusão, o espectador também precisa saber o contexto no qual a obra foi realizada para conseguir decodificá-la. Por exemplo, na figura a seguir o artista Michael Johansson fez uma alusão, por meio de uma instalação artística, ao jogo de videogame *Tetris*, mas caso o público não tenha um conhecimento prévio desse jogo, o contexto da obra não será compreendida.

Figura 5.1 – *Tetris*, de Michael Johansson

JOHANSSON, Michael. **Tetris**. 2011. Instalação: 10 × 1,6 m. Festival Witte de With Straat, Roterdã.

5.1.5 A intertextualidade de Julia Kristeva

Dentro da intertextualidade, no entendimento de Kristeva (2005), todo texto é a absorção e transformação de outro texto e seu significado vai além da simples escrita.

O conceito de intertextualidade difundido por Kristeva aborda o texto dentro do texto, que se refere ao processo pelo qual um texto se apropria de um outro anterior, que é adaptado, reestruturado, reformatado ou reconfigurado. "Mesmo se as "vozes" de Bakhtin possam pertencer a outros textos, os conceitos de dialogismo e polifonia não tem a dimensão intertextual nem a especificidade do uso do termo intertextualidade que Kristeva sugere" (Araújo, 2007, p. 35-36).

Segundo Araújo (2007), Kristeva concebe a intertextualidade por meio de um "mosaico" de intertextos que não se refere tanto à coexistência interna de vozes, como em Bakhtin, mas à inserção de textos externos e anteriores que interagem e se misturam ao novo texto. Essa forma de mesclar um texto ao outro se tornou uma característica muito presente na arte contemporânea.

A arte por muito tempo possuiu limites bastante específicos entre suas linguagens, por exemplo, a escultura, pintura, teatro e dança eram realizadas e concebidas de maneiras isoladas, salvo nos casos de representações teatrais em que a dança se fazia presente, mas mesmo assim vinha como forma de completar a narrativa dramatúrgica e não com o propósito de estabelecer um diálogo com a encenação.

A arte contemporânea inaugura essa nova forma de se trabalhar a arte, em que os espaços dialogam ou, dependendo o caso, intertextualizam. Um quadro deixa de ser somente um quadro bidimensional para se apresentar com uma tridimensionalidade que dificulta no início a sua classificação: é uma pintura ou uma escultura? Com isso, surgem termos novos, como *land art*, *happening*, *action painting*, *performance* e instalação, entre outras denominações que iniciam o processo de classificação de uma arte que dialoga com outras linguagens no momento de sua concepção.

No início dos anos 1960, de acordo com Michael Archer (2008) ainda era possível pensar nas obras de arte como pertencentes a uma de duas amplas categorias: a pintura e a escultura. As colagens cubistas e os eventos dadaístas iniciam essa ruptura e a fotografia, segundo Archer, reinvindicava, cada vez mais, seu reconhecimento como expressão artística. Mas ainda por um tempo os limites entre uma linguagem e outra permaneceram bem claros.

Artistas como o norte-americano Robert Rauschenberg (1925-2008) e Allan Kaprow (1927-2006) contribuem substancialmente com a ruptura desses limites. A obra *Bed* (Figura 5.2) é um exemplo desse dialogismo, em que, Rauschenberg pinta uma coberta e a expõe como se fosse um quadro. O objeto do cotidiano recebe um novo significado, a apropriação de objetos ou de espaços caracteriza também a arte contemporânea.

Analisando essa intertextualidade no mundo das artes, encontramos textos paralelos com diferentes graus de participação. A dança-teatro ou o teatro-dança, o termo muda dependendo do nível de contribuição que cada linguagem oferece para determinada obra, a qual pode conter diferentes graus de diálogo.

A arte contemporânea trouxe novas características que possibilitaram uma aproximação maior com o público. Formas inovadoras que proporcionaram uma intertextualidade, ou seja, a presença de diferentes linguagens dentro de um mesmo contexto. Dança-teatro; vídeo-arte; vídeo-dança esses são apenas alguns exemplos dentro das inúmeras novas formas que surgiram. Essas inovações também interferiram na maneira dessa arte chegar até o público, não ficando mais restrita apenas aos museus ou teatros. Conceitos como apropriação ou revitalização de espaços ultrapassaram o limite estabelecido até então no mundo das artes.

Segundo Archer (2008), os artistas reexaminaram alguns dos gestos da vanguarda modernista realizados anteriormente e o reinterpretam na arte contemporânea. "Uma consequência desse desafio foi o reconhecimento de que o significado de uma obra de arte não estava necessariamente contido nela, mas às vezes

Figura 5.2 – *Bed*, de Robert Rauschenberg

RAUSCHENBERG, Robert. Bed. 1955. Óleo e lápis sobre travesseiro e edredom; lençol sobre suporte de madeira: 191,1 × 80 × 20,3 cm. Museum of Modern Art, Nova York.

emergia do contexto em que ela existia" (Archer, 2008, p. 10). Contexto esse que pode ser político ou social tanto quanto formal, o autor cita a teoria feminista como um fator de grande impacto na arte contemporânea.

O corpo como suporte também auxiliou nesse processo de expansão, a arte performática surge com novos olhares e possibilidades de representação. O termo *performance* possui distintos significados: primeiramente esse termo se refere a apresentação de bailarinos, atores, músicos, malabaristas, designados como *performers*. Mas esse termo ganha mais um significado, a partir de 1950, quando surge nos Estados Unidos uma nova forma de arte, que intertextualiza com diferentes linguagens artísticas: teatro, dança, artes visuais, música e cinema.

Com esse novo conceito surge uma variação da *performance*, o *happening*, em que no primeiro temos apenas a representação do *performer* e no segundo uma participação direta do público, sendo também que o *happening*, ou acontecimento, geralmente não pode ser repetido, pois foi algo único daquele momento e sua repetição resultaria na descaracterização de sua função ou ideia inicial.

Essa nova forma de *performance* está ligada com alguns movimentos artísticos, como a *pop art*, o minimalismo e a arte conceitual, que de acordo com Michael Archer, ocupam o cenário artístico nos anos de 1960 e 1970, principalmente nos Estados Unidos.

A concepção artística contemporânea norte americana se tornou, pela primeira vez, referência no mundo da arte e, consequentemente, assumiu a hegemonia cultural. Possibilitada também, além de seu grande desenvolvimento econômico, pela abrangência que o cinema norte americano alcança, o qual disseminou não apenas a sua arte, mas também sua cultura.

A *performance* desenvolveu variações, a crescente facilidade de acesso e uso das tecnologias de comunicação: fotografia, filme, música e vídeo auxiliaram esse processo. O grupo *Fluxus*[1] foi um dos mais

---

1 "O movimento fluxus trabalha o intertexto: música, dança, teatro, artes visuais, poesia, vídeo, fotografia e outras. Seu nascimento oficial está ligado ao Festival Internacional de Música Nova, em Wiesbaden, Alemanha, em 1962, e a George Maciunas (1931-1978), artista lituano radicado nos Estados Unidos, que batiza o movimento com uma palavra de origem latina, *fluxu*, que significa fluxo, movimento, escoamento. O termo, originalmente criado para dar título a uma publicação de arte de vanguarda, passa a caracterizar uma série de performances organizadas por Maciunas na Europa, entre 1961 e 1963." (Enciclopédia Itaú Cultural, 2017b).

conhecidos no meio artístico no que se refere à *performance*, mas tivemos colaborações importantes de mulheres artistas, que repensaram o universo feminino, com temáticas do dia a dia que se transformaram em arte. A figura da mulher até então exposta na arte, em sua maioria através do olhar masculino, revela novas facetas apoiadas no cotidiano, em que o objeto representado também é o autor e criador de sua forma. "Insistir no direito de não agir nem como sujeito neutro nem como substituto do macho, mas como mulher, havia posto em foco a questão da identidade" (Archer, 2008, p. 133).

Tina Keane, no fim dos anos 1970, explorou a relação com a filha e inseriu em seus trabalhos canções e jogos infantis como conteúdo de suas *performances*. Para retratar o seu cotidiano, a artista britânica aplica em sua *performance* a intertextualidade entre a representação/teatro, a música (canções infantis) e o vídeo, para retratar o seu cotidiano. O sujeito/personagem substituído pela própria artista.

5.2 *Performance* e imagem

A *performance* se originou dentro da arte conceitual, movimento que se iniciou em 1960 e se desenvolveu na Europa e nos Estados Unidos durante a década de 1970. A arte performática foi uma espécie de reação ao formalismo da arte, principalmente europeia.

O nome *arte conceitual* vem da ideia de que o **conceito** da obra se torna mais importante do que o objeto e sua representação física. Ela se utiliza de diversos meios de representação, entre eles: *performances*, instalações artísticas, vídeos, textos, fotografias, arte ambiental e grafite. O espaço ocupado também se alterou, saindo dos museus e teatros e se apropriando de espaços públicos. Os limites entre uma linguagem e outra são menos comuns, o intertexto se torna uma forte característica.

Mas o início desse processo se inicia de forma bem menos intensa já no início do Século XX, com algumas ações isoladas de alguns artistas, como **Marcel Duchamp** e **René Magritte**.

Ao escrever "isso não é um cachimbo" em sua pintura, Magritte abre um mundo de possibilidades de se trabalhar a imagem. Além das inúmeras análises que essa pintura gerou ao longo do tempo, dentro da história da arte, Magritte inaugura uma nova forma de representá-la. De acordo com Archer, a arte conceitual realiza um exame do que *era* a arte.

Figura 5.3 – *A traição das imagens*, **de René Magritte**

MAGRITTE, René. **A traição das imagens**. 1929. Óleo sobre tela: 64,6 × 94,1 cm. Preston Harrison Collection, County Museum of Art, Los Angeles.

Figura 5.4 – *Uma e três cadeiras*, **de Joseph Kosuth**

KOSUTH, Joseph. **Uma e três cadeiras**. 1965. 1 cadeira de madeira dobrável, fotografia de uma cadeira e ampliação fotográfica da definição do dicionário da "cadeira": 82 × 37,8 × 53 cm (cadeira); 61 × 61 cm (painel com texto); 91 × 61 cm (fotografia). Museum of Modern Art, Nova York.

A arte conceitual é composta de várias obras formadas por mapas, fotografias, lista de instruções no lugar da escultura e pintura, em que a obra pode ser representada.

Um dos artistas de destaque desse movimento é o norte-americano **Joseph Kosuth** (1945-), na imagem a seguir um de seus trabalhos de maior repercussão *Uma e três cadeiras* (Figura 5.4). A obra de Kosuth representa o objeto cadeira, a fotografia de uma cadeira e a descrição escrita, segundo o dicionário, do que é uma cadeira. "Kosuth afirmava que a arte não eram as fotocópias concretas, mas sim as ideias que elas representam" (Archer, 2008, p. 82), ou seja, o seu conceito.

Esses diferentes intertextos presentes em uma mesma obra demonstram a nova face da arte contemporânea. A *performance* surge nesse contexto, utilizando diversos textos para se estruturar, o artista contemporâneo cria uma grande variação artística, que resulta em inúmeras experimentações, as quais transitam do poético ao grotesco.

A *performance* ou *performance art*, que pode ser traduzida como teatro das artes visuais ou performance arte, surgiu nos anos 60, de acordo com Patrice Pavis (2001), vários artistas contribuíram com o seu surgimento, entre eles, o compositor John Cage, o coreógrafo Merce Cunningham e o escultor Allan Kaprow. Somente nos anos 80 ela alcançou a sua maturidade.

A *performance*, de acordo com Pavis (2001), não traz ideias preconcebidas, não possui uma formatação fechada, já que não se pretende pronta, ensaiada e produzida como uma peça de teatro. Seu local de apresentação também não segue os princípios tradicionais, qualquer lugar pode ser transformado em palco. É uma arte efêmera, que não pode ser levada para casa. Ela é executada por um *performer*[2] que não precisa ser necessariamente um ator desempenhando um papel, mas um pintor, dançarino ou ainda um artista que estabelece uma relação direta com os objetos presentes e/ou instalados em um determinado ambiente.

A *performance* intertextualiza diferentes linguagens, geralmente composta de teatro, dança, música e/ou artes visuais. Segundo Renato Cohen, a *performance* acontece agora no momento presente da ação e, com isso, cria uma ligação maior com o espectador, uma comunhão; esses espetáculos são únicos, não se repetem como em uma peça de teatro na qual a marcação cênica é apenas uma. A performance é um *evento* que mesmo repetido será diferente, já que é livre em sua movimentação, não ensaiado, o que aumenta a ligação com o espectador que será cúmplice e testemunha desse evento.

5.2.1 O *happening* de Allan Kaprow e a *performance* de Joseph Beuys

A arte performática exige que o artista use o corpo diante de um público. O alemão Joseph Beuys percorreu uma galeria em Dusseldorf desempenhando uma performance intitulada Como Explicar Quadros a Uma Lebre Morta (1965). "Com o rosto coberto com uma folha dourada e mel, ele explicou vários quadros a um coelho morto que levava no colo" (Strickland; Boswell, 2002, p. 179).

Para Beuys, segundo Archer, o problema não estava em encontrar uma prática artística apropriada ao mundo

---

2 Termo inglês usado às vezes para marcar a diferença em relação à palavra ator. O *perfomer*, ao contrário, é também cantor, bailarino, mímico, em suma, tudo o que o artista, ocidental e oriental, é capaz de realizar, seja vocal, gestual ou instrumental. O *performer*, de acordo com Pavis (2001), realiza uma encenação de seu próprio eu, o ator faz o papel de outro.

contemporâneo, mas em fazer o público entender em que consistia a sua arte. "Esta é a função de toda a arte, que a sociedade está sempre tentando suprimir. [...] Somente a arte torna a vida possível – é assim radicalmente que eu gostaria de formulá-la. Eu diria que, sem a arte, o homem é inconcebível em termos fisiológicos" (Beyus, citado por Archer, 2008, p. 115).

Quando em 1974, Beyus apresentou em Nova York sua *performance Coiote – Eu gosto da América e a América gosta de mim*, a encenação iniciou antes mesmo do artista chegar no local da apresentação. Beyus, de acordo com Archer (2008, p. 115-116), enrolado em feltro, foi transportado, de ambulância, do aeroporto até a galeria de René Block, onde permaneceu por cinco dias preso com um coiote; ao retornar ao aeroporto se envolve novamente ao feltro. O tempo todo que permaneceu em Nova York, o artista se manteve encenando a sua *performance*, Beyus afirma que esteve nos Estados Unidos sem tocar seus pés em solo americano e também sem pousar o olhar por sobre o país, já que chegou de olhos vendados. Beyus acreditava que a arte poderia curar o homem e combater os efeitos repressores de um sistema social doente.

5.2.1.1 Allan Kaprow

Allan Kaprow (1927-2006), de acordo com Cohen (2007, p. 38), foi o idealizador do *happening*, que se autodenomina um fazedor de conceitos, estabelece o contraponto entre a arte instituída e a não-arte que engloba tudo o que não tenha sido aceito como arte, mas que tenha atraído a atenção de um artista. Um exemplo disso são os *ready-mades* de Marcel Duchamp, que vão dar um valor de objetos de arte a produtos industriais, feitos em série e absolutamente cotidianos, como uma bicicleta ou um vaso sanitário.

O termo *happening* vem do inglês *to happen* – acontecer, que remete a um acontecimento, já que ele não se repete, diferente da *performance* que pode se reproduzir, mesmo que de maneira diferente, como um evento. O *happening* é uma atividade que não usa texto ou programa prefixado e decorado. Sua estrutura é composta do acaso e imprevisto, realizada em conjunto entre artista e público. Não objetiva contar uma história, de produzir um significado.

Allan Kaprow desenvolve a arte do *happening* no fim dos anos 1950 e início dos anos 1960. Kaprow, de acordo com Gillian Sneed (2011), afirma que o pintor Pollock foi sua maior contribuição para a arte de vanguarda. Ao colocar suas telas no chão, com sua *action painting*[3] Pollock foi capaz de, literalmente, entrar na pintura enquanto trabalhava. Outra contribuição desse artista para a arte, na opinião de Kaprow, foram as escalas imensas das obras de Pollock que transformavam as pinturas em ambientes.

Kaprow elaborou os *happenings*, segundo Sneed (2011), por meio de escritos, sem um início estruturado, meio ou fim. Sua forma é aberta e inacabada. Da mesma forma, ao contrário dos objetos de arte, eles não são mercadorias, mas eventos breves, que não podem ser repetidos. Sneed (2011) afirma também que os *happenings* deveriam renunciar às convenções teatrais, selecionando e combinando situações das quais os espectadores devem participar, ao invés de apenas assistirem aos *happenings*.

Em 1959, Allan Kaprow realizou, em Nova York, seu *18 Happenings in 6 Parts*, com isso, segundo Cohen (2007), Kaprow criou um novo conceito de encenação que foi divulgado por décadas.

A apresentação de *18 Happenings in 6 Parts* aconteceu na inauguração da Galeria Reuben, e o convite enviado para o público já fazia parte do *happening*. Kaprow elaborou um texto que revelava alguns elementos da encenação, além de indicar como o público deveria agir em alguns momentos, a seguir trechos do convite.

> Alguns convidados também atuarão. Slides serão mostrados. Sons gravados em fitas cassetes, produzidos eletronicamente, sairão de quatro caixas de som. [...] Haverá som produzido ao vivo. Palavras serão ditas. Ações humanas ocorrerão distintamente, de modo simples. Ainda, haverão atores não humanos. Eles serão um brinquedo dançante [...] A mesma ação nunca acontecerá duas vezes. (Kaprow, 1959, citado por Bienal, 2012)

---

3 Na *action painting* (pintura de ação) Jackson Pollock espalhava a tinta que caía de um tubo ou de um balde, diretamente para a tela estendida no chão, uma camada de tinta ia se sobrepondo à outra.

Figura 5.5 – Jackson Pollock trabalhando em seu estúdio em Long Island

© The Pollock-Krasner Foundation / AUTVIS, Brasil, 2017. Photo by Martha Holmes/The LIFE Picture Collection/Getty Images

Em poucas palavras, em seu convite, Kaprow resume os principais elementos que compõem um *happening*. Na atualidade, esse movimento perdeu seu entusiasmo; de acordo com Pavis (2001), ele se prolongou na *performance* e não possui mais adeptos como nos anos 60.

5.2.2 *Body art*: o corpo como suporte

Body art na tradução livre do inglês significa "a arte do corpo", e se refere a uma vertente da arte que utiliza o corpo como suporte. Geralmente está ligada a *performance* ou ao *happening*, representações que ocorrem em forma de intervenções, pertencente ao período contemporâneo, acompanha as mudanças políticas e sociais ocorridas recentemente que abre um caminho para outras camadas da sociedade se manifestarem, negros, homossexuais e mulheres seriam alguns exemplos. Sua intenção é se opor a arte comercializada.

Como visto anteriormente, a *performance* se constitui da presença física do artista, que em diferentes graus, utiliza o corpo como suporte de sua arte. Em alguns casos, a exploração desse suporte é levada a situações extremas.

O americano **Vito Acconci** (1940-) mordia a si mesmo e esfregava-se contra a parede até formar uma lesão em sua pele; segundo Archer, havia muita *body art* e *performance* que eram excessivas, mas elas aconteciam com o objetivo de trabalhar uma ideia. "Chris

Buden (1946-) rastejou através de um piso coberto com vidros quebrados, levou tiros e foi crucificado sobre um carro. **Barry Le Va** arremessou-se contra uma parede até desmaiar de exaustão. **Dennis Oppenheim** (1938-) foi apedrejado e deixou-se queimar severamente pelo sol" (Archer, 2008, p. 113).

Na Inglaterra, **Stuart Brisley** (1930-1990) submeteu-se a severas provas de resistência, com isso, de acordo com Archer (2008, p. 113), pretendia questionar as instituições sociais, nossa incorporação a elas e os possíveis meios de fazer frente à sua hegemonia.

A sérvia Marina Abramović, originária desse mesmo período, tem destaque na mídia, seu trabalho é amplamente difundido, principalmente pela internet. Ela levou seu corpo aos seus limites físicos, segundo Archer, como modo de esvaziá-lo e deixá-lo em prontidão para uma experiência espiritual mais plena.

Abramović iniciou suas *performances* na década de 1970, seus trabalhos consistiam em dançar até cair por esgotamento, ser surrada por uma máquina de vento até desmaiar e diversas variações de autoflagelo.

Na *performance Ritmo 0* (1974), apresentada na galeria Studio Mona, em Nápoles, cerca de 72 objetos diversificados ficaram dispostos sobre uma mesa. "Os visitantes eram convidados a utilizar os objetos a ela mesma como achassem apropriado. As ações foram interrompidas quando Abramović, depois de ter toda a sua roupa arrancada, foi forçada a segurar uma pistola, com o cano em sua boca aberta" (Archer, 2008, p. 114).

Pode-se alegar violência desnecessária da artista, mas em *Ritmo 0*, quem conduzia a

Figura 5.6 – Klein dirige mulheres manchadas de tinta em *Anthropométries de l'époque bleue*, Paris

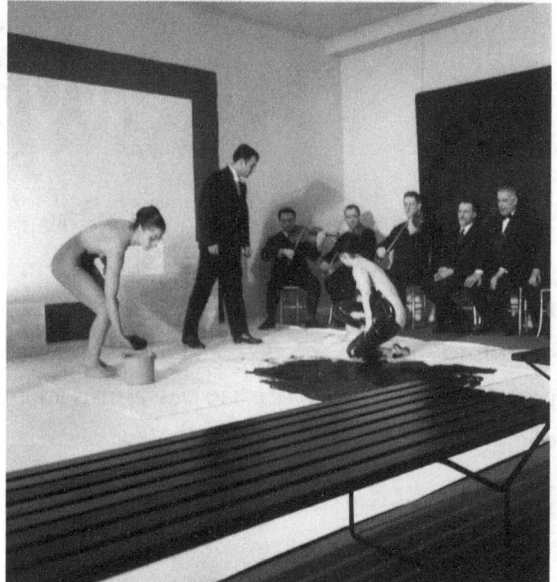

KLEIN, Yves. **Anthropométries de l'époque bleue**. 9 mar. 1960. Performance. Galerie Internationale d'Art Contemporain, Paris.

performance era o público, tendo como suporte de interação, além dos objetos sobre a mesa, o corpo de Abramović. Esse tipo de trabalho reforça não apenas o aspecto social, mas também, de acordo com Archer, socializante.

A interação do público com a obra se torna cada vez mais presente, e a exposição física do artista, principalmente quando levada a seus extremos, ficou conhecida como *body art*, que nada mais é que uma variação da *performance* ou do *happening*. Esse tipo de arte surgiu nos anos 1960, com reminiscências no movimento *dadaísta*[4], que tem como *slogan* principal a frase do artista Marcel Duchamp (1887-1968) "tudo pode ser usado como obra de arte".

O artista francês **Yves Klein** (1928-1962) é considerado o precursor da *body art*, sua obra mais famosa foi apresentada em março de 1960, na abertura da exposição *Anthropométries de l'époque bleue*, em Paris, onde Klein apareceu diante da plateia vestindo um fraque formal, enquanto nove músicos tocavam sua sinfonia *Monotone-Silence* (que consistia de uma única nota tocada por 20 minutos, seguido de mais 20 minutos de silêncio), ele comandava três modelos nuas enquanto elas se cobriam com tinta azul e imprimiam imagens de seus corpos sobre uma tela em branco; o artista disse que eram pincéis vivos.

5.2.3 *Flash mobs*: a arte do improviso

O conceito de improvisação esteve muito tempo ligado somente ao teatro e a sua execução realizada por atores, primeiro com a *Commedia Dell'Arte*, como já vimos no Capítulo 3, em que os personagens possuíam tipos fixos, e um roteiro sem falas, somente com a indicação das entradas e saídas dos personagens, pois o texto era improvisado pelos atores durante a apresentação do espetáculo.

A prática do improviso, na atualidade se define como: "O improviso é uma peça improvisada (*a l'improviso*), pelo menos que se dá como tal, isto é, que simula a improvisação a propósito de uma

---

4   "O Dadaísmo rejeitou categoricamente a disciplina formal da escultura. Durante sua breve vida, de 1916 a 1922, o Dadaísmo pregava veementemente o absurdo e a antiarte. Duchamp colocou sua assinatura e um título provocativo em *ready-mades* como, por exemplo, porta-garrafas e pás para a neve, e os exibia como obras de arte" (Janson; Janson, 1996, p. 380).

criação teatral, como o músico improvisa sobre determinado tema. Os atores agem como se tivessem que inventar uma história e representar personagens, como se realmente estivessem improvisando" (Pavis, 2001, p. 206).

Dentro do teatro pós-moderno o conceito de improvisação, recebe acréscimos, em que o improviso pode ocorrer sem um prévio conhecimento de com quem o ator ou *performer* irá contracenar, ou ainda sem conhecer o espaço no qual será representada a encenação. Um exemplo, onde se aplica esse conceito é uma vertente recente da *performance*, surgida em meados de 1980, conhecida como Flash Mob.

O *flash mob* é uma *performance* realizada por um grande grupo de pessoas, de forma instantânea, geralmente sem prévio conhecimento do público. A ação é inusitada e previamente combinada. Terminada a *performance* os participantes se dispersam tão rapidamente quanto se aglomeraram. As reuniões desses grupos são, em sua maioria, organizadas via internet, por e-mails ou redes sociais.

A representação, em sua maioria, é improvisada a partir de um roteiro que foi previamente estabelecido pelo organizador do evento, que muitas vezes ninguém sabe quem foi, nem os próprios participantes do *flash mob*, pois as informações são passadas em rede, sem a assinatura do idealizador.

Ele se diferencia do *happening* por ser instantâneo e também no seu formato de preparo, em que os integrantes não possuem, geralmente, um contato direto, visto que a organização é feita via internet. Sua relação com o público se distingue no fato de que os participantes se confundem com o próprio público, surgindo dele para a execução da *performance*. Terminada a representação, que deve durar até no máximo 10 minutos, os *mobbers* – integrantes do *flash mob* – se dispersam e propositalmente se misturam novamente ao grande público, como se nada tivesse acontecido.

O *flash mob* traz diversas características da arte contemporânea. Uma delas é o deslocamento do espaço de exibição da arte, que sai dos museus e teatros e se apropria de espaços, já que os *flash mobs* são sempre executados em espaços públicos, ruas, praças, estações de metrô, aeroportos. É necessário que haja um grande número de transeuntes, para que, aos poucos, seja formado um grande público, atraído inicialmente pela curiosidade; devido a isso, o *flash mob* precisa ser criativo ou inusitado.

Apesar de sua brevidade, o *flash mob*, em sua maioria, não requer figurino, dispensa cenário, mas em alguns casos são usados acessórios e música. A música é um elemento muito presente no *flash mob*, tanto ao vivo quanto por meio de aparelhos de som.

Sua representação pode ser de cunho político, social ou artístico. Segundo Giovana Lucas (2005), o fenômeno do *flash mob* usa a velocidade da internet para marcar concretamente o espaço urbano, por meio de uma comunidade que tem como principal objetivo a conexão social. Ao se materializarem no espaço público, saem do espaço virtual e estabelecem uma comunicação direta.

5.2.4 O cinema e a *performance* do ator

A primeira exibição pública do cinema aconteceu em dezembro de 1895 em um café em Paris, no Bulevar Des Capucines, no subsolo do Grand Café, onde 35 pessoas pagaram uma moeda de um franco cada. As primeiras imagens em movimento causaram grande surpresa ao público presente. Exibido pelos irmãos Lumière, o programa continha dez filmes com duração em média de um minuto.

A invenção do cinematógrafo foi o que possibilitou transformar imagens em movimento; o aparelho filmava e também servia para exibir os filmes.

Na referida exibição estava presente Géorges Méliès, diretor de teatro e ilusionista, que ficou maravilhado com a nova invenção. Ele adquiriu um cinematógrafo e foi o primeiro a desenvolver, de forma ficcional, as chamadas até então imagens em movimento.

Méliès contribuiu significativamente com essa nova linguagem, por meio de seu prévio conhecimento das artes cênicas. Seu filme mais conhecido é *Viagem à Lua* (1902), o qual possui trucagens visuais misturadas à técnica de animação e cenários teatrais gigantes. "Contudo, apesar de todas as inovações cinematográficas fascinantes que esse cineasta desenvolveu e explorou seus filmes nunca conseguiram se libertar por completo de suas origens teatrais" (Kemp, 2011, p. 17).

Figura 5.7 – Cinematógrafo e o Cinematógrafo Lumière (1897), primeiro cinema em Paris

Méliès, de acordo com André Bazin (1991), viu o cinema como um melhoramento do espetáculo teatral e seus truques se tratavam mais de um prolongamento da prestidigitação[5] do que um estudo da linguagem cinematográfica propriamente dita.

Seu filme *Viagem à Lua* é considerado o primeiro filme de ficção científica e Méliès é tido como o inventor dos efeitos especiais no cinema, o qual será utilizado mais tarde em larga escala nos filmes de Hollywood.

Além de Méliès, surgiram novos interessados em trabalhar com a nova linguagem; o cinema em seu início foi exibido em feiras, recebendo o nome de cinema de atração, o qual se desenvolveu logo no início das primeiras imagens em movimento, com temáticas variadas, desde registros caseiros a filmes

---

5   O ilusionismo (ou prestidigitação) é a arte de criar ilusão por meio de artifícios e truques. Os praticantes desta atividade designam-se por *ilusionistas* ou *mágicos* (Houaiss, 2009).

teatralizados, os quais eram produzidos por empresas, artistas, pesquisadores ou curiosos. A duração se dava em média de 2 a 3 minutos, com câmeras fixas e pouco desenvolvimento psicológico dos personagens, mas já com o começo da ficção e marcação cênica.

Flávia Cesarino Costa (2005) afirma que já em 1895, na França, eram exibidos filmes que mostravam números de magia, gags burlescas[6] e contos de fadas. "Estes filmes eram mostrados em quermesses, vaudevilles, lojas de departamento, museus de cera, circos e teatros populares" (Costa, 2005, p. 29).

Essa forma de exibição dos primeiros filmes são características absorvidas do teatro de atração, o qual acontecia principalmente no teatro de *vaudeville*[7], constituído de acrobacia de animais ou uma comédia pastelão entre outras formas de espetáculos curtos, sem o desenvolvimento da narração. Segundo Costa (2005), o primeiro cinema herda essa qualidade de produções e exibições autônomas. Os filmes eram feitos geralmente em uma única tomada com pouco desenvolvimento narrativo.

A encenação dos atores de cinema, nesse período, também é um legado desse espetáculo em que o elenco busca, fora de campo, aprovação de sua *performance*, olhando diretamente para o espectador, não seguindo o que seria mais tarde a regra básica do cinema de ficção.

Entendendo que aqui o termo *performance* é diferente do utilizado na *performance art*; em se tratando do cinema nos referimos à *performance* do ator, ou seja, a qualidade de sua interpretação, termo muito utilizado também em outras áreas, como o teatro e a música.

Logo no início do cinema, por ser uma arte nova e com pouco desenvolvimento de sua técnica, a interpretação/*performance* dos atores era de certa forma ingênua, mas com o passar do tempo, os atores começaram a se aprimorar, uma evolução técnica no cinema contribuiu com esse fator, o cinema falado.

---

6   O burlesco é uma forma de cômico exagerado, critica os nobres ou elevados, disfarçando assim um gênero sério por meio de uma interpretação grotesca ou vulgar. Realiza a crítica por meio do ridículo. (Pavis, 2001)

7   Na origem, no século XV até o século XVIII, o *vaudeville* é um espetáculo de canções, acrobacias e monólogos, compõem espetáculos para o teatro de feira. No século XIX (período do surgimento do cinema) o *vaudeville* passa a ser uma comédia ligeira, de intrigas, sem pretensão intelectual, com muito exagero e artificialidade. (Pavis, 2001, p. 427)

Em 1927, com o filme o *Cantor de Jazz*, o cinema inaugurou uma nova fase, o cinema sonorizado, mudo, chamado também de *silencioso*, que, aos poucos, foi substituído pelo cinema falado, processo que acarretou uma mudança importante interpretação dos atores.

A partir do momento que os atores do cinema mudo se viram obrigados a falar e não apenas a fazer mímicas, muitos artistas não se adaptaram – ou, em alguns casos, o cinema não se adaptou a eles, pois os comediantes traziam as *performances* exageradas do burlesco, ou ainda sotaques que não agradavam ao grande público. Então o cinema buscou mais uma vez no teatro seus atores, só que agora não mais nas feiras populares dos *vaudevilles*, mas no teatro literário da *Broadway*.

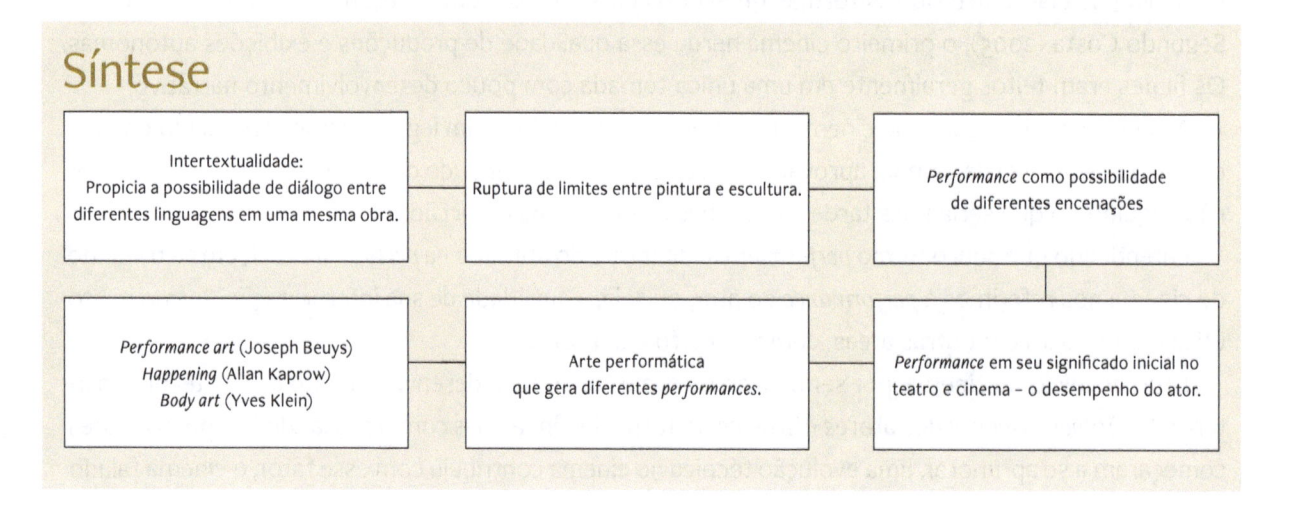

Síntese

Intertextualidade: Propicia a possibilidade de diálogo entre diferentes linguagens em uma mesma obra.	Ruptura de limites entre pintura e escultura.	*Performance* como possibilidade de diferentes encenações
Performance art (Joseph Beuys) *Happening* (Allan Kaprow) *Body art* (Yves Klein)	Arte performática que gera diferentes *performances*.	*Performance* em seu significado inicial no teatro e cinema – o desempenho do ator.

Indicações culturais

A ruptura entre os limites: pintura e escultura

ROBERT RAUSCHENBERG, Bed, 1955. Disponível em: <https://www.youtube.com/watch?v=tvpp2lAD9iY>. Acesso em: 9 maio 2017.

> Nesse *link*, você poderá ver com detalhes a obra de Rauschenberg e outros artistas, os quais contribuíram com a ruptura dos limites entre pintura e escultura e abriram a possibilidade de novas estéticas intertextuais.

Imagens em movimento

AUGUSTE & Louis Lumière: L'Arrivée d'un train à La Ciotat (1897). Disponível em: <https://www.youtube.com/watch?v=zaO_H2cUh6o>. Acesso em: 9 maio 2017.

LUMIÈRE Salida de los obreros de la fábrica. Disponível em: <https://www.youtube.com/watch?v=xxLGDF_121U>. Acesso em: 9 maio 2017.

AUGUSTE & Louis Lumière: Espagne. Courses de taureaux – I (1897). Disponível em: <https://www.youtube.com/watch?v=NZ2btMOnwLE>. Acesso em: 9 maio 2017.

A TRIP to the Moon (HQ 720p Full) – Viaje a la Luna – Le Voyage dans la lune – Géorges Méliès 1902. Disponível em: <https://www.youtube.com/watch?v=_FrdVdKlxUk>. Acesso em: 9 maio 2017.

> Nos *links* indicados, você encontra as primeiras imagens em movimento captadas pelos irmãos Lumière e os primeiros filmes de ficção produzidos por Géorges Méliès. Perceba a diferença entre os filmes dos irmãos Lumière em formato de documentário e os de Méliès, que trabalha a ficção. Se fixe também à *performance* dos atores.

Performance art

JOSEPH Beuys w Coyote. Disponível em: <https://www.youtube.com/watch?v=1f3a10A_vrQ>. Acesso em: 9 maio 2017.

Nesse *link*, você encontra trechos da *performance* de Joseph Beuys, Coyote.

JOHN Cage 4'33". Disponível em: <https://www.youtube.com/watch?v=JTEFKFiXSx4&list=PLrK3GVgwNN3saizwR1w7f3yzBiovSl29n>. Acesso em: 9 maio 2017.

Nesse vídeo, é exibido o *happening* do músico e compositor John Cage, que permanece em silêncio por 4'33". Aqui, o não movimento e o silêncio se torna a própria encenação da arte performática.

Body art

YVES KLEIN. Anthropométrie de l'époque bleue (1960). Disponível em: <colourhttps://www.youtube.com/watch?v=gqLwA0yinWg>. Acesso em: 9 maio 2017.

YVES KLEIN "Anthropometries of the Blue Period" y "Fire Paintings" [1960]. Disponível em: <https://www.youtube.com/watch?v=1mJCVM3d7jw>. Acesso em: 9 maio 2017.

MARINA Abramović: The Artist is Present – Official Trailer. Disponível em: <https://www.youtube.com/watch?v=kQaVQl9WEgw>. Acesso em: 9 maio 2017.

MARINA Abramović e Ulay – MoMA 2010. Disponível em: <https://www.youtube.com/watch?v=OS0Tg0IjCp4>. Acesso em: 9 maio 2017.

Nesse *link*, você pode assistir aos trabalhos performáticos de Yves Klein e Marina Abramović.

Action painting

JACKSON POLLOCK. Disponível em: <http://www.jacksonpollock.org/>. Acesso em: 9 maio 2017.

Nesse *site* sobre o artista plástico Jackson Pollock, você encontrará em sua tela inicial uma brincadeira que permite aos visitantes experimentar a técnica do gotejamento criada pelo artista.

POLLOCK. Direção: Ed Harris. EUA: Sony, 2001. 117 min.

> Biografia de Jackson Pollock (1912-1956), que mostra a trajetória da fama à decadência do pintor ao longo da vida, partindo de sua revelação para o mundo das artes como principal expoente do expressionismo abstrato até sua morte prematura e trágica em um acidente de carro. Mostra a descoberta da técnica que o consagrou, o *action painting*, por meio da técnica do gotejamento. Pollock inovou a pintura e, com isso, recebe grande destaque no mundo das artes.

Atividade de autoavaliação

1. A respeito do conceito de *flash mob*, assinale as afirmativas a seguir como verdadeiras (V) ou falsas (F).

    ( ) É uma *performance art* que necessita de ensaio para a sua elaboração, possui marcação cênica e texto previamente decorado.

    ( ) Se organiza a partir de uma leitura dramática, sem marcação cênica, a partir de uma peça de teatro inédita.

    ( ) É uma *performance* realizada por um grande grupo de pessoas, de forma instantânea, geralmente sem prévio conhecimento do público.

    ( ) A execução do *flash mob* segue os mesmos preceitos e elementos utilizados na apresentação de uma peça de teatro.

    ( ) No fim da apresentação do *flash mob*, que deve durar até no máximo 10 minutos, os *mobbers* se dispersam no meio do público.

    ( ) O *flash mob* tem influências do teatro naturalista, que já em 1890 se apropriavam de espaços públicos para a realização de suas apresentações.

    Agora, assinale a alternativa que corresponde à sequência correta:

    a) F, F, V, F, V, F.
    b) V, F, F, V, V, F.
    c) V, F, F, F, V, F.
    d) F, V, V, F, V, F.

2. Com base na análise da obra *Uma e três cadeiras* (1965), de Joseph Kosuth, assinale a alternativa correta:
   a) A obra refere-se a uma linguagem recente que surgiu na arte contemporânea: a fotografia.
   b) *Uma e três cadeiras* aborda a *body art*.
   c) Trata-se uma um *happening*, que não pode ser repetido, devido a sua forma.
   d) Trabalha os limites entre pintura e escultura, criando um novo olhar sobre as possibilidades de suporte dentro da criação artística.

3. Acerca do *happening*, assinale a alternativa correta:
   a) Termo utilizado para designar objetos fabricados, ou modificados e expostos ao público.
   b) *Happening* designa propostas artísticas efetuadas na natureza, como deslocamentos de terra e pedras.
   c) São apresentações performáticas informais e espontâneas, geralmente com grande participação do público, sem possibilidade de repetição.
   d) São representações teatrais com textos previamente decorados.

4. O cinema inicialmente esteve atrelado ao teatro e suas apresentações ocorriam em feiras. Com o passar do tempo, essa arte se desenvolveu e se estabeleceu como uma nova linguagem. Sobre o surgimento do cinema, assinale a alternativa **incorreta**:
   a) O cinematógrafo era um aparelho que filmava e também projetava os filmes, foi a partir dele que se iniciou a exibição das primeiras imagens em movimento.
   b) Georges Méliès foi o primeiro realizador a trabalhar o cinema de forma ficcional.
   c) Os primeiros filmes eram compostos de números de magia, gags burlescas e contos de fadas.
   d) A primeira exibição de cinema ocorreu na Itália e teve como filme principal um longa-metragem que tinha como tema a segunda guerra mundial.

5. Assinale a alternativa em que o artista está relacionado corretamente com o movimento artístico ao qual participou.
   a) Joseph Beuys – pastiche.
   b) Georges Méliès – *body art*.
   c) Allan Kaprow – imagem em movimento.
   d) Marina Abramović – *body art*.

Atividades de aprendizagem

Questões para reflexão

1. Analise o conceito *performance* inserido nas seguintes linguagens e movimentos artísticos: cinema, *body art* e *happening*. Anote suas principais diferenças e utilize os vídeos sugeridos nas "Indicações culturais" deste capítulo para subsidiar sua pesquisa. Após a análise, discuta com o seu grupo de estudos quais fatores contribuíram para o surgimento dessas variações performáticas pertencentes à arte contemporânea.

2. Em relação à linguagem do cinema, aponte os pontos percebidos na evolução dessa arte. Pensando em quais fatores contribuíram com a sua evolução inicial, com base nas primeiras imagens em movimento até o início do cinema falado.

Atividade aplicada: prática

Pesquise e selecione uma obra artística pertencente à arte contemporânea, dentro de uma das seguintes linguagens: pintura, dança, *performance* ou cinema. Realize um pastiche da obra escolhida e apresente o resultado final para o seu grupo de estudos. O formato do seu trabalho deve ser selecionado dentre uma das seguintes sugestões:

- desenho.
- fotografia.
- vídeo.
- pintura.

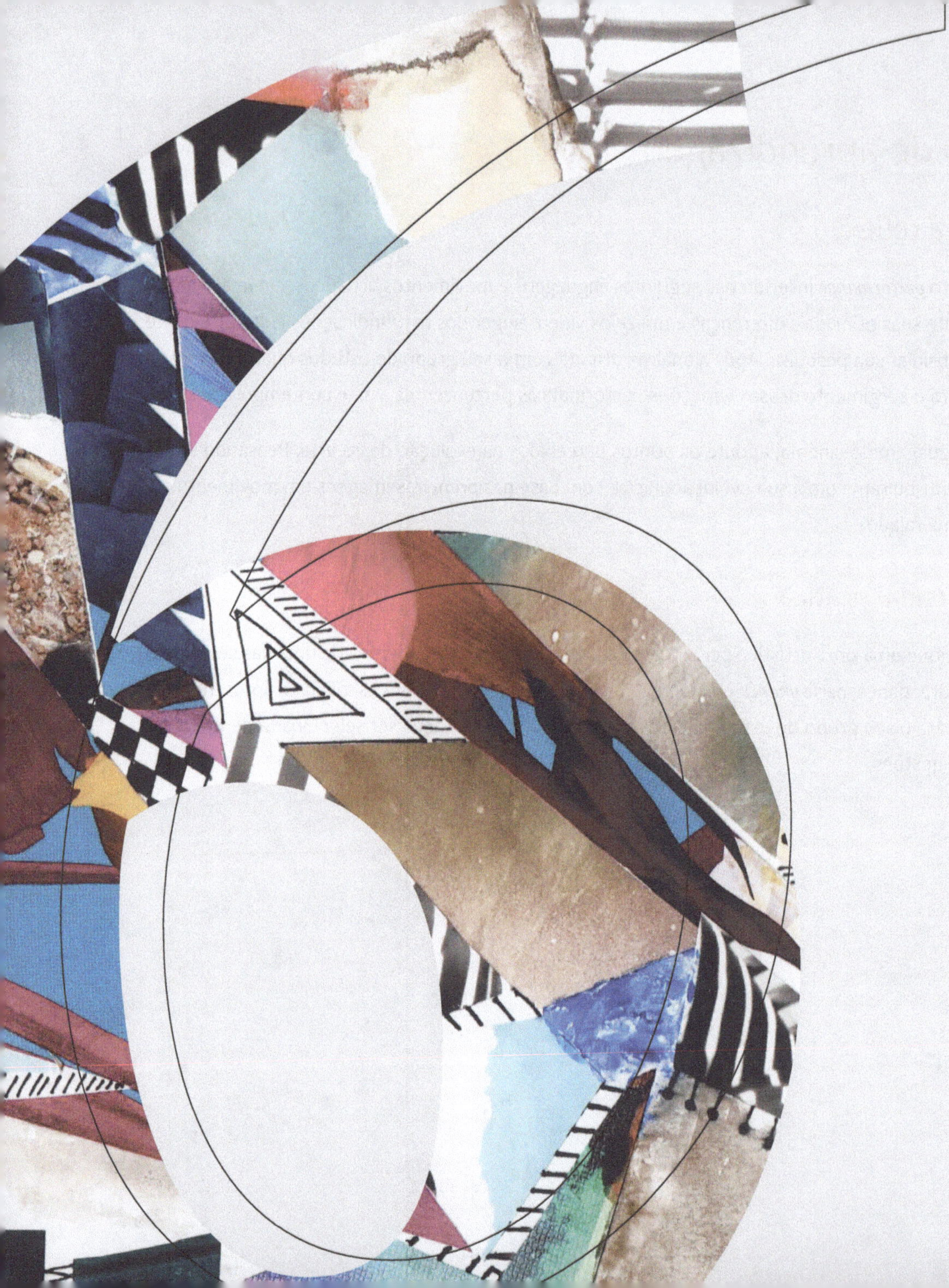

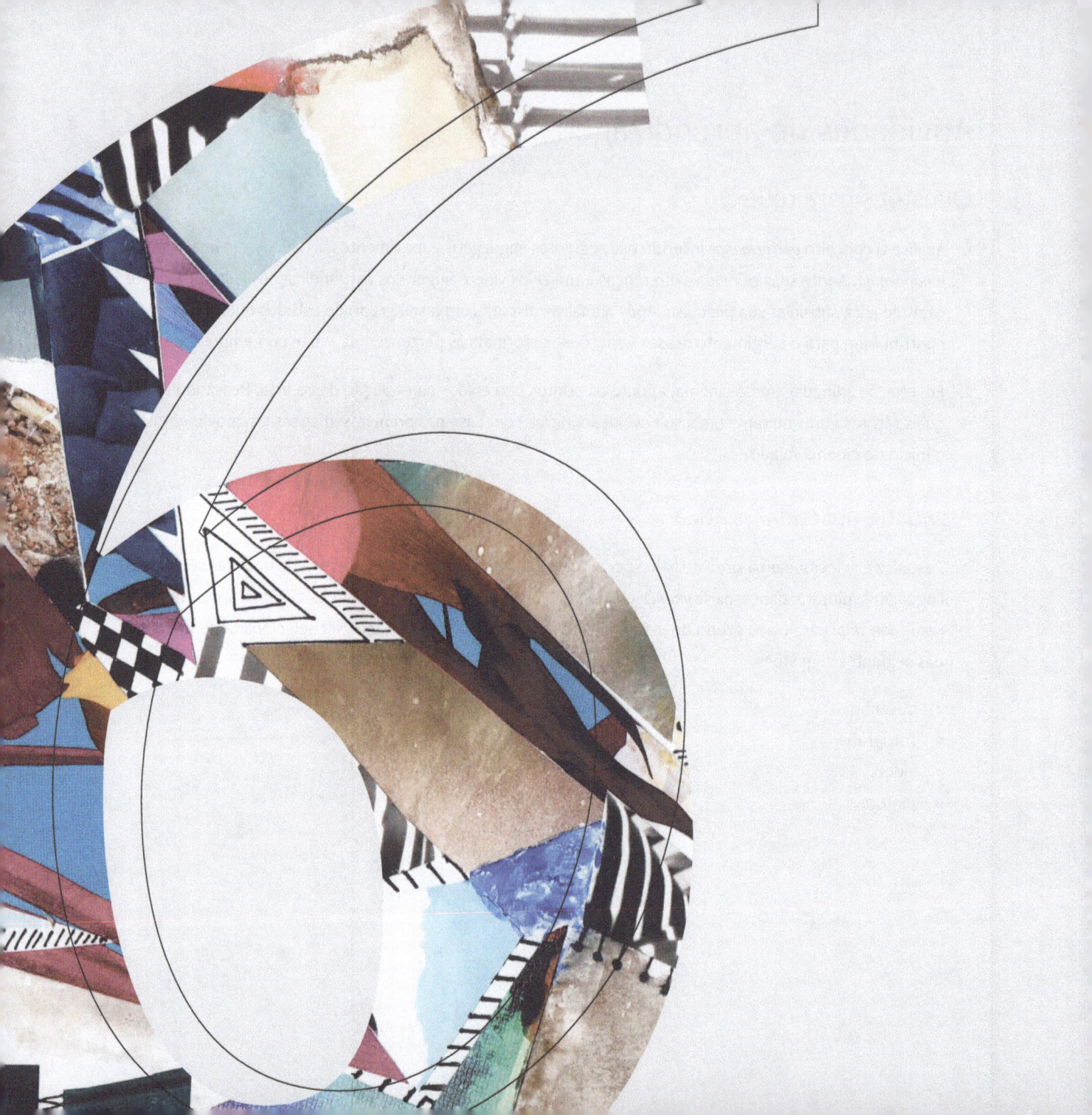

A intertextualidade na arte e sua prática

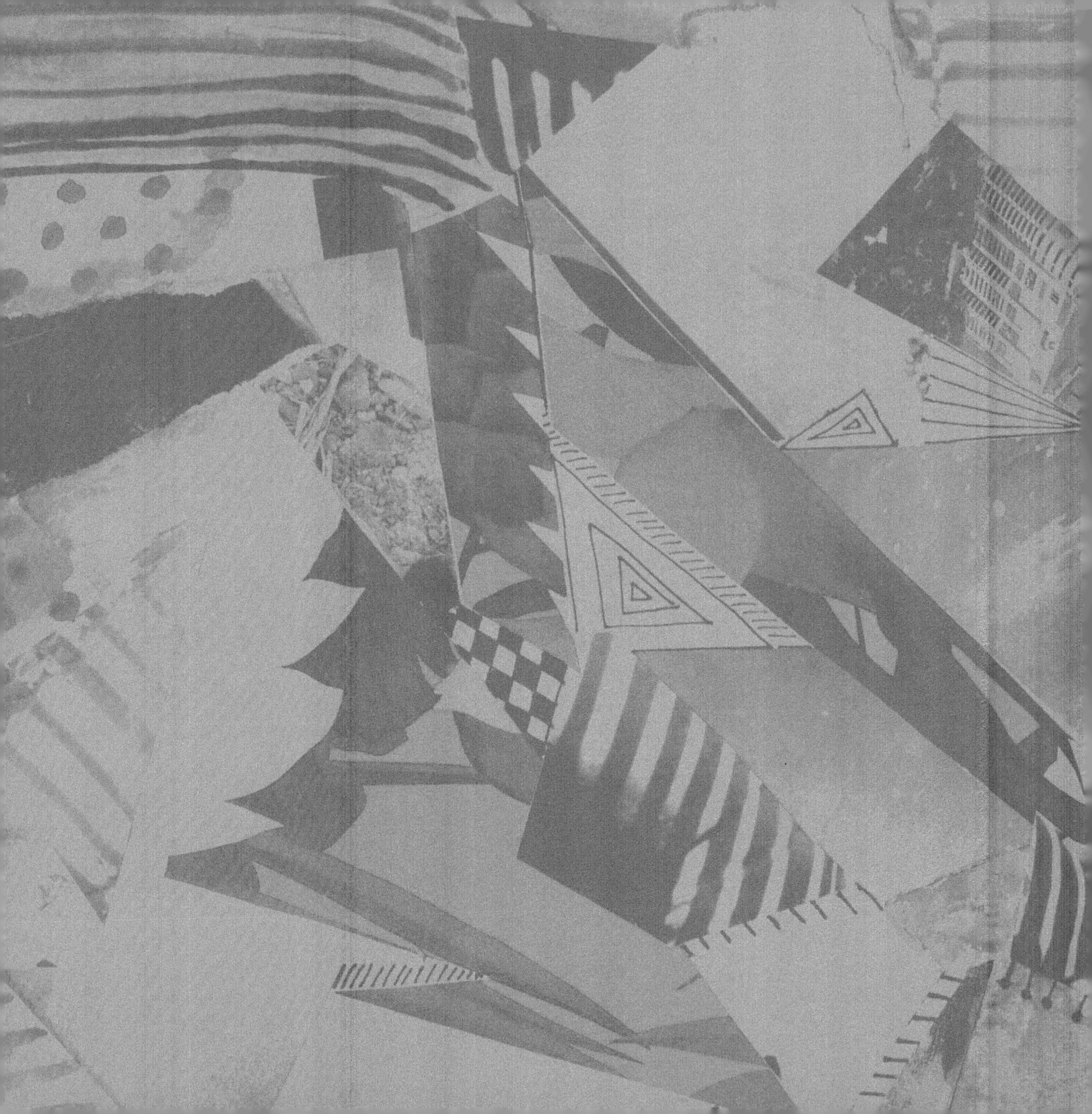

Neste capítulo, abordaremos a intertextualidade presente entre diferentes linguagens artísticas: cinema e teatro; música e cinema; teatro e dança; artes visuais e artes cênicas. Tendo como fio condutor a encenação, as possibilidades de diálogos entre distintos segmentos artísticos são apontadas com o intuito de se perceber novas formas de se trabalhar a arte.

Em um segundo momento, mostraremos sugestões de aulas práticas que podem ser desenvolvidas no ambiente educacional formal e informal. Algumas atividades são apresentadas dentro de apenas um segmento artístico, outras oferecem possibilidades de uma intertextualidade entre duas ou mais linguagens e, por fim, algumas sugestões são interdisciplinares e podem ser desenvolvidas no ambiente educativo em forma de projetos, com o objetivo de estabelecer um diálogo da Arte com outras disciplinas.

Sugerimos as atividades práticas de forma a auxiliar, pretendendo expandir, para você, novas possibilidades de aplicação da Arte no ambiente educacional.

6.1 A intertextualidade da encenação entre diferentes linguagens

No Capítulo 2, estudamos o conceito de *encenação* dentro do teatro e entendemos seus fundamentos e prática. A estrutura da encenação se altera de acordo com a linguagem que a executa. Os elementos que compõem a encenação no cinema são diferentes dos aplicados ao teatro, e o mesmo se diz da música e da dança.

No momento em que ocorre uma intertextualidade entre as linguagens, a estrutura da encenação também sofre interferência. Por exemplo, quando os elementos do texto narrativo do teatro são inseridos na dança, temos uma intertextualidade entre essas duas linguagens, ou seja, temos a *dança-teatro*; o que usualmente não aconteceria em uma encenação executada somente sobre os princípios da dança.

Neste capítulo, então, veremos as principais características decorridas da intertextualidade entre diferentes linguagens artísticas, divididas em:

- teatro e cinema;
- música e cinema;
- dança e teatro.

Apontaremos os elementos presentes na encenação, que se mesclam ou se alteram, decorridas do diálogo entre essas linguagens.

6.1.1 Teatro e cinema

O desenvolvimento do cinema, no início, ocorreu por meio do teatro. Como já vimos anteriormente, o cinema estava ligado ao espetáculo de variedades, no qual a forma de atuação estava baseada no teatro do Século XIX. De acordo com Costa (2005), os atores realizavam gestos estilizados e afetados, sempre de frente para o público e dirigindo-se ao espectador, tanto no teatro quanto no cinema.

Essa linguagem começou a se estruturar principalmente a partir do trabalho do cineasta norte americano David Griffith[1] (1875-1948) que, em seus primeiros filmes, adotou para os seus atores o metódo de interpretação de François Delsarte. Foi uma transição da interpretação que antes estava sendo desenvolvida ainda em cima dos teatros de feiras, para o método naturalista, que veio depois e está até hoje presente no cinema. O método da interpretação naturalista de Constantin Stanislavski, assunto também já abordado anteriormente, permeia praticamente toda a representação do cinema *hollywodiano* na atualidade.

Na Figura 6.1, podemos observar alguns gestos codificados de acordo com os estudos de Delsarte, a posição da descoberta, o luto, a súplica, a rejeição. Todas essas ações ligam um sentimento a um gesto fixo, gestos esses que serão geralmente adotados pelos atores de teatro e cinema dos anos de 1920 e 1930.

A substituição desse **método** ocorreu somente nos anos de 1940, quando Elia Kazan, juntamente com outros artistas, fundou o *Actors Studio*, em Nova Iorque, o qual disseminou o método do teórico teatral Stanislavski, primeiramente no teatro, mais especificamente na *Broadway*, e mais tarde no cinema.

Figura 6.1 – O método de Delsarte

Adriano Pinheiro

---

[1] David Griffith foi um grande contribuinte para a evolução do cinema, realizou centenas de filmes curta e longa metragem e seu filme *Nascimento de uma nação*, de 1915, inaugurou uma nova era do cinema. Griffith criou os conceitos de *superprodução*, *enquadramento* e também diversos outros elementos que estão presentes ainda hoje no cinema.

No método de Delsarte, existia um padrão de representação. Por exemplo, para a súplica, o ator estendia os braços; para o desespero, colocava as mãos na cabeça. Essa forma de representação era engessada e estereotipada, mas, com a evolução do cinema, ela foi aos poucos substituída pelo método naturalista de Stanislavski.

No que se refere à direção, nos primórdios, o cinema ficou muito ligado ao que era realizado no teatro, que consistia na marcação cênica dos atores, seleção do cenário e desenvolvimento dos diálogos. Até a visão que o espectador tinha da cena era similar ao teatro, já que o posicionamento da câmera era fixado com base na visão de um público em frente a um palco.

O próprio cenário lembrava uma encenação de teatro, e muitas vezes o fundo era composto por grandes telas pintadas e, em alguns casos, acontecia de os atores olharem para a câmera, como se o público estivesse presente.

Figura 6.2 – Cena do curta-metragem *The Living Playing Cards*, de Georges Méliès

Hulton Archive/Getty Images

Griffith foi o primeiro cineasta a utilizar enquadramentos, montagem paralela e movimentos de câmera nos filmes, criando maior dramaticidade às imagens e estabelecendo os princípios da linguagem do cinema.

Em *O nascimento de uma nação*, podemos perceber, com base na Figura 6.3, a diferença com os filmes de Méliès, com cenas externas, cenários mais realistas, enquadramento da atriz em primeiro plano.

Figura 6.3 – Cenas de *O nascimento de uma nação*, filme de David Griffith

Griffith concebe diversos elementos para a linguagem cinematográfica, com isso, ocorreu um afastamento do cinema com o teatro, mas nunca uma ruptura completa. Recentemente, temos exemplos de filmes que desenvolveram o intertexto entre o cinema e o teatro, os quais se destacaram dentro da indústria cinematográfica; alguns exemplos são o filme *Dogville*, de Lars Von Trier (2003), e *Birdman: a inesperada virtude da ignorância* (2014), de Alejandro Gonzáles Iñárritu.

No momento em que o cinema estabelece a sua própria nomenclatura, a estrutura de sua encenação recebe, igualmente, alterações. A planificação foi um dos elementos da linguagem cinematográfica que, segundo Aumont, estabeleceu uma das primeiras diferenças entre o cinema e o teatro. Para o autor, "Sem a planificação, a encenação de cinema estaria condenada a ser indefinidamente o decalque da encenação de teatro [...]. A planificação é um instrumento de regulação, que a lógica do cinema teria de inventar para substituir as regras demasiadas teatrais demasiado limitativas" (Aumont, 2008, p. 51).

A planificação é um estudo do diretor sobre o filme que ele irá produzir; é feita antes do início das filmagens, onde ele decide os enquadramentos, movimentos e ângulos de câmera que irá utilizar em cada cena. É o momento em que o cineasta **pensa** o espaço e tempo do filme, itens que a encenação teatral não possui para se estruturar.

6.1.2 Música e cinema

A música e o cinema nos oferecem inúmeras possibilidades de combinações e, de acordo com André Baptista (2007, p. 21), se experimentarmos várias músicas – de estilos e/ou épocas diferentes, sobre uma mesma cena, cada uma provocará como consequência uma leitura particular dessa cena. Por exemplo, uma encenação que inicialmente era para ser de caráter dramático poderá ter o seu sentido alterado e resultar em comédia, tamanha a importância da música na composição dramática.

Existem, segundo Baptista (2007), três planos sonoros tradicionais do cinema narrativo – fala, ruídos e música.

> A música pode simbolizar um filme, isto é, descrever de forma resumida o sentimento principal da narrativa [...] o valor agregado é um efeito criado por um acréscimo de informação, de emoção, de atmosfera, [...] Se agregarmos à imagem de um rosto neutro uma música alegre, meditativa ou atormentada, essa imagem assumirá a característica proposta pela música. (Baptista, 2007, p. 22)

A música trabalha também o tempo narrativo do filme. Por exemplo, para que uma cena em câmera lenta se torne mais "natural", de acordo com Baptista (2007, p. 25), é comum haver a retirada dos sons reais, o que ajuda a criar a sensação de colocar o que está fora do tempo, dentro do tempo.

O inverso também ocorre, ou seja, a impressão de aceleração do tempo gerada com o auxílio da música. Em uma cena de perseguição, por exemplo, Baptista (2007, p. 28) afirma que a música serve, nesse caso, para transmitir a noção psicológica de pressa, com base em seus próprios meios expressivos.

Outro ponto importante a ser ressaltado é que a música acompanha o cinema de acordo com a sua época e se ajusta a ele. Baptista (2007, p. 29) nos mostra dois exemplos: o primeiro ocorre em filmes produzidos nos anos 1940, nos quais os atores têm uma atuação sóbria e contida e o batimento de seus corações é sugerido somente pela música, hiper-expressiva. O autor diz que, "Já nos anos 60, alguns filmes têm a música mais articulada e objetiva e a interpretação dos atores tende a um certo expressionismo" (Baptista, 2007, p. 29).

Nesse sentido, podemos constatar que, além de se ajustar ao cinema, a música pode servir de fonte equilibradora da encenação. Mas isso não é uma regra, já que a música pode se mostrar indiferente à cena, caso seja do interesse do diretor.

Para exemplificar essa possibilidade de indiferença da música frente à cena que se desenvolve no filme, Baptista (2007, p. 30) cita o filme *O silêncio dos inocentes* (1990), de Jonathan Demme. Na cena em que o personagem Hannibal assassina selvagemente dois policiais, ouvimos, como trilha sonora, o movimento lento do Concerto Italiano de J. S. Bach. Nesse caso, são possibilidades de variações na encenação que o diretor de cinema pode aplicar, valendo-se da música.

Cláudia Gordamn, citada por Baptista (2007, p. 31), diz que "a música no tradicional cinema narrativo tem como função principal envolver emocionalmente o espectador, desarmando o seu espírito crítico e colocando-o 'dentro' do filme". O mesmo autor (citado por Baptista, 2007) ainda afirma que o cinema é comparado à hipnose e a música o auxilia nesse processo, por meio da harmonia, da melodia e do ritmo.

Para isso, é importante observar alguns itens. Por exemplo, se a voz do ator é aguda, um som grave combina mais com a cena; se o objetivo é trabalharmos uma encenação de transparência, que almeja suscitar a ilusão, a música deve intensificar as emoções, mas sem que o público se torne consciente do que o está conduzindo e, nesse caso, a música é um importante elemento de condução dos sentimentos do espectador.

Todo esse processo é pensado previamente pelo diretor, que dirige o filme como quem conduz uma orquestra na qual todos os "instrumentos" precisam estar afinados e em sintonia e alinhados de forma que a encenação se torne orgânica para o espectador: atores, roteiro, iluminação, figurino, cenário, fotografia, edição/montagem.

6.1.3 Dança e teatro

No Século XX, segundo Portinari (1989), surgiu, na Alemanha, o movimento artístico chamado *expressionismo*, que buscava externar o inconsciente do ser humano. Sua abordagem era direcionada na expressão do subjetivo, e os sentimentos, principalmente o sofrimento individual e coletivo do ser humano, era encenado por meio da representação de formas grotescas e distorcidas.

Esse movimento foi assimilado por diversas linguagens artísticas, como teatro, cinema, artes visuais, música e dança e, dentro desse contexto, especialmente a partir das décadas de 1920 e de 1930, segundo Oliveira (2014), surgiu a dança-teatro. O movimento expressionista teve a dança-teatro alemã como principal precursora, ao lado de Mary Wigman, Kurt Joss e Rudolf von Laban.

Com o advento da Segunda Guerra Mundial, os estudos dessa nova vertente cênica foram interrompidos e retomados, de acordo com Oliveira (2014), no Pós-Modernismo, em 1970, pela também alemã Pina Bausch, que contribuiu para a inserção da dança-teatro na história da arte contemporânea.

Bausch foi aluna de Kurt Jooss, discípulo de Laban, em 1960, e ganhou uma bolsa de estudos em Nova Iorque, onde teve contato com as técnicas da dança moderna norte-americana, principalmente as difundidas por Martha Grahan. Na cidade, ela estabeleceu os principais fundamentos da dança-teatro pós-moderna, os quais, segundo Oliveira (2014) foram:

- a quebra da quarta parede nas encenações, com o intuito de estabelecer uma relação direta com público;
- encenações que privilegiam o processo ao invés do produto cênico;
- poética cênica permeada pelo acaso, risco e sincronicidade;
- diluição das fronteiras entre as artes e a vida;
- reconhecimento do valor individual de cada espectador como agente compositor da cena, o que permite ao espectador estar consciente de seu papel de testemunha da ação.

Oliveira (2014) aponta a essência da dança-teatro de forma resumida e pontual:

> Bausch herdou de Jooss a compreensão de que a dança é essencialmente teatro e que cada movimento tem um sentido e uma história por trás. Por isso suas matrizes estéticas enfatizam as relações humanas, permitem o diálogo entre as diferentes linguagens artísticas e utilizam os movimentos cotidianos como tessituras do texto espetacular. (Oliveira, 2014, p. 8)

Ao analisarmos os princípios fundamentais desenvolvidos por Bausch, percebemos outra presença em suas obras: ao quebrar a quarta-parede, Bausch traz elementos do teórico teatral Bertolt Brecht. Oliveira, (2014, p. 8) aponta alguns procedimentos do teatro épico, adotados por Pina Bausch:

- A não representação psicológica, pois os dançarinos se distanciam dos personagens por meio da repetição do gesto;
- A cena teatralizada e literalizada;
- Utilização de cenário anti-ilusionista;
- Quebra da quarta parede, com o intuito de mostrar aos espectadores os mecanismos teatrais e criticar as representações convencionais;
- Confrontação direta com o público;
- Não linearidade dramatúrgica;
- Cena organizada com base em colagens e justaposição de diferentes cenas apresentadas simultaneamente sem encadeamentos lineares.

Com isso, percebemos que, além de trabalhar a intertextualidade entre dança e teatro, gerando uma nova forma de arte, Bausch também desenvolve uma dança de opacidade, que pretende suscitar uma reflexão no público presente, como no teatro e no cinema de opacidade.

A dança-teatro elaborada por Pina Bausch pretende não apenas uma nova estética, mas uma forma diferenciada de relação entre a obra/dança e o espectador, como também entre a dança e o bailarino/corpo.

6.2 Arte como apropriação do espaço e sua aplicação no ambiente educativo

No Brasil, o ensino da Arte percorreu várias etapas ao longo da história da educação, sua implantação ocorreu por meio da Academia Imperial de Belas Artes, em 1826, passou pela arte artesanal e, mais tarde, pelo desenho que deveria ter como base as formas geométricas, até chegar ao que temos hoje. No decorrer desse processo, a metodologia e conteúdo da disciplina sofreram grandes mudanças.

A maior parte da arte desenvolvida a partir dos anos 1960 questionava o seu próprio conteúdo e suas instituições. Posteriormente, a temática se expandiu: feminismo, meio ambiente, consumismo, poder e identidade se tornam alguns temas mais comuns ao meio artístico, como enfrentamento a estereótipos preestabelecidos e presentes em diversas camadas da sociedade.

Em consequência dessa alteração, o ambiente que a arte ocupava recebeu acréscimos, pois não era mais possível que ficasse restrita a museus e ao sistema comercial e hegemônico. Com isso, emergiu a arte pública, com ocupação e ou apropriação de espaços como hospitais, bibliotecas e ruas.

Os meios de comunicação também se multiplicaram, televisão, rádio, publicidade e, por último, a internet, exibem o que antes ficava restrito aos museus e à elite, fazendo com que a arte contemporânea alcance um público com grande diversidade cultural e social.

Paralelo a essas inovações, é natural que a forma como a arte era trabalhada no ambiente educacional sofresse, também, alterações. Metodologias, didáticas e temáticas se reconfiguraram para atender os novos conceitos instaurados.

A ocupação ou apropriação de espaços se expandiu, como também as linguagens trabalhadas. Foi o momento em que se apropriar do muro da escola para trabalhar o grafite, ocupar o refeitório para uma apresentação de teatro-dança ou usar os corredores para expor instalações passaram a ser práticas que se tornaram comuns no ambiente escolar.

6.2.1 Artes integradas: atividades práticas

Ainda em se tratando do ambiente escolar, as atividades práticas são de suma importância para a interiorização do aluno sobre o conteúdo estudado. Ana Mae Barbosa (1978), em sua proposta triangular do estudo da arte, defende que a disciplina de Arte deve abordar três etapas em sua metodologia:

1. Contextualização histórica (conhecer a sua contextualização histórica);
2. Fazer artístico (fazer arte);
3. Apreciação artística (saber ler uma obra de arte).

São esses, para a autora, os requisitos de uma aula de Arte e, quando não cumpridos, não estamos tratando de uma aula de arte, mas, sim, de artesanato (Barbosa, 1978). Nesse sentido, é importante que o discente saiba o contexto em que determinada obra de arte foi criada, que seja capaz de ler essa obra, ou seja, identificar suas principais características; por exemplo, ao assistir uma apresentação de dança, conseguir perceber se ela pertence ao balé clássico ou à dança contemporânea.

Por fim, uma aula de Arte deve orientar o educando a se expressar por meio da prática da arte, não fazer a arte livremente, como se fosse uma aula de relaxamento, mas, como sujeito crítico-social, orientá-lo a **pensar essa arte** enquanto a executa. Sua temática, sua técnica, entender como era o contexto onde ela foi criada e conseguir transpô-la para a realidade atual, tendo por base suas experiências de vida e seu ambiente cultural. O discente deve ser capaz de **criar e pensar a arte**.

Figura 6.4 – Proposta triangular de Ana Mae Barbosa

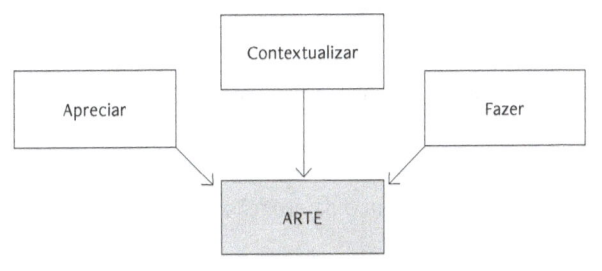

Considerando que a arte contemporânea se revela intertextual, é importante que o discente tenha a percepção dessa nova realidade e receba subsídios necessários para desenvolver essa prática.

A seguir, apresentamos algumas sugestões de atividades que podem ser desenvolvidas dentro do ambiente educacional. É válido ressaltar que todos os exercícios propostos aqui já foram aplicados em sala de aula, com alteração no grau de dificuldade de acordo com a série trabalhada, e tiveram aceitação por todos os alunos.

6.2.2 Construir a arquitetura do espetáculo: primeiros passos

Na elaboração de uma peça de teatro, diversos fatores devem ser levados em conta. O primeiro deles é considerar se a peça constituirá um teatro direto ou um teatro indireto. Além disso, é preciso pensar a faixa etária dos participantes, o texto que será trabalhado (adaptação, original, resumo de uma peça conhecida), o tempo também deve ser levado em conta (o indicado para o ambiente educativo seriam as esquetes, que são textos curtos com duração em média de cinco a quinze minutos), entre muitos outros fatores.

Para propor um processo de estruturação e montagem de uma peça, mostramos agora o roteiro elaborado por Pavis, no qual ele sugere um questionário que deve ser respondido antes e durante o processo de criação de uma peça de teatro. Os principais pontos a serem pensados seriam:

Características gerais da encenação
- O que diz respeito aos elementos do espetáculo [...].
- O que o perturba nessa encenação: quais são os momentos fortes, fracos ou tediosos? [...]

Cenografia
- Formas do espaço urbano [...].
- Relação entre o espaço do público e o espaço da atuação.
- Sistema de cores e formas [...].

> **Sistemas de iluminação**
> - Natureza, ligação com a ficção e a representação [...].
>
> **Objetos**
> - Figurinos, maquiagens, máscaras – Função, sistema, relação com o corpo.
>
> ***Performance* dos atores**
> - Descrição física dos atores (gestualidade, mímica, maquiagem) [...].
>
> **Como registrar (fotografar ou filmar) esse espetáculo? Como conservar em sua memória? O que escapa do registro?**

Fonte: Pavis, 2001, p. 337, grifo do original.

Esse questionário representa uma forma geral de perceber todos os elementos que compõem a montagem de uma peça, seja ela profissional ou no ambiente educativo. Contudo, é válido ressaltar que, sendo a licenciatura o nosso foco, adaptamos o questionário original pensando no ambiente escolar.

6.2.3 Concepção da improvisação coreográfica

Nesse tópico, apresentamos algumas ideias para o trabalho com a dança em sala de aula. São sugestões de criação de improvisação elaboradas com base nas atividades desenvolvidas por Lenira Rengel (2008), para as quais a autora toma por base os temas de movimento, de Rudolf Laban. É válido dizer que alguns exercícios foram alterados ou resumidos pensando no ambiente educativo.

É importante lembrar, ainda, de não aplicar todos os itens em conjunto, mas selecioná-los um de cada vez e deixar o educando explorar as diversas possibilidades de cada elemento. O trabalho deve ser desenvolvido em grupo, mas cada integrante deve se ater ao seu movimento, voltar-se para si mesmo e não prestar atenção no que os outros integrantes estão desenvolvendo.

Cada exercício terá uma estimativa de tempo, mas é preciso considerar a faixa etária da turma (quanto mais nova a turma, menor deverá ser o tempo), além de perceber o ritmo dos educandos, sendo que em alguns casos o exercício pode durar mais ou menos tempo, mas é preciso procurar não ultrapassar 10 minutos nessa alteração, para turmas iniciantes.

Aquecimento

- Para trabalhar a fluência: Imaginar ser uma folha sendo levada pelo vento, que pode se transformar em furação, uma suave brisa, o vento para repentinamente. Com isso, o educando se move com diferentes fluências, passando de uma forma mais agitada para uma com leveza. Se o grupo pertencer ao nível iniciante, é indicado sugerir o exercício oralmente, durante todo o processo, com frases como "Agora veio uma ventania...", pois isso ajudará os integrantes com mais dificuldade de criação a desenvolver sua percepção corporal. Tempo: 15 minutos.
- Formar duplas. Um aluno será o boneco e o outro comanda; o boneco deverá se deixar manipular. Depois de um tempo (o educador avisa o momento), as duplas devem inverter os papéis, ou seja, o que era o boneco irá comandar. Tempo: 5 minutos para cada boneco – Total de 10 minutos.
- Imaginar ser a água, se mover como uma cachoeira (que cai e se arrasta), como o rio, como o mar, uma chuva fina (pulando leve), uma chuva forte (pula com mais intensidade). Esse exercício trabalha rolamento, salto e queda, entre outros. Tempo: 10 minutos.
- Brincadeira da estátua. É possível criar formas diferentes, por exemplo, andaram no ritmo das palmas que se iniciam rápido, depois diminui processo inverso e quando estiver rápido para bruscamente. No lugar das palmas, pode-se usar música, um instrumento (atabaque, por exemplo). Aqui, a criatividade do professor conta bastante. Esse exercício é muito bom para iniciar as atividades, pois, além de aquecer, deixa o grupo mais à vontade para os exercícios mais complexos. Tempo: 5 minutos.
- Imaginar ser uma pipoca. Saltitar como uma pipoca trabalha os saltos dentro do espaço: médio e alto. Tempo: 5 minutos.
- Os chamados **movimentos funcionais** podem ser comandados pelo educador sugerindo, além dos movimentos, o ritmo e o peso –, por exemplo, digitar rápido, varrer o chão lentamente, empurrar uma cadeira pesada. Pode também ser feita uma variação, no primeiro momento deixa o tempo livre do educando, depois no segundo momento trabalha o ritmo e o peso. Tempo: 15 minutos.

Os movimentos foram caracterizados por Rudolf Laban de duas formas:
1. Movimentos funcionais: desenvolvemos no cotidiano, como escovar os dentes, abrir uma porta, pentear o cabelo.
2. Movimentos expressivos: criação criativa do movimento.

É válido mencionar, no entanto, que, para as crianças, não existe uma diferença entre o funcional e expressivo, pois o mundo concreto ainda está em construção. Por isso, é importante que tanto o movimento expressivo quanto o movimento funcional sejam trabalhados em conjunto.

6.2.4 Pensar a intertextualidade e sua aplicação

No decorrer dos estudos deste livro, percebemos que ocorreram alterações na metodologia do ensino da Arte e sua prática, em que diferentes linguagens podem ser trabalhadas simultaneamente dentro do conceito de *intertextualidade*. O importante é perceber as possibilidades de diálogos dentre os inúmeros processos analisados aqui:

- teatro;
- música;
- dança;
- cinema;
- *performance*;
- *happening*;
- *flash mob*;
- instalação;
- arte ambiental;
- *land art*;
- arte da percepção – arte e tecnologia;
- arte híbrida – arte e objeto.

Além da intertextualidade entre as linguagens, devem-se também pensar nos espaços e suas possibilidades de relação com o trabalho prático. Questões como apropriação ou intervenção precisam ser levadas em conta.

Todos esses fatores deverão ser observados pensando na realidade do educando, o ambiente onde ele se encontra inserido, respeitando sempre seus limites e questionamentos.

A seguir, apresentamos sugestões de exercícios que trabalham a intertextualidade entre as diversas linguagens da arte.

6.2.4.1 Artes visuais e teatro

O trabalho deve ser realizado tendo como temática as Vanguardas Europeias.

Primeiramente, o professor deverá iniciar, por meio de imagens e textos, o assunto *Vanguarda Europeia*, mostrando seus principais movimentos: cubismo, expressionismo, futurismo, dadaísmo, surrealismo e abstracionismo.

Feito isso, em um segundo momento, pode-se a trabalhar o teatro por meio de imagens de pinturas pertencentes à Vanguarda Europeia, selecionados, e de preferência, impressos previamente pelo professor.

Depois de ter sido feito um aquecimento (sugestão de exercícios já passados nos itens sobre dança e sobre teatro) com os alunos, dividir a turma em grupos com quatro a seis integrantes e entregar uma imagem impressa diferente para cada grupo e solicitar que, com base nela, criem uma tela viva.

A forma de se trabalhar essa tela viva pode variar. Os alunos se posicionam em cena igual à imagem, congelados por alguns segundos e, após isso, iniciam uma improvisação que pode ou não terminar novamente igual ao início, ou seja, congelados na mesma posição da imagem.

Daremos um exemplo: a seguir temos duas imagens, sendo que a primeira retrata a obra de Georges Seurat e a segunda representa uma tela viva com base na disposição dos personagens presentes na pintura pontilhista.

Figura 6.5 – *Tarde de domingo na ilha da Grande Jatte*, de Georges Seurat

Figura 6.6 – Tela viva da pintura *Tarde de domingo na ilha da Grande Jatte*

SEURAT, Georges-Pierre. **Tarde de domingo na ilha de Grande Jatte**. 1884-1886. 1 óleo sobre tela: color.; 207 × 308 cm. Instituto de Arte de Chicago, Chicago. Helen Birch Bartlett Memorial Collection.

PREUSCHL, Mark. **Sábado no parque com amigos de Riverfront**. jul. 2006. Beloit, Wisconsin, Estados Unidos.

6.2.4.2 Cinema e música

Após apresentar aos alunos os conceitos gerais do cinema e da música, o professor poderá selecionar trechos de alguns filmes dentro do gênero *drama*. As cenas selecionadas deverão ter, obrigatoriamente, uma trilha sonora que enfatize a dramaticidade da cena.

Depois, separar a turma em grupos e sortear as cenas escolhidas para cada grupo. O professor poderá salvar a cena no *pendrive* do aluno.

Cada grupo deverá escolher outra trilha sonora para a cena do filme, com o objetivo de alterar o gênero da cena. Por exemplo, uma cena dramática, dependendo da música escolhida, pode se tornar cômica, ou ainda pender para o gênero de terror.

Caso os alunos tenham dificuldade para editar a trilha sonora em programas de edição, eles podem exibir a cena no mudo e a música ser tocada paralelamente em um aparelho de som.

6.2.4.3 Projetos interdisciplinares

Na definição das Diretrizes Curriculares Nacionais Gerais para a Educação Básica (Brasil, 2010), são estabelecidas as diretrizes e condutas que devem ser assumidas pela comunidade escolar. No art. 17, é descrita a forma como os projetos devem ser desenvolvidos e aplicados no ambiente educativo.

> Art. 17. No Ensino Fundamental e no Ensino Médio, destinar-se-ão, pelo menos, 20% do total da carga horária anual ao conjunto de programas e projetos interdisciplinares eletivos criados pela escola, previsto no projeto pedagógico, de modo que os estudantes do Ensino Fundamental e do Médio possam escolher aquele programa ou projeto com que se identifiquem e que lhes permitam melhor lidar com o conhecimento e a experiência.
>
> § 1º Tais programas e projetos devem ser desenvolvidos de modo dinâmico, criativo e flexível, em articulação com a comunidade em que a escola esteja inserida.
>
> § 2º A interdisciplinaridade e a contextualização devem assegurar a transversalidade do conhecimento de diferentes disciplinas e eixos temáticos, perpassando todo o currículo e propiciando a interlocução entre os saberes e os diferentes campos do conhecimento. (Brasil, 2010)

A seguir, algumas sugestões de projetos que podem ser desenvolvidos no ambiente educativo.

Disciplinas: Arte, Português e História

Na disciplina de Arte, o professor irá inserir o aluno nos elementos pertencentes ao teatro por meio de aulas práticas e teóricas; na disciplina de História, o educando é inserido no contexto histórico onde surgiu o teatro e, por fim, a disciplina de Português irá desenvolver um texto teatral, com base na estrutura dramatúrgica dessa linguagem, de preferência em formato de esquetes que resultem em cenas curtas de no máximo 10 minutos.

A temática deverá ser sugerida e elegida antecipadamente pelos professores. Podem ser trabalhados temas como educação ambiental, consciência negra e diversidade cultural, entre outras possibilidades.

Os textos escritos pelos alunos nas aulas de Português serão ensaiados, com predominância nas aulas de Arte. Os alunos irão trabalhar, além de diferentes disciplinas, a intertextualidade entre as linguagens da Arte, pois terão de criar o cenário das encenações (artes visuais), a trilha sonora (música) e a interpretação do texto (teatro).

O professor de História pode também abordar o contexto histórico em que as músicas selecionadas para as esquetes teatrais foram desenvolvidas, além de participar da escolha das músicas.

Ao término do projeto, os alunos deverão, em uma **Mostra Cultural**, apresentar para a comunidade escolar as esquetes montadas. É válido ressaltar que, devido à complexidade do projeto, os professores de História e Português também deverão ceder algumas aulas para os ensaios, como também fazer sugestões para a montagem das esquetes. É imprescindível que os alunos percebam que todos os professores participantes do projeto estão comprometidos com a proposta.

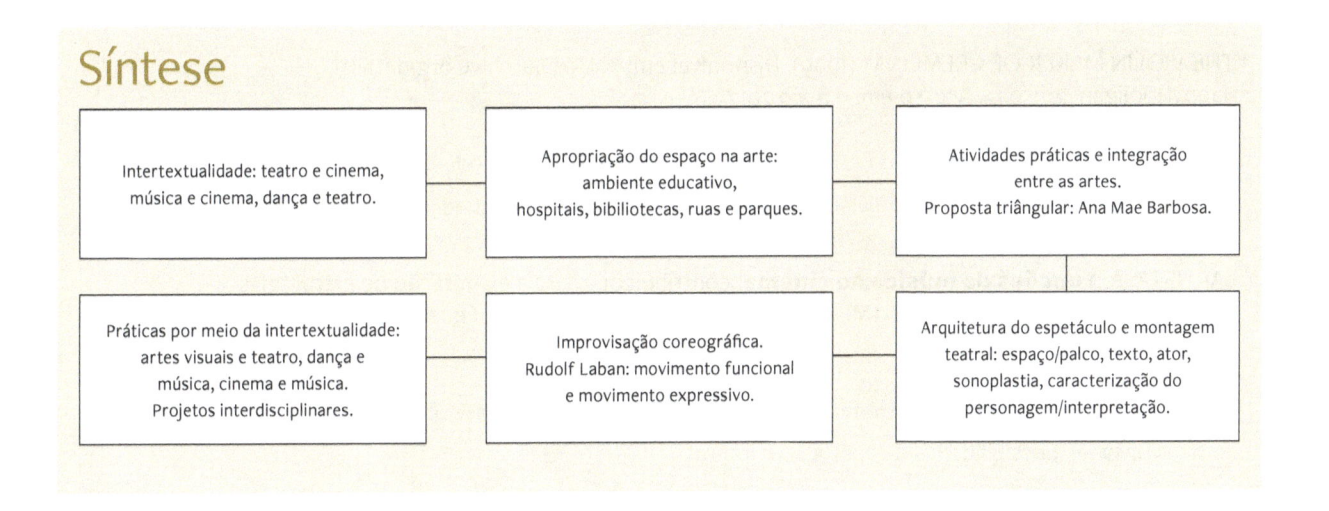

Síntese

- Intertextualidade: teatro e cinema, música e cinema, dança e teatro.
- Apropriação do espaço na arte: ambiente educativo, hospitais, bibiliotecas, ruas e parques.
- Atividades práticas e integração entre as artes. Proposta triângular: Ana Mae Barbosa.
- Práticas por meio da intertextualidade: artes visuais e teatro, dança e música, cinema e música. Projetos interdisciplinares.
- Improvisação coreográfica. Rudolf Laban: movimento funcional e movimento expressivo.
- Arquitetura do espetáculo e montagem teatral: espaço/palco, texto, ator, sonoplastia, caracterização do personagem/interpretação.

Indicações culturais

DOGVILLE. Direção: Lars Von Trier. França, Itália, Dinamarca, Suécia, Finlândia e Holanda: Zentropa Entertainments, 2003. 177 min.

> O cenário de *Dogville* lembra uma planta baixa; no lugar de paredes, o diretor opta por chãos riscados, ou ainda, em vez do objeto, apenas a escrita do nome desse objeto. Todo o filme foi filmado dentro de um galpão localizado na Suécia. *Dogville* aplica conceitos do teatro de Brecht, conhecido como *efeito de distanciamento*, ao quebrar a ilusão por parte do público, com um cenário que denuncia a ficção, uma vertente oposta ao cinema hegemônico.

THE LIVING PLAYING CARDS. 1905. Disponível em: <https://archive.org/details/The_Living_Playing_Cards>. Acesso em: 9 maio 2017.

> Nesse *link*, você encontrará um vídeo que exibe um dos primeiros trabalhos de Georges Méliès.

"THE VIOLIN MAKER OF CREMONA" (1909). Disponível em: <https://archive.org/details/HappyHooligan_201504>. Acesso em: 9 maio 2017.

> Esse *link* exibe por completo o filme considerado a primeira superprodução realizada no cinema e que mudou o conceito de produção cinematográfica dentro do cinema mundial.

BAPTISTA, A. **Funções da música no cinema**: contribuições para a elaboração de estratégias composicionais. 174 f. Dissertação (Mestrado em Música) – Universidade Federal de Minas Gerais, Belo Horizonte, 2007.

> A dissertação de mestrado de André Baptista aborda, de forma clara e objetiva, a música no cinema e suas diversas possibilidades de aplicação e interação.

PINA BAUSCH The fall dance. Disponível em: <htttps://www.youtube.com/watch?v=zS8hEj37CrA>. Acesso em: 9 maio 2017.

SAGRAÇÃO da Primavera por Pina Bausch. Disponível em: <https://www.youtube.com/watch?v=-bp4kiW_te4>. Acesso em: 9 maio 2017.

> Nesses dois *links*, você encontrará vídeos que exibem trechos de trabalhos de dança – teatro da bailarina e coreógrafa Pina Bausch. É possível perceber a diferença nos graus de intertextualidade das duas linguagens: dança e teatro.

PINA. Direção: Wim Wenders. França, Reino Unido, Alemanha: Neue Road Movies, 2012 103 min.

> Pina é um documentário alemão em 3D, sobre a obra da bailarina e coreógrafa alemã Pina Bausch. É uma homenagem do cineasta alemão Wim Wenders.

Atividades de autoavaliação

1. Os primeiros filmes ou imagens em movimento, como eram chamados na época, surgiram a partir de 1895 e eram exibidos em feiras, circos, teatros de ilusionismo, parques de diversões, cafés e em todos os locais onde havia espetáculos de variedades. Sobre esse início do cinema, é correto afirmar que:
   a) O cinema não é considerado uma arte, posto que não possua valores estéticos que possam delimitar sua forma e composição.
   b) Desde o seu início, o cinema se desenvolveu como uma arte isolada, sem nenhuma presença ou intertextualidade com outras áreas artísticas.
   c) Mesmo depois de se estabelecer como uma linguagem própria, o cinema, na atualidade, ainda possui filmes que dialogam com o teatro.
   d) Apesar dos múltiplos esforços de diversos empresários, o cinema não encontrou público, já que a maioria, por ser de classe operária, não compreendeu sua linguagem e, devido a isso, não fomentou a indústria cultural e, também contemporaneamente, é uma arte pouco valorizada.

2. Com base nos conceitos abordados aqui sobre dança-teatro, assinale as afirmativas a seguir como verdadeiras (V) ou falsas (F).

( ) Pina Bausch foi uma coreógrafa norte-americana que desenvolveu a dança moderna de Martha Grahan.
( ) A dança-teatro se originou na Alemanha, no período do Modernismo.
( ) Um dos primeiros elementos presentes na dança-teatro de Pina Bausch foi a quebra da quarta parede, com o objetivo de estabelecer uma relação direta com público.
( ) A dança-teatro privilegiou o processo de criação em vez do produto cênico.
( ) Pina Bausch trabalhou em sua dança, elementos presentes no teatro épico, do teórico teatral Bertolt Brecht.
( ) Um dos primeiros coreógrafos a fundamentar elementos presentes na dança-teatro foi Rudolf Laban.

Agora, assinale a alternativa que corresponde à sequência correta:

a) F, V, V, V, F, F.
b) V, F, F, V, V, F.
c) F, V, V, V, V, V.
d) F, V, V, F, V, F.

3. Sobre a intertextualidade entre o cinema e teatro, assinale as afirmativas a seguir como verdadeiras (V) ou falsas (F).

( ) O cinema é uma linguagem que se desenvolveu com base em imagens em movimento. Nesse sentido, surgiu da fotografia, que foi a principal influência para o desenvolvimento do cinema.
( ) No início do cinema, o cenário dos filmes lembrava uma encenação de teatro na qual, muitas vezes, o fundo era composto por grandes telas pintadas.
( ) Uma das grandes evoluções do cinema ocorreu com a criação de enquadramentos e movimentos de câmera, que alterou a encenação dos filmes.

( ) Na atualidade, o método de encenação naturalista, desenvolvido pelo teórico teatral Constantin Stanislavski, é o mais utilizado no cinema da indústria cultural.

( ) Devido ao grande desenvolvimento que ocorreu na linguagem cinematográfica, a linguagem teatral nunca mais foi utilizada no cinema.

( ) David Griffith foi um grande teórico teatral, auxiliou muito no desenvolvimento dessa linguagem e utilizou, como base de estudo, o método de François Delsarte.

Agora, assinale a alternativa que corresponde à sequência correta:

a) F, V, V, V, F, F.
b) V, F, F, V, V, F.
c) V, F, F, F, V, F.
d) F, V, V, F, V, F.

4. Sobre a proposta triangular do ensino da Arte, teoria desenvolvida por Ana Mae Barbosa, assinale a alternativa correta:
   a) As aulas de Arte devem ser realizadas de maneira livre pelo educando, como se fosse uma aula de relaxamento.
   b) O discente deve copiar as atividades práticas e representá-las o mais próximo possível ao modelo oferecido pelo educador, seja no desenho, pintura, dança ou qualquer outra linguagem trabalhada em sala.
   c) O educando deve entender a temática e técnica da obra, dentro do contexto de sua criação e conseguir transpô-la para a realidade atual, tendo por base suas experiências de vida e seu ambiente cultural.
   d) O único objetivo da aula de Arte é suscitar no educando a sua capacidade técnica artística.

5. Neste capítulo, foram sugeridas para você algumas atividades práticas ligadas às artes integradas, pensando no ambiente educativo. Com base nessas experiências, assinale a alternativa correta.
   a) A atividade prática da dança possui um tempo de cada exercício, ele deve ser seguido à risca, nenhum minuto a mais ou a menos, indiferente do ritmo da turma.
   b) A atividade prática do teatro deve ser bem direcionada, sempre pensando no resultado final. A peça deve estar bem representada e se aproximar ao máximo de um espetáculo profissional.
   c) A instalação, quando criada pelo discente, seja de forma individual ou em grupo, deve ser montada somente dentro da sala de aula, para não expor o educando.
   d) Todas as atividades práticas devem levar em conta o processo do educando, instigando-o a pensar a arte, sendo o resultado final uma consequência desse processo e não o seu principal objetivo.

Atividades de aprendizagem

Questões para reflexão

1. Selecione um filme de sua livre escolha e o analise do ponto de vista da intertextualidade entre a música e o cinema. Para isso, tome por base o texto visto neste capítulo, que aborda esse assunto. Enumere os elementos percebidos presentes na música que auxiliaram na ambientação e/ou encenação do filme e apresente sua análise para o grupo de estudos.

2. Elabore um questionário com cinco perguntas e respostas que discorra sobre as formas de intertextualidade presentes na arte contemporânea. Discuta com o seu grupo de estudos as questões levantadas pensando em quais foram os fatores que contribuíram para esse intertexto entre as linguagens artísticas.

Atividade aplicada: prática

Faça a adaptação de uma peça de teatro com base em um filme que você assistiu ou um livro que tenha lido, pensando em montá-la em um ambiente educativo, por meio do teatro indireto (fantoches seria o mais indicado). Nesse caso, ela não precisa ser longa, em média de 15 a 20 minutos é um tempo razoável – sempre deve-se levar em conta o perfil da turma. O teatro indireto se apoia principalmente nos diálogos, visto que os bonecos (fantoches) oferecem pouca possibilidade de exploração do espaço cenográfico. Por isso, se atenha a diálogos que ilustrem a história com clareza. É preciso pensar no ritmo da encenação, sendo assim, os diálogos curtos são os mais indicados nesse gênero de teatro.

Considerações finais

Finalizamos esta obra pontuando a necessidade de expandirmos o conhecimento sobre a metodologia aplicada às práticas pedagógicas dentro dos processos de ensino e aprendizagem da educação de arte dos nossos alunos. Para isso, é sempre necessária a formação contínua, a reciclagem, de forma a aprofundar nossos conhecimentos, nas diferentes linguagens artísticas, de maneira prática e teórica.

Os assuntos levantados aqui são pertinentes e de grande importância para o estudo da arte e e podem servir como elementos norteadores no sentido de orientar o caminho que se deve percorrer para o aprofundamento dessa área. O assunto requer um estudo constante por parte daqueles que pretendem atuar no ambiente educativo, objetivando ofertar um diferencial como profissional da educação.

A intertextualidade e a integração das diferentes linguagens artísticas são elementos necessários no ambiente educativo, sobretudo devido às alterações, tanto estéticas quanto temáticas, ocorridas no campo das artes, e que são oriundas principalmente do pós-modernismo.

É importante ressaltarmos que a arte, ao longo da história, sempre esteve em desenvolvimento, e que hoje ela é o resultado de um longo processo que iniciou ainda na Pré-História.

Nesse sentido, é importante nos atermos sempre aos novos elementos que continuarão a surgir no cenário artístico, já que, como vimos nesta obra, a arte é similar a um organismo vivo, em constante mutação e regeneração.

Referências

ACADEMIA ARTMÚSICA. **Glossário**. Disponível em: <http://www.artmusica.net/am/tecnicos/glossario/glossario.htm>. Acesso em: 10 abr, 2017.

ADAMI, F. K. Os instrumentos da orquestra. **Orquestra Virtual UFRGS**, Porto Alegre, 2012. Disponível em: <http://www.ufrgs.br/napead/repositorio/objetos/orquestra-virtual/instrumentos.php>. Acesso em: 10 abr, 2017.

ALLAN Kadrow e o nascimento do Happening. **Bienal de São Paulo**, 29 ago. 2012. Disponível em: <http://bienal.org.br/post.php?i=336>. Acesso em: 9 maio 2017.

AMADEI, Y. Correntes migratórias da dança: modernidade brasileira. In: MOMMENSOHN, M.; PETRELLA, P. (Org.). **Reflexões sobre Laban, o mestre do movimento**. São Paulo: Summus, 2006. p. 25-37.

ANÍBAL; CHARO; DANIEL, J. **St. Paul's Cathedral and the Globe**. Disponível em: <https://goingtolondon.wikispaces.com/St.+Paul%27s+cathedral+and+the+Globe>. Acesso em: 10 abr, 2017.

ARAUJO, D. C. **Imagens revisitadas**: ensaios sobre a estética da hipervenção. Porto Alegre: Sulina, 2007.

ARAÚJO, F. **Marionete**. Disponível em: <http://www.infoescola.com/teatro/marionete/>. Acesso em: 10 abr, 2017.

ARCHER, M. **Arte contemporânea**: uma história concisa. São Paulo: M. Fontes, 2008. (Coleção Mundo da Arte).

ARISTÓTELES. **Da arte poética**. São Paulo. M. Claret, 2004.

ASLAN, O. **O ator no século XX**. São Paulo: Perspectiva, 2005. (Coleção Estudos).

AUMONT, J. **O cinema e a encenação**. Lisboa: Texto & Grafia, 2008.

_____. **As teorias dos cineastas**. Campinas: Papirus, 2012.

BAKHTIN, M. **Estética da criação verbal**. São Paulo: M. Fontes, 1997.

BAPTISTA, A. **Funções da música no cinema**: contribuições para a elaboração de estratégias composicionais. 174 f. Dissertação (Mestrado em Música) – Universidade Federal de Minas Gerais, Belo Horizonte, 2007.

BARBOSA, A. M. (Org.). **Arte-educação**: leitura no subsolo. São Paulo: Cortez, 1997.

BARBOSA, A. M. **Arte-educação no Brasil**: das origens ao modernismo. São Paulo: Perspectiva, 1978.

BARROS, A. M. A arte da percepção na arte. In: MOMMENSOHN, M.; PETRELLA, P. (Org.). **Reflexões sobre Laban, o mestre do movimento**. São Paulo: Summus, 2006. p. 61-78.

BAZIN, A. **O cinema**: ensaios. São Paulo: Brasiliense, 1991.

BERTHOLD, M. **História mundial do teatro**. São Paulo: Perspectiva, 2001.

BOURCIER, P. **História da dança no ocidente**. São Paulo: M. Fontes, 2001.

BRASIL. Ministério da Educação. Conselho Nacional de Educação. Câmara de Educação Básica. Resolução n. 4, de 13 de julho de 2010. **Diário Oficial da União**, Brasília, DF, 14 jul. 2010. Disponível em: <http://www.seduc.ro.gov.br/portal/legislacao/RESCNE004_2010.pdf>. Acesso em: 10 abr. 2017.

CARDINE, D. E. **Primeiro ano de canto gregoriano e semiologia gregoriana**. São Paulo: Attar; Palas Athena, 1989.

CASCUDO, L. da C. **Dicionário do folclore brasileiro**. Rio de Janeiro: Ediouro, 1993.

_____. **Folclore do Brasil**. Rio de Janeiro: Fundo de Cultura, 1967.

CAVALCANTE FILHO, U.; TORGA, V. L. M. Língua, discurso, texto, dialogismo, e sujeito: compreendendo os gêneros discursivos na concepção dialógica, sócio-histórica e ideológica da língua(gem). In: CONGRESSO NACIONAL DE ESTUDOS LINGUÍSTICOS, 1., 2011, Vitória. **Anais**... Conel, 2011.

COHEN, R. **Performance como linguagem**. São Paulo: Perspectiva, 2007. (Coleção Debates).

CONNOR, S. **Cultura pós-moderna**: introdução às teorias do contemporâneo. São Paulo: Loyola, 1996.

CORIFEU. Disponível em: <http://www.dicionarioinformal.com.br/corifeu/>. Acesso em: 21 maio 2017.

CÔRTES, G. **Dança, Brasil**; festas e danças populares. Belo Horizonte: Leitura, 2000.

COSTA, F. C. **O primeiro cinema**: espetáculo, narração, domesticação. Rio de Janeiro: Azougue, 2005.

ENCICLOPÉDIA ITAÚ CULTURAL. **Abraham Palatnik**. Disponível em: <http://enciclopedia.itaucultural.org.br/pessoa9891/abraham-palatnik>. Acesso em: 10 abr. 2017a.

_____. **Fluxus**. Disponível em: <http://enciclopedia.itaucultural.org.br/termo3652/fluxus>. Acesso em: 10 abr. 2017b.

FARO, A. J. **Pequena história da dança**. 2. ed. Rio de Janeiro: J. Zahar, 1986.

FERNANDES, A. Dalcroze, a música e o teatro: fundamentos e práticas para o ator compositor. **Fênix**, v. 7, ano 7, n. 3, p. 1-23, set./dez. 2010.

FISCHER, F. M.; GOMES, J. da R.; COLACIOPPO, S. (Org.). **Tópicos de saúde do trabalhador.** São Paulo: Hucitec, 1989.

FINK, R. **Neanderthal Flute**: Musiological Analysis. **Crosscurrents**, n. 183, Feb 1997.

_____. **The Origin of Music**: An Essay. Saskatoon: Greenwich, 1985.

GARCIA, C. Os 70 anos de James Turrell celebrados. **Casa Vogue**, 25 maio 2013. Disponível em: <http://casavogue.globo.com/MostrasExpos/noticia/2013/05/os-70-anos-de-james-turrell-celebrados.html>. Acesso em: 10 abr. 2017.

GASPAR, L. Toré. **Fundação Joaquim Nabuco**, Recife, 30 ago. 2011. Disponível em: <http://basilio.fundaj.gov.br/pesquisaescolar./index.php?option=com_content&view=article&id=863&Itemid=1>. Acesso em: 10 abr. 2017.

GUINSBURG, J; COELHO NETTO, J. T.; CARDOSO, R. C. **Semiologia do teatro**. São Paulo: Perspectiva, 1988. (Coleção Debates)

GOMBRICH, E. H. **A história da arte**. Rio de Janeiro: LTC, 2008.

GOMES, A.; NEVES, A. **Tecnologia aplicada à música**. São Paulo: Ed. Érica, 1993.

HÍBRIDO. Disponível em: <http://www.significados.com.br/hibrido/>. Acesso em: 10 abr. 2017.

HOUAISS, A. VILLAR, M. de S. **Dicionário Houaiss da língua portuguesa**. versão 3.0. Rio de Janeiro: Instituto Antônio Houaiss; Objetiva, 2009. 1 CD-ROM.

JANSON, H. W.; JANSON, A. E. **Iniciação à história da arte**. 2. ed. São Paulo: M. Fontes, 1996.

KEMP, P. (Ed.). **Tudo sobre cinema**. São Paulo: Sextante, 2011.

KRISTEVA, J. **Introdução a semanálise**. São Paulo: Perspectiva, 2005.

LAVOIX, H. **Histoire de la musique**. Paris: Imprimeries Réunies, 2011.

LAZULI ARQUITETURA. **Conceitos**. Disponível em: <http://www.lazuliarquitetura.com.br/conceitos.htm>. Acesso em: 10 abr. 2017.

LOUREIRO, M. A.; PAULA, H. B. de. Timbre de um instrumento musical: caracterização e representação. **Per Musi**, Belo Horizonte, n. 14, 2006, p. 57-81.

LUCAS, G. A. P. Muito barulho por nada? Flash Mobs como forma de coesão social e apropriação do espaço urbano. **Contemporânea**, n. 4, p. 144-155, 2005. Disponível em: <http://www.contemporanea.uerj.br/pdf/ed_04/contemporanea_n04_13_GiovanaLucas.pdf>. Acesso em: 10 abr. 2017.

LUO, E. Teatro de Sombras tradicional chinês. **Móin-Móin**, Jaraguá do Sul, ano 8, n. 9, p. 94-19, 2012.

MARTINS, S. R.; IMBROISI, M. H. **Idade média**. Disponível em: <http://www.historiadaarte.com.br/linhadotempo.html>. Acesso em: 10 abr. 2017.

MEIRELES, C. Vendo relâmpagos. **Bravo!**, 1º nov. 2008. p. 80. Entrevista.

MENERTH JUNIOR, E. F. Two Mirrors of Movement. **Art Journal**, v. 28, n. 1, p. 50-53, Autumn 1968.

MIRANDA, C.; JUSTUS, L. **A música e sua relação com outras artes**. Curitiba: Expoente, 2010. (Coleção História da Música, v. 1).

MOMMENSOHN, M.; PETRELLA, P. (Org.). **Reflexões sobre Laban, o mestre do movimento**. São Paulo: Summus, 2006.

MONTECCHI, F. Em busca de uma identidade: reflexões sobre o Teatro de Sombras contemporâneo. **Móin-Móin**, Jaraguá do Sul, ano 8, n. 9, p. 24-47, 2012.

NANNI, D. **Dança educação**: pré-escola à universidade. Rio de Janeiro: Sprint, 1995.

OLIVA, C.; TORRES MONREAL, F. **Historia básica del arte escénico**. Madrid: Cátedra, 1990.

OLIVEIRA, F. H. M. Os memes e a dança-teatro de Pina Bausch. **Performatus**, ano 2, n. 11, jul. 2014. Disponível em: <http://performatus.net/wp-content/uploads/2014/06/Memes-Pina-Bausch-%C2%AB-Performatus.pdf>. Acesso em: 10 abr. 2017.

PARANÁ. Secretaria de Educação. Dia a Dia Educação. **Elementos estruturantes da dança**. Disponível em: <http://www.arte.seed.pr.gov.br/modules/conteudo/conteudo.php?conteudo=262>. Acesso em: 10 abr. 2017.

PAVIS, P. **Dicionário de teatro**. São Paulo: Perspectiva, 2001.

PLATÃO. **A República**. São Paulo: M. Claret, 2000.

PORTINARI, M. **História da dança**. Rio de Janeiro: Nova Fronteira, 1989.

RENGEL, L. **Os temas de movimento de Rudolf Laban (I - II - III - IV - V - VI - VII - VIII)**: modos de aplicação e referências. São Paulo: Annablume, 2008. (Cadernos de Corpo e Dança).

RENGEL, L. P.; MOMMENSOHN, M. **O corpo e o conhecimento**: dança educativa. p. 99-109. Disponível em: <http://www.crmariocovas.sp.gov.br/pdf/ideias_10_p099-109_c.pdf>. Acesso em: 10 abr. 2017.

ROUBINE, J.-J. **A linguagem da encenação teatral**. Rio de Janeiro: J. Zahar, 1998.

RYNGAERT, J.-P. **Ler o teatro contemporâneo**. São Paulo: M. Fontes, 1998.

SADIE, S. (Ed.) **The New Grove Dictionary of Music and Musicians**. London: Macmillan, 1980.

SABAG, M. M. S.; IGAYARA, S. C. A notação original da música polifônica renascentista e suas relações com as práticas interpretativas atuais. **Música Hodie**, Goiânia, V. 13, n. 2, 2013, p. 34-51. Disponível em: <https://revistas.ufg.emnuvens.com.br/musica/article/view/27995/15948>. Acesso em: 10 abr. 2017.

SANTOS, B. de S. O social e o político na transição pós-moderna. **Lua Nova**, São Paulo, n. 31, dez. 1993. Disponível em: <http://www.scielo.br/scielo.php?pid=S0102-64451993000300010&script=sci_arttext>. Acesso em: 10 abr. 2017.

SANTOS, F. A. G. Mamulengo: o teatro de bonecos popular no Brasil. **Móin-Móin**, Jaraguá do Sul, ano 2, v. 3, 2007. Disponível em: <https://formasanimadas.wordpress.com/2010/08/09/mamulengo-o-teatro-de-bonecos-popular-no-brasil-fernando-augusto/>. Acesso em: 10 abr. 2017.

SANTOS, P. P. dos. **Orquestra**. Disponível em: <http://www.infoescola.com/musica/orquestra>. Acesso em: 10 abr. 2017.

SCORNAIENCHI, D. **O saber em cores**: artes plásticas e música. São Paulo: Maltese, 1975.

SILVA, D. R. **Claude Debussy (1862-1918)**: Prélude à l'après-midi d'un Faune. Disponível em: <http://www.sinfonicaderibeirao.org.br/pagina_extra.php?id=102>. Acesso em: 10 abr. 2017.

SINZIG, F. P. **Dicionário musical**. 2. ed. Rio de Janeiro: Kosmos, 1976.

SNEED, G. Dos happenings ao diálogo: legado de Allan Kaprow nas práticas artísticas "relacionais" contemporâneas. **Poiésis**, n. 18, p. 169-187, dez. 2011. Disponível em: <http://www.poiesis.uff.br/PDF/poiesis18/Poiesis_18_TRAD_Happenings.pdf>. Acesso em: 10 abr. 2017.

SPOLIN, V. **Improvisação para o teatro**. São Paulo. Perspectiva, 2010.

STRAVINSKY, I. **Poética musical em 6 lições**. Rio de Janeiro: J. Zahar, 1996.

STRICKLAND, C.; BOSWELL, J. **Arte comentada**: da pré-história ao pós-moderno. Rio de Janeiro: Ediouro, 2002.

STRUNK, O. **Source Readings in Music History**: Antiquity and the Middle Ages. London: Faber and Faber, 1981.

SZONDI, P. **Teoria do drama moderno** (1880-1950). São Paulo: Cosac & Naify, 2001.

TURRELL, J. **Irish Sky Garden**. 1º maio 2006. Disponível em: <http://www.orbit.zkm.de/?q=node/310>. Acesso em: 10 abr. 2017.

WILFORD, J. N. Playing of Flute May Have Graced Neanderthal Fire. **The New York Times**, Oct. 1996. Disponível em: <www.nytimes.com/1996/10/29science/playing-of-flute-may-have-graced-neanderthal-fivre.html>. Acesso em: 04 jun. 2015. Tradução do autor.

XAVIER, I. **O discurso cinematográfico**: a opacidade e a transparência. São Paulo: Paz e Terra, 2005.

Bibliografia comentada

ARCHER, M. **Arte contemporânea**: uma história concisa. São Paulo: M. Fontes, 2008.

> Essa obra apresenta o cenário contemporâneo das artes visuais e as principais mudanças ocorridas nessa linguagem, principalmente no período pós-moderno. Archer assinala os limites entre pintura e escultura e disserta sobre os elementos que contribuíram para a diluição das fronteiras entre essa linguagens. O autor contextualiza as obras ao mesmo tempo em que oferece uma abertura para que o leitor levante questionamentos, visto que, em sua maioria, as produções artísticas apresentadas são trabalhos recentes, cujas construções crítica e teórica ainda se encontram em processo.

BERTHOLD, M. **História mundial do teatro**. São Paulo: Perspectiva, 2001.

> Esse livro, uma leitura densa e completa sobre as artes cênicas, apresenta a história mundial do teatro. Berthold aborda os principais processos que envolvem a linguagem teatral e situa-os historicamente, de modo linear e contextualizado. A autora aponta os elementos que compõem a encenação teatral e seu processo evolutivo ocorrido em cada período: cenário, figurino, palco, iluminação e texto dramatúrgico são descritos com grande riqueza de detalhes. O livro contém diversas ilustrações que facilitam o entendimento da estrutura e arquitetura cênica. Os principais dramaturgos e teóricos do teatro também são citados, além das principais obras que obtiveram destaque ao longo da história.

COHEN, R. **Performance como linguagem**. São Paulo: Perspectiva, 2007.

> Nessa obra, o autor discorre sobre os diversos aspectos que envolvem o termo *performance* e suas derivações. Conceitos recentes como *happening*, *performance art* e *performance* híbrida são descritos com base em suas principais características cênicas. São citados os grupos ou artistas que auxiliaram na disseminação

dessas linguagens, a fim de se descrever a *performance* teatral em seu termo original e de diferenciá-la de suas ramificações. O livro se ocupa de um assunto atual e recente, pertencente à arte contemporânea.

CONNOR, S. **Cultura pós-moderna**: introdução às teorias do contemporâneo. São Paulo: Loyola, 1996.

O autor analisa o contexto da teoria pós-moderna por meio de uma dissertação sobre seus principais elementos embasada em panoramas histórico-sociais e nas relações entre cultura, sociedade e poder. Perpassa por pensadores de grande relevância para o entendimento do mundo contemporâneo, entre eles Baudrillard. O autor apresenta, utilizando quase sempre questionamentos, as limitações das teorias até hoje estabelecidas sobre o pós-modernismo. O livro analisa, ainda, várias expressões culturais que caracterizam esse movimento, entre eles a arquitetura, as artes visuais e a chamada *performance*.

CÔRTES, G. **Dança, Brasil!**: festas e danças populares. Belo Horizonte: Leitura, 2000.

Esse livro apresenta a dança folclórica dentro de cada região do Brasil com suas principais características. Os temas e as composições coreográficas são descritos com detalhes. Além disso, a obra contém imagens que ilustram com clareza os figurinos das principais danças de cada região. Cortês aponta as influências étnicas e religiosas que originaram as festas folclóricas, relacionando-as com as músicas que as acompanha e pontuando os principais instrumentos musicais presentes. Descreve os folguedos e os identifica em suas datas comemorativas de acordo com a região que a executa.

COSTA, F. C. **O primeiro cinema**: espetáculo, narração, domesticação. Rio de Janeiro: Azougue, 2005.

A autora aborda um assunto ainda pouco estudado dentro da área científica brasileira: o primeiro cinema. Esse livro é primordial para o entendimento do início do cinema e dos fatores que envolveram sua criação e concepção. A estrutura da linguagem cinematográfica e o contexto em que ele se desenvolveu são descritos de maneira clara e objetiva. Além disso, a obra conta com ilustrações raras das primeiras imagens em movimento e do ambiente onde elas eram exibidas, o que completa e facilita o entendimento do texto.

FARO, A. J. **Pequena história da dança**. 2. ed. Rio de Janeiro: J. Zahar, 1986.

Nesse livro, Faro apresenta os principais fatos ocorridos dentro do cenário da dança. O enfoque principal da obra é o balé, desde o seu início na corte até o desenvolvimento balé moderno. Aponta todos os fatores que envolvem a concepção de um espetáculo de dança e contextualiza-os com o tempo histórico pertencente. Descreve os figurinos, cenários e roteiros dentro de sua evolução, pontuando suas principais alterações e como isso se refletiu na dança de espetáculo no ocidente.

PAVIS, P. **Dicionário de teatro**. São Paulo: Perspectiva, 2001.

Pavis descreve, de maneira resumida e clara, os principais termos da nomenclatura teatral, compondo uma leitura que facilita o entendimento da linguagem teatral sob todos os seus aspectos: gênero, arquitetura teatral, encenação, narrativa, personagem, entre outros conceitos que são descritos em várias camadas. Apesar de ser um livro em formato de dicionário, ele dialoga com outros elementos cênicos ou históricos.

SPOLIN, V. **Improvisação para o teatro**. São Paulo: Perspectiva, 2010.

Nesta obra, Spolin aborda conceitos e formas do fazer teatral sob os pontos de vista do docente e do educando. Além disso, a autora descreve os processos ocorridos dentro da encenação e indica metodologias que atendam a novos e diferentes resultados no processo da improvisação. O texto discorre sobre os elementos dos jogos teatrais e sua aplicabilidade no ambiente educativo, levantando questões sobre o teatro e sua prática, a interação com o outro no processo criativo e as regras que compõem as etapas de representação. A obra traz conceitos importantes sobre o teatro-educação e seu aprendizado.

Respostas

Capítulo 1

Atividade de autoavaliação
1. d
2. d
3. d
4. c
5. a

Capítulo 2

Atividade de autoavaliação
1. d
2. c
3. d
4. d
5. b

Capítulo 3

Atividade de autoavaliação
1. b
2. a
3. d
4. c
5. d

Capítulo 4

Atividade de autoavaliação
1. d
2. c
3. b
4. d
5. c

Capítulo 5

Atividade de autoavaliação
1. a
2. d
3. c
4. d
5. b

Capítulo 6

Atividade de autoavaliação
1. c
2. c
3. c
4. c
5. d

Sobre a autora

Ândrea Sulzbach é mestre em Comunicação e Linguagens, com ênfase em estudos do cinema e do audiovisual, pela Universidade Tuiuti do Paraná (UTP), especialista em Cinema e Vídeo pela Universidade Estadual do Paraná (Unespar) e graduada em Educação Artística, com habilitação em Artes Cênicas, também pela Unespar.

Impressão:
Junho/2017